언 러닝

언러닝

배리 오라일리 지음 | 박영준 옮김

죽은 지식을
살아 있는 지식으로
바꾸는
가장 빠른 방법

위즈덤하우스

일러두기

1. 이 책에서는 삼인칭 대명사로 성별과 무관하게 '그'를 사용합니다.
2. 저자가 소개하는 책은 한국어판이 출간된 경우 한국어판의 제목을 먼저 적은
   뒤 원제목을 함께 표기했습니다. 한국어판이 없는 경우에는 원제목을 번역해서
   표기했습니다.

나의 아내 추 이 Qiu Yi 에게

• • •

나의 발전을 가로막은 잘못된 많은 믿음과 행동을 비워내고,

나 스스로 가능하다고 생각했던 것 이상을 달성하는 방법을

재학습하도록 격려해줘서 고맙습니다.

우리 두 사람이 쉼 없이 새로운 전환점을 찾아내는 삶을

함께 살아가기를 기원합니다.

《언러닝》에 쏟아진 찬사들

"작은 기업을 큰 규모로 성장시킨 기존의 요인 중에 많은 부분이 회사의 미래 발전을 가로막고 있다는 것은 놀라운 일이다. 형식적인 행정 절차가 진정한 리더십을 대체하고, 업무 프로세스가 관료주의나 요식행위로 바뀌고, 과거의 성공이 회사가 필요로 하는 혁신의 능력을 저해하는 것 등이 대표적인 문제 징후들이다. 이 모두가 의사결정 속도, 고객 중심 전략, 혁신의 발목을 잡는 조직문화로 귀결된다. 성공적인 기업들은 과거에 이미 검증된 방법들도 겸손한 자세로 언러닝한다. 이 책은 언러닝 능력이 곧 비범한 개인과 조직의 핵심 역량이라는 중요한 사실을 우리에게 알려준다."

■ 존 마칸트John Marcante,
뱅가드Vanguard 최고 정보관리 책임자

"배리의 메시지는 간단하면서도 절제되어 있지만, 혁신과 성장에 관한 심오한 진실을 담고 있다. 전진을 위한 최선의 방법은 때로 한 걸음 물러서는 것이다."

■ 조시 세이든Josh Seiden,
《감각과 반응Sense and Respond》·《린 UXLean UX》공동 저자

"누군가가 당신에게 변화를 강요하기 전에 당신 스스로 파괴적 변화를 불러일으키는 유일한 방법은 언러닝을 통해 과거에 효과가 있었던 요소들로부터 자신을 분리시키고 미래를 구축하기 위한 개방형 공간을 창조하는 것이다. 현대의 급변하는 상황 속에서, 과거에 통했던 방법이 미래에는 더 이상 효과가 없다는 깨달음에 직면한 모든 리더가 반드시 읽어야 할 필독서다."

■ 스테판 카스리엘Stephane Kasriel,
업워크Upwork CEO 및 세계경제포럼 산하 교육·성·노동 협의회 공동 의장

"혁신이란 비즈니스에 뭔가를 더 보태는 것이 아니라 제거하는 것이다. 그러기 위해서는 당신의 발걸음을 더디게 만드는 낡은 장애물을 모두 언러닝해야 한다."

■ 아드리안 콕크로프트Adrian Cockcroft,
클라우드 컴퓨팅의 개척자

"이 책은 대단히 중요하면서도 조직에서 종종 간과되기 쉬운 개념인 언러닝의 중요성을 보여준다. 더 이상 효과가 없는 사고방식을 언러닝하지 못하는 기업은 조직 역량과 혁신의 동력을 상실할 수밖에 없다. 이 책은 조직 내에 학습과 언러닝의 문화를 정착시키기 위한 지침을 단계별로 제공한다."

■ 에드워드 J. 호프만Edward J. Hoffman 박사,
NASA 전 최고 지식책임자

"이 책을 읽고 나 자신의 낡은 의식구조와 사고방식을 뒤엎는 영감을 얻었고, 내 실적과 성과가 개선되는 모습을 직접 확인했다. 매우 고무적인 작품이다!"

■ 스티븐 오번Stephen Orban,
아마존 웹서비스AWS 신사업 담당 본부장

"기하급수적으로 발전하는 기술로 인해 갈수록 변화가 가속화되는 세계에서 살아남는 유일한 방법은 지속적으로 학습하며 환경에 적응하는 것뿐이다. 배리 오라일리는 그 여정에서 가장 중요한 첫 단계를 파악해냈다. 바로 과거를 언러닝하는 작업이다. 《언러닝》은 우리 자신을 과거의 덫에서 탈출시켜 미래를 향해 발걸음을 재촉하게 하는 훌륭한 교본이다."

■ 롭 네일Rob Nail,
싱귤래리티 대학교 공동 설립자 겸 CEO

■ 차례

> 항상 평범함만을 추구하는 사람은 자신이 얼마나 놀라운 존재
> 인지 절대 알 수 없다.
> – 마이아 앤절로 Maya Angelou

테니스계의 슈퍼스타 세리나 윌리엄스 Serena Williams 는 2010년 시즌이 시작될 때만 해도 전성기를 구가하고 있었다. 그는 명실상부한 여자 테니스 세계 랭킹 1위였다. 하지만 세리나는 뮌헨의 어느 식당에서 저녁 식사를 하던 도중 깨진 유리잔을 밟는 사고를 당했다. 다음날 열여덟 바늘을 꿰매고 코트에 나선 그는 가까스로 시범경기에 참가했지만 시즌의 나머지 기간 동안 경기에 출전하지 못했다. 세리나는 여자 프로테니스 랭킹 4위로 그해를 마감했다.

2011년 시즌의 전반기를 의자에 앉아서 보낸 그는 다리 부상(그리고 폐색전과 혈종)에서 완쾌되자 다시 코트로 돌아왔다. 그해 세리나는

22승 3패의 전적을 기록했다. 윔블던 대회에서는 4회전에서 패퇴했고, US오픈 결승전에서 한 세트도 따지 못하고 우승컵을 내주었으며, 호주오픈과 프랑스오픈 대회는 출전을 포기해야 했다. 그는 2011년 말 랭킹 12위로 시즌을 마쳤다.

물론 일시적인 부진에서 온 결과였지만 세리나의 추락은 계속됐다. 2012년 그는 호주오픈 4회전에서 랭킹 56위의 예카테리나 마카로바 Ekaterina Makarova에게 경기를 내줬다. 하지만 모든 것이 완전히 무너진 것은 그해의 두 번째 그랜드슬램 대회였던 프랑스오픈이었다. 세리나는 이 대회 1회전에서 랭킹 111위였던 비르지니 라자노Virginie Razzano에게 무릎을 꿇었다. 그가 경력 전체를 통틀어 그랜드슬램 대회 1회전에서 탈락한 것은 이번이 처음이었다. 〈뉴욕타임스〉는 이 패배를 두고 "근래의 프랑스오픈 대회 역사상 가장 놀랍고 예기치 못한 반전 중의 하나"[1]라고 논평했다.

세리나는 혼란을 느꼈다. 그리고 그 혼란감이 성적에 영향을 미쳤다. 그는 예전에 수행했던 모든 것, 즉 더 오래 훈련하고, 열심히 노력하고, 경기에 완벽하게 대비하는 일을 그대로 반복했다. 하지만 과거 자신에게 성공을 가져다주었던 요소들이 더 이상 효과를 발휘하지 못하면서 그는 우승컵과 멀어지기 시작했다.

이미 검증된 방법들이 왜 통하지 않을까?

그는 왜 승리하지 못할까?

그는 이제 전성기가 끝난 걸까?

모든 사람에게는 예전에 자신에게 성공을 안겨준 행동이 더 이상 같은 성공으로 이어지지 않는 시기가 찾아오기 마련이다. 당신은 언제나

처럼 침대에서 일어나고, 사무실에 출근하고, 책상 앞에 앉는다. 하지만 갑자기 뭔가 벽에 부딪힌 듯하고, 침체되고, 불만족스러운 느낌에 빠진다. 한때 성공의 비결이었던 방법들이 더 이상 통하지 않게 된 것이다. 당신은 스스로 이렇게 묻는다.

나는 왜 기대에 미치지 못하는 실적을 내는가?

나는 왜 이 문제를 해결하지 못하는가?

나는 왜 이 특정한 도전에 정면으로 맞서기를 계속 회피하는가?

세계가 진화하면 변화한 환경에 맞는 새로운 표준이 등장한다. 그러나 사람들은 이에 적응하는 대신 기존의 사고와 행동 양식에 스스로를 가둔다. 그들 대부분은 새로운 현실이 코앞에 닥칠 때까지 그 사실을 깨닫지 못한다.

이것이 바로 성공의 역설이다. 과거에는 당신이 특정한 방식으로 성공했다 하더라도, 그 방식이 미래에 또다시 성공을 가져다주지 못하리라는 점은 거의 확실하다. 핵심은 그런 신호를 조기에 인지하고 너무 늦기 전에 돌파구를 찾아내는 것이다. 한때는 성공적이었던 전략이 당신의 몰락을 초래할 수 있다. 당신은 과거에 사로잡히지 말고 **새로운 환경에 스스로를 맞추고 적응시켜야** 한다.

그 방법은 무엇일까?

나는 그동안 고성과자들이 더 훌륭한 실적을 낼 수 있도록 돕는 과정에서 중대한 방해물 하나를 빈번하게 목격했다. 그것은 새로운 문물을 학습하는 능력이 아니라, 반대로 한때 효과적이었지만 현재에는 맞지 않는 사고방식, 행동, 방법론 등을 비우거나 내려놓는 언러닝 unlearning 능력이 부족하다는 점이었다.

유능한 사람들은 새로운 아이디어나 영감을 끊임없이 찾아 나선다. 하지만 진정한 혁신에 도달하기 위해서는 먼저 당신의 성과와 잠재력을 제한하는 낡은 모델, 사고방식, 행동 등에서 벗어날 필요가 있다.

이 책에서 나는 모든 산업 분야에서 일하는 사람들이 언러닝 사이클을 통해 새로운 마음가짐과 조직을 이끄는 방식을 체득하도록 돕고자 한다. 우리가 더 많은 것을 배우기는 어렵지 않다. 진정으로 어려운 대목은 무엇을 비우고, 무엇을 멈추고, 무엇을 버릴지 아는 것이다. 앞으로 이 책에서 다룰 핵심 내용이 바로 그것이다. 비범한 개인들은 우연이나 행운 덕분이 아니라 언러닝 시스템을 지속적이고 일상적으로 적용함으로써(때로는 의도적으로, 종종 무의식적으로) 성공을 거둔다. 나는 이런 놀라운 능력을 여러분과 함께 나누고 싶다.

내가 정의하는 언러닝이란 '과거에는 효과적이었으나 현재의 성공에 제약을 가하는 사고방식과 행동 양식을 포기하고 벗어나, 새로운 마음가짐과 행동을 구성하는 프로세스'를 의미한다. 이는 지식이나 경험을 모두 망각하거나 폐기하는 일이 아니라, 시대에 뒤처진 정보를 의도적으로 내려놓는 한편, 효과적인 의사결정이나 행동에 도움이 되는 새로운 정보를 적극적으로 받아들이는 일을 뜻한다.

그토록 중요한 단계임에도 언러닝은 학습 과정에서 종종 간과된다. 새로운 기술을 배우기 어렵다는 사실에 동의하는 사람은 많지만, 기존의 지식과 노하우가 우리의 발전을 가로막을 수 있다는 사실을 인식하는 사람은 드물다. 모든 학습이 의심의 여지 없이 유익한 것만은 아니다. 우리는 틀린 지식을 배우거나. 나쁜 습관을 익히거나, 한때는 유용했지만 더 이상 쓸모없어진 아이디어를 접할 수 있다. 익숙한 사고방식과 행동을 비워내는 것은 새로운 지식을 처음부터 학습하는 일에 비해 더 어려울지도 모른다.

이 책에서는 언러닝의 의미가 무엇이고, 우리가 왜 언러닝을 도입해야 하며, 개인·팀·조직을 위해 언러닝의 막강한 능력을 어떻게 활용할지를 포함한 언러닝의 실천 방법을 상세하게 살펴볼 예정이다. 과거에 자신이 이미 언러닝을 경험했다고 느끼는 사람은 이 책을 통해 언러닝을 의도적으로 수행하는 법을 배울 수 있다. 그렇지 않은 사람들은 언러닝을 처음부터 체계적으로 실천하는 방법을 차근차근 익히게 될 것이다.

또 크게 생각하고 작게 시작하는 방법, 과감한 목표를 달성하는 방법도 제시된다. 또한 불확실함에 도전함으로써 기하급수적인 성장과 영향력을 달성하는 방안도 논의할 예정이다. 이 책은 독자 여러분이 더 이상 자신에게 성공을 가져다주지 못하는 요소들을 효과적으로 비워내고 미래에 지속적인 전환점을 찾는 데 필요한 요소들을 재학습하는 시스템을 제공할 것이다.

그럼 함께 시작해보자.

1부

비우고
내려놓는
언러닝의 힘

곤경에 빠지는 건 뭔가를 몰라서가 아니다.
뭔가를 확실히 안다는 착각 때문이다.
– 마크 트웨인 Mark Twain

1장 | 왜 언러닝인가?

> 당신은 그동안 학습한 것을 언러닝해야 한다.
> – 요다 Yoda

세리나 윌리엄스는 코트에서 충격적인 패배를 거듭하면서 이제 자신의 전성기도 막바지에 이르렀을지 모른다는 두려움을 느꼈다. 2012년 그랜드슬램 대회에서 우승한 여자 선수의 평균 연령은 24세였다.[1] 반면 인생의 절반을 프로 테니스 선수로 보낸 세리나는 31세를 눈앞에 두고 있었고, 지난 2년 동안 그랜드슬램 대회에서 우승컵을 들어 올리지 못했다. 그다지 긍정적인 조짐은 아니었다.

세리나는 자신의 경력이 끝나기 전에 그랜드슬램 대회에서 마지막으로 한 번 만이라도 우승하기를 바라고 있었다.[2] "죽을힘을 다해 노력해보기로 했어요." 세리나는 언론과의 인터뷰에서 이렇게 말했다. "어떤 결과가 나오더라도 코트로 돌아가기로 결심했죠. 노력조차 하지 않는다는 것은 말이 되지 않으니까요."[3]

마지막 기회는 뜻하지 않은 장소에서 놀라운 모습으로, 그것도 가장 예상 밖의 인물에 의해 찾아왔다.

프랑스오픈에서 참담한 패배를 당한 세리나는 경기가 끝나자마자 파리 시내에서 긴장도 풀 겸 가볍게 연습할 장소를 물색했다. 그러다 파트리크 무라토글루Patrick Mouratoglou라는 사람이 소유주 겸 코치로 있는 청소년 테니스 아카데미를 찾아냈다. 중위권 랭킹 선수 몇 명(세계 남자 랭킹 37위의 그리고르 디미트로프도 그중 하나였다)을 지도 중이던 파트리크는 최고의 지도자 경력을 소유한 인물과는 거리가 멀었으며 세리나 같은 대선수를 코치해본 적도 없었다.

파트리크의 아버지는 EDF에너지누벨EDF Énergies Nouvelles이라는 신재생 에너지 기업을 설립한, 프랑스에서 가장 큰 부자 중 하나였다. 파트리크는 15세 때 중위권의 주니어 테니스 선수로 활약하며 프로가 될 꿈을 키우고 있었지만, 그의 부모는 그가 장차 EDF에너지누벨에서 아버지의 뒤를 이어야 한다고 고집했다. 결국 파트리크는 부모님의 소망대로 테니스를 그만두고 EDF에너지누벨에 입사했다. 그리고 그곳에서 비즈니스와 리더십에 관해 많은 것을 배웠다.

하지만 테니스에 대한 유혹을 떨쳐버리기가 쉽지 않았다. 파트리크는 26세 되던 해 결국 가업을 포기하고 청소년을 위한 테니스 아카데미를 설립했다. 그는 아버지와 나눈 힘겨웠던 대화를 이렇게 회고했다. "아버지께 이렇게 말씀드렸어요. '죄송해요. 회사 일도 재미있지만 제 열정을 불러일으키지는 않아요. 저에게는 삶의 열정과 자유가 필요해요.'"[4]

세리나는 파트리크의 아카데미에 도착했다. 그는 45분간 세리나가 연습하는 장면을 지켜봤다. 그리고 세리나가 코트 위를 움직이고, 공을 받아넘기고, 서브와 발리를 처리하는 모습을 관찰한 뒤에 자신의 의견을 솔직하게 이야기했다. "공을 때릴 때마다 균형이 무너져서 실수가 많이 나와요. 또 타격 동작에 체중이 실리지 않아 공이 힘 있게 뻗지를 못하고, 몸을 미리미리 움직이지 않기 때문에 상대방의 공에 대처하는 속도가 늦습니다."[5]

세리나는 파트리크의 통찰력에 호기심을 느끼고 이렇게 말했다. "그럼 같이 문제를 해결해볼까요?"[6] 두 사람은 정말 그렇게 했다. 그들은 한 주 내내 날마다 만나 함께 훈련했다. 그 뒤 세리나는 윔블던 대회를 준비하기 위해 미국의 집으로 돌아갔다.

윔블던이 시작되기 며칠 전, 세리나는 상대적으로 무명에 가까웠던 프랑스인 파트리크 무라토글루를 자신의 코치로 고용했다. 세리나가 파트리크를 영입한 뒤에 벌어진 일은 그야말로 대단했다.

세리나는 이후 참가한 열아홉 차례의 경기에서 모두 승리해 윔블던과 US오픈 우승컵을 거머쥐었다. 또 2012년 하계 올림픽 결승전에서 마리야 샤라포바에게 한 세트도 빼앗기지 않고 금메달을 따냈으며, 그해 시즌을 마감하는 WTA 투어 챔피언십 결승에서 다시 만난 샤라포바에게 한 세트도 내주지 않고 우승했다. 그는 여자 테니스 세계 랭킹 3위에 오르며 시즌을 마쳤다.

세리나 윌리엄스가 돌아왔다. 그것도 엄청난 모습으로.

세리나의 아버지 리처드 윌리엄스는 세리나와 언니 비너스의 손에 처음 테니스 라켓을 쥐어준 이후로 줄곧 두 딸의 코치 역할을 도맡아왔다. 세리나 입장에서는 아버지가 맡고 있던 코치 자리를 파트리크 무라토글루에게 넘기는 것만으로도 큰 모험이었다. 코치가 세운 기준에 선수를 엄격하게 끼워 맞추는 식으로 지도하는 테니스 세계에서, 파트리크의 방법론은 너무 이례적이고 심지어 극단적으로 비춰졌다. 파트리크는 아버지의 회사에서 일할 때 익혔던 기술을 자신의 코칭 기법에 도입해서, 눈앞의 경기에만 집착하기보다 선수의 마음가짐과 심리 상태까지 헤아리는 통합적인 접근방식을 썼다. 오늘날 많은 사람이 세리나의 최대 강점 중 하나를 강인한 마음가짐이라고 꼽는다.

파트리크는 이렇게 말한다.

> 나의 목표는 개인 맞춤형 훈련을 통해 모든 선수의 잠재력을 극대화하는 것이다. 내 코칭 기법의 핵심은 선수와 마음으로 연결되는 데 있다. … 나는 모든 사람에게 똑같은 방법을 쓰기보다는 선수에 따라 철저히 개인화된 훈련을 통해서만 그 선수의 성공이 약속된다고 믿는다. 나의 책무는 천편일률적인 패턴을 답습하지 않고 상황에 따라 적절한 방식을 선택하는 것이다.[7]

세리나와 파트리크 두 사람은 스스로 안전지대를 벗어나 모험을 택했다. 두 사람에게 동력을 제공한 것은 뭔가를 입증해야 한다는 목표였다. 세리나는 그랜드슬램 대회에서 다시 한번 우승해 그의 시대가 끝나지 않았음을 세상 사람들에게 알리고 싶었다. 파트리크는 테니스계의 기득권층에 자신의 코칭 방법이 유효함을 증명하기를 바랐다. 만일 두 사람의 파트너 관계가 실패로 끝난다면 세리나는 은퇴로 경력을 마무리하고 파트리크는 아무도 알아주지 않는 자신의 청소년 테니스 아카데미로 돌아감으로써 이 실험이 잘못됐다는 사실을 만인 앞에 인정해야 했다.

세리나는 파트리크를 코치로 선택하면서 한 번도 겪어보지 못한 낯설고 불확실한 환경 속으로 자진해서 걸어 들어갔다. 그는 평생 자신의 코치로 일해온 아버지로부터 무엇을 기대해야 할지 정확히 알고 있었으나 파트리크에 대해서는 그렇지 못했다. 그를 코치로 영입하기 전 개인적으로 알고 지낸 시간이 고작 몇 주에 불과했기 때문이다. 하지만 세리나는 자신의 경기력을 향상시키고 마지막으로 그랜드슬램을 또 한 차례 제패하기 위해서는 과거에 늘 해왔던 일들에서 탈피해야 한다는 사실을 알고 있었다.

세리나는 파트리크의 도움에 힘입어 자신이 그토록 원했던 성공을 더 이상 안겨주지 못하는 과거의 방법론들을 비워내는 프로세스에 돌입했다. 동시에 새로운 기술과 코트에서의 전술을 재학습함으로써 성공으로 이어지는 전환점을 모색했다.

그들은 원대한 목표(마지막 그랜드슬램 우승)를 지향했지만 작은 발걸음부터 도약을 시작했다. 예를 들어 세리나가 상대방의 공에 미리 준비 자세를 취하고 공을 조금 더 일찍 타격할 수 있도록 발동작을 빠르게 하는 데 주력하는 등 기존의 훈련 루틴에 몇몇 작은 변화를 도입했다. 각각의 단계를 밟아나가며 진전되는 게 눈에 보였고, 두 사람 사이의 신뢰도 날이 갈수록 깊어졌다. 덕분에 세리나는 과거의 검증된 방법이 주던 편안함과 확신에서 벗어나, 새로운 도전에 맞서고 승리하는 데 필요한 자신감을 갖추게 됐다.

또 파트리크는 세리나 자신도 알지 못했던 약점을 깨닫게 해주었고 그에게 새로운 관점, 새로운 사고방식, 새로운 행동을 이끌어냈다. 가령 그는 경기 상대를 미리 분석하고, 경기의 예상 시나리오를 짜고, 게임에서 활용할 전술들을 사전에 개발하는 등 경기 전 준비작업의 중요성에 대해 설득했다. "더 많은 정보를 얻을수록 상대방에게 더 잘 대응할 수 있습니다. 세리나가 이런 접근방식의 가치를 인정했는지 모르겠지만, 그 일을 실천하지 않고 있었던 것은 분명합니다."[8]

세리나는 코치의 조언을 귀담아듣고 경기 전략을 바꿨다. 파트리크는 끊임없이 변화를 추구하는 세리나의 추진력을 이렇게 말한다. "세리나는 똑같은 일을 반복하기를 매우 싫어합니다. 배우고 발전하는 것을 즐기는 사람이죠. 따라서 그에게는 경기에 새로운 전략을 추가하는 일이 매우 중요합니다."[9] 한마디로 세리나는 **비움학습**과 **재학습**의 과정을 거쳐 더욱 훌륭한 성과로 이어지는 **전환점**을(그것도 반복적으로) 찾아낸 것이다.

세리나가 매번 전환점을 찾아낼 때마다 그의 마음속에 자리 잡은 회복력은 갈수록 강해졌다. 덕분에 그는 경기에서 어렵고 패색이 짙은 상황을 맞닥뜨려도 자신에게 이를 만회할 능력이 있다는 강력한 믿음을 갖게 됐다. 그는 본인의 성장에 지장을 초래하는 요인을 언러닝하는 시스템을 개발함으로써 가장 필요할 때 승리를 거머쥐었다. 테니스 심리학자 짐 로허Jim Loehr에 따르면 세리나의 상대 선수들은 그가 경기 중에 게임을 뒤집고 승리할 준비가 됐다는 사실을 분명히 알 수 있다고 한다. "그는 갑자기 다르게 걷고 다르게 행동하죠. 상대 선수들은 이미 경기가 끝났다는 것을 알아요."[10]

세리나의 강력한 회복력은 탁월한 성적을 통해 입증된다. 여자 테니스 선수가 첫 번째 세트를 잃었을 때 그 경기에서 승리할 확률은 평균 25퍼센트에 불과하다.[11] 그러나 세리나는 1세트를 빼앗긴 경기에서 승리하는 비율과 패배하는 비율이 거의 비슷했다. 그는 경력 기간 전체를 통틀어 첫 번째 세트를 놓친 경기에서 90승 92패를 기록했다. 이는 통계적으로 전체 선수의 평균 역전승 확률보다 두 배 가까이 높은 수치다. 더욱이 그는 3세트까지 진행된 모든 경기에서 150승 59패를 기록하며 무려 70퍼센트가 넘는 승률을 거두었다.[12]

세리나는 2002~2003 시즌 동안 네 차례의 그랜드슬램 단식 우승컵을 모두 들어올렸다. 테니스 역사상 이 기록을 세운 선수는 단 몇 사람에 불과하다. 언론 매체들은 그의 기록에 '세리나 슬램Serena Slam'이라는 이름을 붙였다. 세리나는 2012년 프랑스오픈에서 참패를 당한 뒤 코트에 화려하게 복귀하면서 더욱 원대한 꿈을 향해 눈을 돌렸다. 바로 두 번째 '세리나 슬램'을 달성하는 것이었다. 이 야망은 그의 새로운 목표로 자리 잡았고, 그는 최초로 '세리나 슬램'을 작성한 지 12년 뒤인 2014~2015 시즌에 결국 그 목표를 이룸으로써 이 기록을 두 차례나 세운 유일한 선수가 됐다.

그의 옆에는 코치 파트리크 무라토글루가 있었다. 세리나는 이렇게 말했다. "2012년 파트리크와 함께 처음 그랜드슬램 대회에서 우승한 뒤에 내 삶과 경력이 새롭게 바뀌었다는 사실을 알게 됐습니다. 2017년의 호주오픈은 내 스물세 번째 메이저 대회 우승이자 우리가 함께 우승한 열 번째 그랜드슬램 대회였어요. 하지만 23이라는 숫자는 우리에게 시작일 뿐이죠. 파트리크가 내게 말했어요. 왜 우리가 멋대로 한계선을 긋느냐고요."[13]

세리나 윌리엄스는 프랑스오픈 1회전에서 탈락하고 파트릭 무라토글루를 코치로 영입한 뒤에 출전한 스물두 개 그랜드슬램 대회에서 열네 차례 결승전에 진출했고 그중 열 개 대회에서 우승했다. 심지어 2017년 호주오픈에서는 임신 8주 차 임산부의 몸으로 정상에 올랐다.[14] 그를 표현하자면 스포츠 역사상 가장 훌륭한 '여성' 테니스 선수가 아니라 그저 '최고의 테니스 선수'라는 한마디로 족할 듯싶다.

세리나 윌리엄스만큼 위대한 업적을 달성하지 않았어도 리더, 임원, 관리자, 팀, 기업들 역시 종종 세리나와 비슷한 상황에 직면한다. 예전에 그들에게 성공을 안겨주었던 전략이 더 이상 효과를 발휘하지 못하는 시점에 도달하는 것이다. 그들이 성공하기 위해서는 비움학습, 재학습, 전환의 과정이 필요하다.

바로 그것이 이 책에서 내가 말하고자 하는 언러닝 시스템의 핵심이다. 다음 장에서는 당신의 일과 삶의 모든 측면에서 탁월한 성과를 가로막는 장벽을 언러닝을 통해 제거하는 방법을 살펴볼 예정이다.

낡은 생각과 행동을 언러닝하라

우리는 주로 비즈니스의 맥락에서 언러닝을 생각하지만, 언러닝은 우리의 삶과 역사에 이미 밀접하게 스며들어 있는 개념이다. 다만 우리가 그 사실을 잘 모르고 있을 뿐이다.

2000년 전, 로마제국은 서구 세계를 지배했다. 전성기의 로마제국은 수도 로마를 중심으로 북쪽으로는 오늘날의 영국, 남쪽으로는 북아프리카, 서쪽과 동쪽으로는 유럽의 대부분과 중동 지역까지 영역을 확장했다. 영토의 넓이는 492만 제곱킬로미터에 달했고 당시 세계 인구의 20퍼센트를 보유했다. 로마제국은 500년 동안 인류 역사상 최고의 군사, 경제, 문화 강대국의 위치를 누렸다.

지난 수백 년 동안 학자들은 로마인들이 그토록 성공적인 제국을 건설한 비결이 무엇이었는지 궁금해했다. 제국을 이끈 선구적인 지도자들 덕분이었을까? 테베레강 유역이라는 천혜의 위치가 도움이 됐을까? 우연한 역사적 사건들이 행운을 가져다주었기 때문일까? 그런 이유가 아니었다. 1734년 프랑스의 정치사상가 몽테스키외 남작Baron de Montesquieu은 로마제국이 발전할 수 있었던 비결이 과거의 성공을 언러닝하고 새로운 환경에 적응하는 특유의 능력에 있었다고 설명했다. 몽테스키외는 이렇게 말했다.

로마인들이 세계를 지배할 수 있었던 주된 이유는 그들이 모든 사람을 상대로 연이어 싸움을 벌이는 와중에도 더 훌륭한 사회적 관습을 발견하면 자신들의 관습을 항상 포기했기 때문이다.[15]

이처럼 언러닝은 우리 곁에 오래전부터 존재했으며, 그동안 우리는 언러닝이 제공하는 혜택을 톡톡히 누렸다. 1980년대와 1990년대에는 언러닝을 주제로 수많은 과학적 연구가 진행됐다. 아이러니하게도 우리는 그 모든 것을 언러닝해버린 듯하다! 1980년대 초, 과학자들은 **학습조직**learning organization이라는 개념에 관심을 기울이기 시작했다. 구성원과 조직 전체가 더 빠른 속도로 더 많은 학습을 수행할 수 있는 회사를 만든다는 이 전략은 갈수록 지식 기반의 환경으로 바뀌는 글로벌 경제에서 중요한 경쟁 우위의 요소로 여겨졌다. 1990년 피터 센게Peter Senge가 펴낸《학습하는 조직The Fifth Discipline》이라는 책은 학습조직의 아이디어가 시대적인 대세로 자리 잡는 데 크게 기여했다.

센게는 이 책에서 '시스템 사고의 법칙Laws of Systems Thinking'이라는 용어를 선보였다.

1. 오늘의 문제는 어제의 '해결책'에서 비롯된다.
2. 시스템은 강하게 누를수록 강하게 반발한다.
3. 사람의 행동은 개선되다가도 퇴화한다.
4. 쉬운 해결책은 대개 문제를 원점으로 되돌린다.
5. 병 자체보다 치료법이 더 나쁠 수 있다.
6. 더 천천히 하는 게 더 빠르다.
7. 원인과 결과는 시공간적으로 서로 가깝게 연관되지 않는다.
8. 작은 변화가 큰 결과를 빚어낼 수 있다. 하지만 가장 영향력이 큰 분야는 종종 가장 눈에 덜 띈다.
9. 당신은 케이크를 소유하든지 먹든지 마음대로 할 수 있다. 하지만 두 가지 행동을 동시에 하지는 못한다.
10. 코끼리를 절반으로 나눈다고 작은 코끼리 두 마리를 만들 수는 없다.
11. 누구도 탓해서는 안 된다.[16]

사람들은 고성과를 창출하는 인력이나 조직을 구축하기 위해 일생에 걸친 학습이 필요하다고 생각했다. 이에 따라 미국 기업의 임원들과 관리자들은 너도나도 학습조직을 만드는 일에 뛰어들었다. 하지만 과학자들은 조직을 이끄는 리더들이 학습에 관한 또 다른 연관 개념을 고려할 필요가 있다는 사실을 밝혀냈다. 바로 언러닝이다.

조직 차원의 언러닝 개념이 최초로 등장한 문서로는 보 헤드버그Bo Hedberg가 1981년에 발표한 글을 들 수 있다. 헤드버그는 이 글에서 이렇게 썼다. "현실이 변화함에 따라 지식은 자라나기가 무섭게 쓸모없어진다. 뭔가를 이해한다는 것은 새로운 지식을 익히는 일과 낡고 잘못된 지식을 폐기하는 일을 모두 포함한다."[17]

다시 말해 새로운 지식을 얻기 위해서는 쓸모없고, 시대에 뒤처지고, 발전을 가로막는 지식을 먼저 언러닝하는 과정이 필요하다. 리더들과 그들이 이끄는 조직이 종종 간과하고 넘어가는 대목이 바로 언러닝이다. 1990년대 이후 S&P 500 기업 목록의 변천사를 들여다보면 어떤 기업이 이 교훈에 귀를 기울였는지, 어떤 기업이 이를 무시했는지 확인할 수 있다. 오늘날 큰 성공을 거두고 있는 기업(애플, 아마존, 구글 그리고 기타 기술 기업)을 이끄는 리더들은 이 교훈을 마음속 깊이 받아들였지만, 시어스, 리먼브러더스, 제너럴일렉트릭(S&P 500 기업 중 마지막 원년 멤버로 2005년에는 이 목록의 선두 자리에 올랐고 2013년까지 상위 5위 안에 들었지만 2018년 1월 26일 결국 목록에서 빠졌다) 같은 패배자들은 그렇지 못했다.

사실 파괴적 변화disruption란 조직보다 개인에 해당되는 개념이다. 위대한 기업을 이끌고 있는 위대한 리더들의 공통적인 특성을 생각해보

라. 그들은 혁신하고, 적응하고, 미래를 예측하는 능력을 본인 안에서 스스로 배양해냈다. 그들은 자신을 성장시킬 수 있는 경험에 기꺼이 투자했고, 불편하고, 불확실하고, 결과를 알지 못하는 미지의 상황 속으로 자진해서 걸어 들어갔다. 또 신속히 실험할 수 있는 메커니즘을 창조했으며, 자신이 진화하는 데 필요한 새로운 정보를 안전한 방식으로 수집했다. 그리고 과거에 성공을 가져다준 요인들에 매달리지 않고, 긴 안목을 바탕으로 장기적인 성공을 일구어냈다. 그들의 성공은 마법이 아니라 체계적인 방법론의 결과물이었다. 다시 말해 그들에게 성공을 가져다준 것은 우연이나 행운이 아니라 의도적인 시스템이었다.

그동안 나는 세계 곳곳의 임원과 조직(스타트업부터 〈포천〉 500에 포함된 대기업까지)과 함께 일하는 과정에서, 이미 성공한 리더들과 성장을 향해 가고 있는 리더들 모두가 시장에서 혁신을 주도하는 데 어떤 어려움을 겪고 있는지 직접 목격했다. 이는 내가 첫 번째 책《린 엔터프라이즈Lean Enterprise》를 쓰는 계기가 되었다. 나는 이 책을 쓰면서 비즈니스 리더 수백 명을 인터뷰하고, 그들과 함께 일하며 조언할 기회를 얻었다. 그리고 높은 성과와 뛰어난 업적의 비결을 찾아내기 위해 수천 개의 기업을 상대로 조사하고 연구했다.

나는 무엇이 리더들을 더 빨리 달리게 하고 무엇이 그들을 트랙에 멈춰 세우는지 직접 눈으로 확인했다. 과거에는 개인이 한번 소유한 지식은 일생 동안 지속되었다. 물론 지식은 여러 세대에 걸쳐 전승되기 마련이며 그렇게 전해진 지식도 여전히 유용할 수 있다. 하지만 오늘날에는 혁신의 속도가 점점 빨라지면서 한때 유용했던 지식이 급속도로 쓸모없어지는 상황이 벌어지고 있다. 우리에게 언러닝 시스템이 필요한 것도 이 때문이다. 비범한 리더들은 자신이 얼마나 영리하고, 얼마나 지식이 풍부하고, 얼마나 오랫동안 이 분야에서 일했고, 그동안 무엇을 배웠는지가 문제가 아니라는 사실을 잘 알고 있다. 중요한 것은 언제 과거의 성공이나 낡은 생각과 행동방식을 내려놓고 언러닝해야 할지 판단하는 능력, 그리고 탁월한 성과를 달성하는 데 필요한 사고방식과 방법론을 새롭게 혁신하는 역량이다.

물론 학습도 성공의 중요한 일부다. 하지만 그저 배우기만 해서는 안 된다. 우리에게는 무엇을 내려놓고, 무엇에서 벗어나고, 어떻게 언러닝해야 하는지 깨닫는 일이 훨씬 어려울 수 있다.

다음 장에서는 언러닝의 힘을 정확히 어떻게 활용해서 당신 자신을 포함한 팀과 조직을 바꿀 수 있을지 함께 생각해보기로 한다.

2장 | 어떻게 언러닝할 것인가

우리가 무언가를 내려놓지 못하는 이유는 오직 두 가지다.
과거에 집착하거나 미래를 두려워하기 때문이다.
– 곤도 마리에 Kondo Marie

대부분의 리더는 급변하는 시장에 신속하게 대응하려면 비즈니스 방식
에 끊임없이 변화를 주어야 한다는 사실을 잘 알고 있다. 그럼에도 과거
의 방식을 벗어나 새로운 전략을 도입하기 어려워하는 이유는 조직을
이끄는 리더들의 사고방식이 시간이 흐르면서 점점 경직되고 굳어지기
때문이다. 그들은 오직 일상적인 경영 활동을 통해 얻은 정보나 편견을
바탕으로 주위 세계를 바라보는 근시안적인 시각에 사로잡힌다.

　리더들은 빠르게 성과를 내야 한다는 중압감 탓에 비즈니스의 결과
물을 찬찬히 되돌아보고 반성할 기회가 없다. 사업 계획은 숱한 문제
에 발목 잡히고, 잦은 문맥 전환context switching(원래는 소프트웨어 개발 용

어로, 여러 업무를 번갈아 처리하는 과정에서 주의가 산만해지고 집중력이 떨어지는 현상—옮긴이)이 통제 불가능한 간접비용을 유발한다. 그들 대부분은 생각에 몰두할 시간, 즉 문제를 깊이 숙고하고 잠재적인 대안을 모색할 틈이 없다. 그런 탓에 오직 단기적인 목표나 일시적인 해결책에만 매달림으로써, 궁극적으로 더 원대한 비전과 중차대한 문제를 놓친다. 이들은 효율성을 제한하고 항상 여유 없이 아슬아슬한 쳇바퀴 속으로 비즈니스를 몰아넣는 자신의 행동이나 사고방식을 자각하는 데 (그리고 더 중요한 언러닝을 하는 데) 실패한다. 하지만 그들은 이런 과정을 모두 발전이라고 착각한다.

장담하지만 결코 그렇지 않다.

리더들은 업무에서 잠시 벗어날 시간이 나면 외부의 혁신 회의, 주말 워크숍, 또는 국제적 명성을 지닌 대학교, 경영대학원, 협회 같은 곳에서 한 주간 진행하는 프로그램에 참가한다. 그리고 새로운 아이디어와 사업 계획을 잔뜩 들고 일터로 돌아온다. 하지만 대부분 업무에 복귀하자마자 눈앞의 현실에 짓눌려 이전의 조건반사적이고 익숙한 행동과 사고방식으로 금세 되돌아간다.

그런 의미에서 기업들이 교육·개발에 쏟아붓는 노력이 거의 목적을 달성하는 데 실패하는 것도 무리는 아니다. 최근 〈하버드 비즈니스 리뷰〉에 실린 기사에 따르면 미국 기업들은 구성원 교육에 엄청난 돈을 쓴다. 2015년 기준으로 이 금액은 미국 내에서만 1600억 달러, 세계적으로 3560억 달러에 달했다. 하지만 참석자 중에서 훈련이 비즈니스 결과에 중요한 영향을 미친다고 생각한 사람은 네 명 중 한 명에 불과했다. 이 기사는 다음과 같이 말한다. "대부분의 학습이 더 나은 조직적 성과로 이어지지 못하는 이유는 사람들이 과거의 습관으로 금방 회귀하기 때문이다."[1]

하지만 언러닝은 다르다. 이것은 일회성 이벤트가 아니라 하나의 시스템이다. 즉 미래를 추구하는 과정에서 과거를 내려놓고 현재에 적응하는 시스템이다. 그러려면 우리가 과거에 무엇을 했든 현재에는 그 행동이나 전략이 더 이상 유용하지 않을 수 있다는 사실을 먼저 인정해야 한다.

당신이 현재 진행 중인 일이 더 이상 효과가 없고, 그것을 내려놓아야 하며, 발전을 위해 특정한 행동이 필요하다고 인정하는 데는 용기가 필요하다. 사실 혁신의 첫 번째 단계는 언러닝을 실천해야 한다는 사실 자체를 인지하는 것이다. 그리고 탁월한 성과를 달성하기 위한 여정을 시작하기 전에, 먼저 바라는 목표나 결과물(그곳에 도달하는 데 필요한 실천사항)이 무엇인지 명확히 규정해야 한다.

비움학습, 재학습, 전환으로 이어지는 언러닝 사이클

언러닝 시스템은 세 단계의 접근방식으로 이루어진다. 나는 여기에 언러닝 사이클Cycle of Unlearning이라는 이름을 붙였다.(그림 2.1) 이 시스템은 내가 다년간 수많은 임직원, 팀을 코칭하는 과정에서 개발했다. 나는 고성과자들이 이 시스템을 얼마나 자연스럽게(심지어 무의식적으로) 활용하는지, 당신이 이를 어떻게 활용해 자신의 역량과 기질을 개발함으로써 성장을 도모할 수 있는지 그 방법을 제시하려 한다.

언러닝

언러닝 사이클을 도입하는 일은 당사자가 똑똑하거나, 운이 좋거나, 상황이 절박한 것과는 아무런 상관이 없다. 유일한 변수는 바로 당신이다. 즉 당신의 일과 삶에 언러닝을 의도적으로 활용함으로써 탁월한 성과를 추구하고자 하는 의지가 전제되어야 한다.

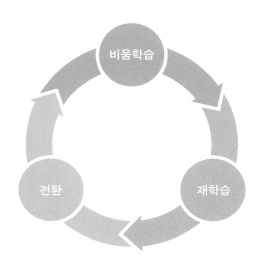

🔼 그림 2.1. 언러닝 사이클

1단계: 비움학습 unlearn

언러닝은 말만 앞세워서 되지 않는다. 행동이 따라야 한다. 무엇보다 언러닝의 이유와 대상을 명료하게 설정함으로써 분명한 목표를 수립해야 한다. 당신이 언러닝을 실천하고자 하는 이유는 정확히 무엇인가? 구체적으로 무엇을 언러닝하려고 하는가?

새로운 여정을 시작하기 위해서는 먼저 본인이 성취하기를 원하는 포부나 결과물을 **분명히** 명시해야(즉 이를 수치화하고 결과를 스스로 책임 져야) 한다.

아인슈타인은 다음과 같은 유명한 말을 남겼다. "문제를 만들었을 때와 똑같은 사고방식으로는 그 문제를 풀지 못한다." 그건 언러닝에 서도 마찬가지다. 우리에게는 용기와 호기심과 아울러, 무엇을 비워내 야 할지 **명확히 규정할 수 있는** 능력이 필요하다. 그래야 재학습이라는 다음 단계로 나아갈 수 있다.

2단계: 재학습 relearn

언러닝 사이클의 첫 단계는 혁신의 필요성 자체를 인지하는 것이다. 나아가 언러닝에 대한 자신감과 능력, 모멘텀을 구축하기 위해서는 두 번째 단계인 **의도적 재학습**의 과정에 도달해야 한다.

재학습을 효과적으로 수행하기 위해서는 수많은 도전을 극복해야 한다. 첫째, 자신의 내재적 신념과 맞지 않는 정보를 기꺼이 받아들이 고 이에 대해 열린 자세를 취해야 한다. 그 정보들은 당신이 지금껏 들 어왔거나 교육받았던 내용과 상충할 수 있다. 둘째, 학습하는 법을 다 시 익혀야 한다. 셋째, 기존의 안전지대를 벗어난 의미 있는(종종 도전적 인) 공간에서 재학습할 수 있도록 환경을 조성해야 한다.

다시 말해 당신은 더 좋은 정보를 입수하고, 이전과는 다른 방식으로 보고, 느끼고, 듣고, 대응하고, 행동하는 법을 배우기 위해 노력해야 한다. 재학습이란 의도적이고, 실용적이고, 경험적인 학습을 통해 실험할 수 있 는 공간(불확실성에 대처할 수 있는 공간)을 창조하는 행위를 의미한다.

재학습에 돌입하기 위해 꼭 필요한 것은 자신이 옳다고 생각하는 기존의 신념에 의문을 제기하는 과정이다. 원대한 목표를 설정하고 세계에 대한 자신의 가정假定에 도전장을 던져라. 하지만 생각은 크되 시작은 작아야 한다. 그래야만 재학습에 최적화된 환경, 즉 작은 도약과 실험을 통해 전환점에 도달하는, 이른바 '실패에도 안전한' 환경을 구축할 수 있다.

우수한 성과와 탁월한 결과물을 빚어내는 결정적 지표 중 하나는 바로 안전감(심리적, 물리적, 경제적 안전감)이다. 앞으로 이 사실을 입증하는 사례를 다양하게 제시할 것이다.[2]

보스턴 대학교의 윌리엄 A. 칸William A. Khan은 특히 심리적 안전감을 "자신의 이미지, 사회적 위치, 경력 등에 대한 부정적인 결과를 우려하지 않고 마음껏 자아를 드러내고 발휘할 수 있는 상태"라고 정의한다. 실패에도 안전한 실험방식과 고도의 심리적 안전감을 바탕으로 적절히 통제된 상태에서 회복 가능한 방식으로 실험할 공간을 창조하는 사람은 자신의 행동을 바꾸고, 한계를 탐구하고, 성장할 수 있다.

우리가 크게 생각하고 작게 시작해야 하는 이유가 바로 이것이다. 어느 경우에도 회복 불가능한 위험을 감수해서는 안 된다. 당신이 안전지대를 벗어나 모험을 감행했다가 일이 예측대로 돌아가지 않았을 때 당신 자신이나 팀, 조직에 파국적인 결과가 닥치는 일은 없어야 한다. 당신이 미지의 세계로 첫발을 내딛는 순간부터 만에 하나 그런 상황이 예견되어서는 안 된다. 나는 이 책에서 안전한 환경을 창조하는 방법, 실패에도 안전한 실험을 설계하는 방법을 통해 이 사이클의 마지막 단계인 전환에 필요한 요소들을 재학습하는 길을 제시할 것이다.

당신이 C레벨의 고위급 임원이든 현장에서 일하는 일선 노동자든 새로운 정보, 네트워크, 시스템을 열린 마음으로 받아들이고 이를 재학습하는 법을 배웠다면, 이제 당신을 경쟁에서 앞서게 해줄 전환적 사고방식을 개발할 때가 되었다. 비움학습과 재학습의 결과물인 전환은 언러닝 사이클의 처음 두 단계를 통해 얻어낸 새로운 **정보와 통찰**을 의미한다. 이 정보와 통찰이 강력한 힘을 발휘하는 이유는 당신의 행동, 관점, 사고방식에 유용한 정보와 지침을 제공하기 때문이다.

그동안 내가 인터뷰한 임원이나 리더 중에 이런 말로 대화를 시작한 사람은 헤아릴 수 없이 많다. "우리에게 필요한 것은 사고방식을 바꾸는 겁니다." 그들은 구성원들에게 다르게 **생각**하라고 말하면 그들이 다르게 **행동**할 거라고 믿는다. 하지만 그런 사고방식 자체가 재학습이 필요한 오류다. 다르게 생각하기 위해서는 먼저 다르게 행동해야 한다. 당신이 다르게 행동하는 순간 다른 방식으로 세상을 바라보고 경험하기 시작하고, 그 관점이 당신의 생각에 충격을 가할 것이다. 행동을 변화시킴으로써 새로운 관점을 얻고 사고방식을 바꾸는 경험을 해본 사람은, 열린 자세로 더 자주 자신의 행동을 언러닝할 수 있다. 정보와 통찰은 바로 이런 결과를 유발하는 촉진제라고 할 수 있다.

우리가 그렇게 성취한 전환은 재학습을 통해 얻은 교훈을 되돌아볼 기회를 제공하고 나아가 더 크고 원대한 도전에 맞설 디딤판이 되어줄 것이다.

단지 우리가 해야 할 일은, 지금 무엇이 순조롭게 진행되고 있으며 무엇이 그렇지 못한지 그리고 우리가 같은 도전에 맞서 이를 다시 언러닝하고 재시도할 기회를 얻는다면 어떤 일을 다르게 할지 스스로 질문하는 것이다. 당신은 이 정보와 통찰을 바탕으로 미래의 언러닝 사이클에 피드백을 제공함으로써 새로운 주기가 진행될 때마다 더 깊은 통찰, 강한 영향력, 큰 성장을 거둘 수 있을 것이다.

전환 단계를 완료한 리더들은 새로운 아이디어나 비즈니스 방법론을 시도할 때마다 이 사이클을 처음부터 반복할 수 있다. 이 과정에서 주의해야 할 점은, 언제든 다시 무사안일주의에 빠져 추진력을 상실할지도 모른다는 것이다. 다시 말해, 선순환 주기를 강화하는 대신 과거의 습관으로 회귀하면서 현실에 안주하게 될 수도 있다.

언러닝은 일회성 이벤트가 아니라 지속적으로 유지되어야 할 습관이다. 우리가 전환을 통해 달성하고자 하는 목표는 (1) 지난 성과를 되돌아보고 (2) 미래의 경로를 수정하고 (3) 새로운 정보와 모멘텀을 활용해 이 순환주기를 더욱 빠르게 가동시킴으로써 또 다른 전환점에 도달하는 것이다.

당신이 무엇을 대상으로 언러닝 사이클을 수행할지는 개인적 포부와 추구하는 결과물이 무엇인가에 달려 있다. 사소한 문제를 해결하거나 작은 목표를 성취하기 위해 처음 언러닝을 시작한 순간부터 더 크고 복잡한 도전과 목표를 거쳐 궁극적으로 **모든 것**에 적용할 때까지, 이 시스템의 놀라운 힘은 지속될 것이다.

당신은 모든 문제와 도전을 해결하고 모든 기회를 활용하는 데 이 시스템을 사용할 수 있다. 큰 성과를 거두기 위해서는 크게 시작하고, 크게 행동하고, 크게 배팅해야 한다고 생각하는 사람이 많지만, 이는 결코 사실이 아니다. 크게 생각하되 작게 시작하라. 다양한 대안을 시도해보라. 당신은 한 번의 큰 배팅이 아니라 수많은 작은 배팅을 통해 장차 자신에게 가장 큰 영향을 미칠 전환점을 찾아낼 수 있을 것이다.

실패란 당신이 아무 일도 하지 않고, 아무런 조치도 취하지 않는 상태를 의미한다. 당신이 어떤 일이든 가리지 않고 용감하게 시도한다면 새롭고 놀라운 통찰과 정보를 획득할 뿐 아니라 항상 당신 입장에서 유리한 결과물을 얻게 될 것이다.

철학자 에릭 호퍼Eric Hoffer는 이렇게 말한다. "이런 급격한 변화의 시기에 미래를 물려받는 것은 학습자들이다. 배우는 사람들은 더 이상 존재하지 않는 세계에서 살아갈 준비가 되어 있다."

언러닝의 힌트들

- 당신이 기대를 충족하지 못하는 영역은 어디인가?

- 당신이 원하는 결과물을 얻지 못하는 분야는 무엇인가?

- 당신은 그런 결과물에 영향을 주기 위해 어떤 일을 하고자 하는가?

- 당신은 어떻게 안전지대를 벗어나 성공에 도달할 수 있을까?

- 당신은 어떤 원대한 목표를 지향하고 어떤 작은 도약을 시작하려고 하는가?

당신이 이 모든 질문에 대답할 수 있다면, 이제 언러닝 사이클에 돌입해 비범한 성과를 얻고 영향력을 강화하며 성장을 이룰 준비가 된 것이다.

8주간의 프로젝트로 회사의 체질을 바꾼 IAG 사례

국제항공그룹International Airlines Group, IAG은 에어 링구스, 영국항공, 이베리아항공, 레벨, 부엘링, 아비오스그룹, IAG 항공화물 등의 모기업이자 2017년 기준으로 229억 유로의 매출액을 기록한, 세계 6위 항공기업이다. IAG의 직원은 6만 3000명이 넘고, 547대의 항공기로 매년 1억 500만 명의 승객을 실어 나른다.[3] 몇 년 전 IAG는 회사의 임원 및 고위 관리자들을 대상으로 한 단기 워크숍이나 교육이 그들의 행동이나 사고방식을 바꾸는 데 별로 효과가 없다는 결론을 내렸다. 이 회사는 조직의 진정한 혁신을 위해 가장 경험 많은 리더들에게서 더 강력하고 장기적인 헌신을 이끌어내야 한다고 믿었다.

IAG는 스스로 이렇게 질문했다. "리더들이 우리 회사와 항공 산업을 이끄는 방식을 체계적이고 지속가능하게 혁신한다는 원대한 목표를 향해 우리가 작게 출발할 수 있는 방안은 무엇인가?"

그들이 내놓은 아이디어는 다음과 같았다. IAG의 최고위급 임원 여섯 명을 8주 동안 회사의 각 사업 부문에서 손을 떼게 하고(그들을 일상의 책임에서 완전히 벗어나게 하고), 대신 기존의 비즈니스와 그들 자신에게 획기적인 변화를 가져다줄 새로운 사업을 출범시키라는 임무를 부여하면 어떨까? 이 계획을 통해 고위 임원들의 생각을 바꾸고 그들에게 새로운 사고방식과 습관, 혁신의 방안을 이끌어낼 수 있을까? 또 항공 산업이 갈수록 범용화되는 현실에 대처할 시간과 집중력을 임원들에게 제공할 수 있을까?

《1만 시간의 재발견Peak》을 쓴 성과 전문가 안드레스 에릭슨Anders

Ericsson은 이런 의도적인 연습을 통해 리더들에게 각자의 사업부, 업무 방식 그리고 자기 자신을 근본적으로 재창조할 임무를 부여하면 조직의 실적이 엄청나게 달라질 수 있다고 주장한다. 그 리더들은 자신의 안전지대 밖에서 새로운 방법론, 도구, 기술 등을 실험하고 도전에 맞섬으로써 기존의 판에 박힌 행동이나 근시안적인 사고방식에서 벗어나 높은 수준의 성과를 거둘 수 있다는 것이다.

IAG는 회사 외부에서 진행하는 하루 동안의 혁신 회의에서는 건질 수 있는 것이 너무 적고, 몇 년에 걸친 혁신 프로그램이 효과를 발휘하기를 기다리기에는 그 시기가 너무 늦다는 사실을 알고 있었다. 그들은 회사의 혁신을 견인할 수 있는 지속가능한 시스템을 창조해서 늘 똑같은 행동을 하면서 특별한 결과를 기대하던 기존의 관행에 제동을 걸어야 했다. IAG는 리더들이 변화를 이끄는 법을 비움학습할 수 있는 실험공간을 의도적으로 설계했다. 그리고 8주간의 '캐터펄트Catapult'라는 프로그램을 통해 여섯 명의 고위급 임원들을 재학습시켰으며, 그들이 일하고 경험하고 세상을 바라보는 방식을 바꿔줄 전환점을 찾아냈다.

나는 IAG가 캐터펄트 프로그램을 가동하던 시기에 여기에 참가한 임원들과 함께 일할 기회를 얻었다. 이 팀의 사명은 수많은 아이디어를 검토하고 그중 무엇이 효과가 있고 없는지 실험함으로써 그들이 담당하는 사업부와 그들 자신에게 파괴적 변화를 불러일으키는 것이었다.

충분한 시간, 일에 집중할 수 있는 환경, 과감한 시도에 대한 허가증까지 갖춘 그들은 실천을 통해 학습할 기회를 얻었다. 그들이 이 프로그램을 실패한다는 말은 회사와 항공 산업 그리고 그들 자신을 변화시킬 여섯 개의 아이디어를 도출한다는 목표를 달성하지 못하고 다시 예전의 업무 방식으로 되돌아가는 상황을 의미했다.

8주간의 캐터펄트 프로그램이 시작된 초기에 이 팀의 멤버인 IAG의 어느 임원이 항공 예약에 대한 소비자 경험을 획기적으로 바꿔줄 아이디어를 찾았다고 주장했다. 항공 산업에서 항공권 예약 및 구입 시스템이 엄청나게 복잡한 이유는 그 일이 수많은 경로를 통해 이루어지기 때문이다. 소비자들은 항공사를 통해 직접 비행기 표를 예약하거나, 여행사를 이용하거나, 항공권 가격비교 및 판매 사이트에 접속하거나, 심지어 여행 당일에 공항에서 항공권을 구입하기도 한다. 소비자가 어떤 방식으로 항공권을 예약했느냐에 따라 항공사가 탑승객에 대한 정보를 얼마나 잘 파악하고 고객에게 어떤 서비스를 제공할 것인가가 결정된다.

당신이 어느 항공사의 충성도 높은 우수 고객이라면, 그 항공사는 특별한 서비스를 통해 당신에게 감사의 뜻을 표현하고 싶어 할 것이다. 아마 공항의 탑승수속 직원은 당신의 좌석을 일등석으로 승급시켜줄지도 모른다. 문제는 당신이 여행사나 중간 업자를 통해 항공권을 예약했을 경우 그 항공사가 당신의 멤버십 정보를 제대로 파악하지 못할 가능성이 크다는 것이다. 따라서 당신이 공항의 체크인 카운터에 도착했더라도 탑승수속 담당 직원은 당신이 늘 익숙하게 받아왔던 특별 서비스를 제공하지 않을 수 있다.

항공사들은 승객에게 불만족스러운 경험을 안겨주는 이 문제를 어떻게든 해결하고 싶어 한다. 그들은 당신이 누구고 현재 어떤 상황에 처했는지를 포함한 데이터를 바탕으로 그때그때 상황에 맞는 보상이나 경험을 제공함으로써 당신에게 특별한 느낌을 선사하기를 바란다.

이 상황이 아이러니한 이유는 모든 산업분야를 통틀어 고객에 대해 가장 많은 정보를 소유한 조직이 바로 항공사이기 때문이다. 그들은 당신의 이름, 주소, 비행 횟수, 출발지, 도착지 등을 속속들이 파악하고 있다. 또 당신이 어떤 음식이나 음료를 좋아하고, 어떤 기내 면세품을 주로 구입하고, 저렴한 제품 혹은 고급 제품을 선호하는지에 대해서도 잘 알고 있다. 그리고 당신이 그 항공사의 제휴 호텔 고객인지, 어떤 렌터카 대리점을 이용하는지, 다른 외부 업체가 제공하는 서비스를 통해 항공 서비스를 이용하는지에 대한 데이터도 갖고 있으며, 당신이 신뢰할 만한 여행객인지, 아니면 공항 보안원이 더 자세히 검색할 필요가 있는 인물인지도 파악하고 있다. 항공 산업에서는 가장 크고 광범위한 고객 정보 플랫폼과 네트워크를 보유한 회사가 결국 승리하게 되어 있다.

캐터펄트 팀의 어떤 멤버가 이 시스템을 개선하겠다고 나섰을 때, 그는 대기업이라는 환경에 조건화된 전형적인 접근방식을 보였다. 그는 이 분야의 전문가이기 때문에 자신에게 모든 해답이 있을 뿐만 아니라, 새로운 예약 시스템 도입이라는 자신의 아이디어가 최고의 아이디어라고 믿었다. 그는 고객들이 이 아이디어를 환영할 것이 분명하기 때문에 모든 사람이 이를 현실화하는 데 동참한다면 비즈니스와 항공 산업 전체에 혁신을 불러올 수 있다고 확신했다. 말하자면 그 임원은 고객들에게서 아이디어를 얻어내는 데 주력하는 대신 사람들에게 자신의 주장을 일방적으로 밀어붙이는 히포HIPPO, Highest Paid Person's Opinion(최고연봉자의 의견) 방식을 선택한 것이었다.

하지만 캐터펄트 팀 구성원들에게 진정으로 필요했던 것은 제품 혁신이라는 숙제 앞에서 오래전부터 조건화되어왔던 그들의 사고방식과 행동을 언러닝하는 작업이었다.

우리는 그 임원에게 이 새로운 예약 플랫폼의 시제품을 간단하게 만들어보라고 권한 뒤에, 실제 고객들을 대상으로 현장에서 시제품을 직접 실험했다. 하지만 반응은 그리 긍정적이지 못했다. 사실 아주 형편없었다는 표현이 적절할 것이다. 고객들은 그 시스템을 전혀 좋아하지 않았다.

하지만 그 임원은 이 피드백을 액면 그대로 받아들이지 않았다. 그는 잘못된 고객 기반을 대상으로 실험이 이루어졌기 때문에 의견 조사 자체가 오류라고 생각했다. "항공권의 가격이나 종류를 진정으로 이해하는 고객은 이것이 왜 훌륭한 신제품인지 잘 알 겁니다. 이 아이디어를 검증하기 위해서는 올바른 고객들을 조사 대상으로 선정해야 합니다." 그가 이렇게 주장했다. 우리는 실험 과정을 다시 반복했다. 하지만 결과는 똑같았다. 그는 우리가 제공하려는 제품을 고객들이 제대로 이해하지 못한다고 믿었다. 그래서 우리는 같은 프로세스를 되풀이했다. 도합 네 차례의 실험이 마무리된 뒤에(물론 결과는 매번 동일했다) 나는 조사 결과를 논의하기 위해 그와 마주앉았다.

"문제가 뭐라고 생각하십니까?" 내가 물었다.

"고객이 문제가 아니라 아이디어가 문제인 것 같네요." 그가 인정했다.

그 임원은 자신도 모르는 사이에 반복, 반성, 소급 과정을 거쳐 전환점에 도달하는 언러닝 사이클을 밟은 것이다. 문제는 고객이 아니라 우리의 사고방식과 행동이다. 그는 언러닝 사이클을 도입한 뒤 생각을 180도 바꿨다. 새로운 행동이 가져다준 혜택을 이해하면서 과거의 사고방식과 행동을 언러닝하는 작업에 한층 속도를 높이기 시작했다.

이 임원은 모든 '위대한' 아이디어와 새로운 혁신도 최초에는 하나의 '추측'이나 '가설'에 불과하기 때문에 먼저 그 가설에 담긴 가정들을 검증할 수 있는 실험 방법을 설계해야 한다는 사실을 깨달았다. 가장 이상적인 실험 대상은 그 실험을 디자인한 사람이 염두에 둔 목표 고객들이며, 고객의 피드백은 이 혁신에 내재한 불확실성을 줄일 수 있는 가장 객관적이고 권위 있는 지침이다. 우리가 이런 관점을 바탕으로 세계를 바라보면 모든 것이 비움학습, 재학습, 전환의 기회가 될 수 있다. 그 임원은 자기가 수행하는 업무의 모든 측면에 언러닝 사이클을 도입하기 시작하면서 캐터펄트 팀에서 가장 돋보이는 인물로 변신했다. 그는 예전에 자신이 잘 안다고 생각했던 모든 것을 비워내고 재학습하는 방향으로 행동방식을 바꿨다. 그리고 언러닝을 가로막는 방해물들을 성장의 기회로 전환함으로써 "나는 모든 대답을 안다"는 오만함에서 벗어나 호기심 가득한 인물로 되돌아갔다.

요컨대 그는 '모든 것을 안다'라는 구호를 '모든 것을 언러닝한다'로 바꾼 것이다.

IAG가 캐터펄트 팀을 구축한 일은 최초의 작은 도약에 불과했다. 이 회사는 항공 산업과 IAG, 임원들 개인에게 변화를 불러일으킬 여섯 가지 아이디어를 도출한다는 목표를 바탕으로 수많은 산업적 혁신을 이뤄냈다. 예를 들어 그들은 회사가 소유한 자산을 활용하고 혁신하는 차원에서 행어51Hangar 51이라는 스타트업 액셀러레이터accelerator(스타트업에 초기 자금이나 멘토링 등을 제공하는 조직—옮긴이) 프로그램을 출범시키고 회사 자체적으로 벤처 자금을 조성해서 이 분야의 스타트업들과 협업을 도모했다. 또 이 회사는 연결 항공편을 이용하는 고객들의 정보를 항공사 간에 안전하게 공유할 수 있도록 업계 최초로 블록체인 기술 기반의 디지털 신분 확인 서비스를 출시했다. 또 그들은 고객들이 여행의 소중한 경험과 추억을 잊지 않도록 이를 쉽고 간단하게 기록하고 공유할 수 있는 수단을 제공하기도 했다. 그리고 예측 분석기법predictive analytics으로 고객들의 비정형 피드백을 구조화는 기술을 통해 고객 데이터를 단 몇 분 만에 자동으로 분류하고 핵심 통찰을 시각화하는 능력을(과거에는 수동 데이터를 분석하는 데 보통 몇 개월이 걸렸다) 구축했으며, 이를 통해 고객 서비스를 한층 효과적으로 개선했다.[4]

최근 IAG는 그들이 여전히 원대한 목표를 지향하고 있다는 사실을 입증하는 행보를 보여주었다. 2017년 3월에는 저가 항공 및 장거리 노선의 경쟁이 치열해지는 시대상황에 대처하기 위해 새로운 개념의 대서양 횡단 항공사 레벨LEVEL을 설립했다. 레벨은 개업 후 이틀 동안 5만 2000개의 좌석을 판매했으며, 한 달 보름 만에 14만 7000개의 좌석을 팔아치움으로써 IAG의 기대치를 훨씬 뛰어넘었다.[5]

이 모든 혁신은 IAG에 뛰어난 성과이자 획기적인 전환점이었지만 이 회사 입장에서 가장 심오하고 장기적이고 전면적인 변화는 따로 있었다. 바로 조직을 이끄는 임원들의 **마음가짐**이 바뀌었다는 사실이다. 캐터펄트의 경험을 통해 영감을 얻은 각 분야의 리더들은 불편함을 감내하고 언러닝을 수행할 수 있다는 자신감과 능력으로 무장하고 업무로 복귀해 다른 사람들의 비움학습, 재학습, 전환의 과정을 도왔다.

IAG 산하 아비오스그룹에서 최고 디지털 책임자Chief Digital Officer로 재직 중인 스티븐 스콧Stephen Scott은 캐터펄트의 경험을 통해 얻은 성과를 이렇게 말한다.

"언러닝의 중요한 일부는 오직 과거에만 효과를 발휘했던 일에 매달리지 않는 것입니다. 사람들 중에 97퍼센트는 예전에 하던 일로 돌아가야 한다고 생각하거나 변화에 저항합니다. 당신이 뭔가를 향해 움직이기 시작했다는 사실을 스스로 깨달으면 그때가 바로 전환점을 향한 여정이 시작되는 순간입니다."

이제 IAG와 이 회사의 임원들은 안전지대를 벗어나 자신에게 도전장을 던지고 승리를 쟁취할 기회가 바로 불확실함이라는 사실을 알고 있다.

언러닝 도입 타이밍을 알려주는 몇 가지 신호

언러닝 사이클이 어떤 식으로 작동하는지 알게 된 사람들은 이제 이런 의문을 품을 것이다. 그렇다면 언제 언러닝을 실천해야 하는가? 물론 그 질문에 대한 내 대답은 당연히 '항상'이다. 그럼에도 당신이 즉시 언러닝 사이클에 돌입할 때가 됐다는 사실을 암시하는 몇 가지 신호는 분명히 존재한다.

첫째, 당신이 특정 문제를 해결하기 위해 모든 방법을 다 시도했지만 원하는 성과와 결과물을 얻어내는 데 실패했거나, 스스로의 기대치를 충족하지 못했거나, 또는 여전히 뭔가 벽에 부딪힌 느낌을 받을 때다. IAG의 경영진이 회사의 임원들을 외부 혁신 회의나 교육에 참석시킨다 해도 그들의 행동이나 사고방식에 장기적이고 지속적인 영향을 가하기가 어렵다고 판단한 것처럼, 당신도 현재 진행 중인 일이 효과가 없다는 사실을 솔직히 인정하고 이에 대한 대안(경우에 따라 급진적일 수도 있는 접근방식)을 모색할 용기를 내야 한다.

또 파트리크 무라토글루가 세리나 윌리엄스와 처음 만나 자신의 통찰을 공유했듯이, 새로운 정보로 인해 세계에 대한 이해가 새롭게 형성되는 상황을 생각해볼 수 있다. 기술 발전이 기하급수적인 속도로 이루어지고 비즈니스 시장도 이에 못지않게 급변하는 오늘날, 우리에게는 엄청난 양의 새로운 정보가 매일같이 밀려들고 있다. 우리가 시간을 내어 이런 정보(우연한 대화를 통해 얻어낸 아이디어든, 고객을 응대하는 과정에서 축적된 통찰이든, 또는 게임을 바꿀 만한 새로운 기술이든)를 기꺼이 받아들이는 노력을 기울인다면, 우리는 언러닝 사이클을 활용해서 미래의 성공을 기약하는 새로운 접근방식을 도입할 수 있을 것이다.

물론 이런 모든 상황이 언러닝을 꼭 필요로 하는 중차대한 순간이기는 하지만, 가장 이상적인 경우는 애초에 그런 실존적 위협이나 위기 상태에 처하지 않는 것이다. 대신 우리는 마치 평소에 숨을 쉬듯 주기적이고 습관적으로 언러닝을 실천해야 한다.

다시 말해 우리는 더 이상 다른 선택지가 없는 상황에서 최후의 대응책으로 언러닝을 고려하기보다, 평소 꾸준하고 계획적인 실천을 통해 본능적이고 의도적으로 언러닝을 활용하는 능력을 길러야 한다.

어떤 리더에게나 가장 중요한 덕목은 자신이 다른 구성원들에게 기대하는 행동을 솔선수범해서 직접 모범을 보이는 일일 것이다. 리더는 자신의 사고방식과 행동을 스스로 언러닝하는 습관을 구축해서 구성원들이 언러닝을 안전하게 받아들이도록 독려하고, 이를 통해 언러닝을 조직 문화의 일부로 정착시켜야 한다. 리더가 취하는 행동은 자기 자신과 구성원들에 대한 가치와 기대를 그대로 반영하는 법이다.

　그러나 사람의 마음은 자기가 걸어야 할 올바른 길과 종종 반대되는 방향으로 향하기 마련이다. 우리는 사전에 어느 정도 설계되고 프로그램된 방식으로 주변 환경에 반응한다. 따라서 이런 요인들이 우리의 의사결정에 어떤 영향을 미치고, 우리가 그런 문제를 해결하기 위해 어떻게 변화해야 하는지 이해하는 일은 언러닝 사이클을 성공적으로 도입하는 데 핵심적인 요소라고 할 수 있다.

3장 | 언러닝의 방해물을 언러닝하라

> 높은 장애물일수록 극복하는 데 더 큰 영광이 따른다.
> – 몰리에르Molière

언러닝은 우리에게 용기와 호기심, 불편함을 편안하게 받아들이는 마음가짐을 요구한다. 우리가 목표를 이루고 원하는 결과물을 얻기 위해서는 미래의 발전을 가로막는 낡은 가치, 가정, 믿음 등을 과감히 내려놓아야 한다. 또 지금까지 우리가 길들었던 요소들이 앞으로의 성공을 가로막을 수 있다는 사실을 인정하는 열린 자세가 필요하다.

언러닝의 가장 큰 방해물은 우리 자신이다. 새로운 가능성과 개선책을 외면하는 우리의 구태의연한 사고방식이 언러닝을 가로막는다. 언러닝의 방해물은 외부적, 내부적, 상황적 요인으로 형성될 수 있다. 그 원천이 무엇이든, 다음으로 나열하는 방해물들은 우리를 현재 자리에

굳게 못박아두는 역할을 한다.

- **리더십의 조건화** 리더의 성공이 무엇을 의미하는지에 대한 우리의 정의는 대개 일상적 업무를 수행하는 과정과 조직을 이끄는 리더들에 의해 영향을 받는다. 우리가 속한 조직들은 거의 전부가 19세기 산업혁명 시기에 구축된 관행과 원칙에 뿌리를 두고 있다.

- **지식의 한계** 우리는 활용 가능한 정보 중에서 자신이 옳다고 생각하는 부분만을 골라 세상을 이해한다. 어린 시절에는 마치 빈 배처럼 새로운 경험을 왕성하게 흡수함으로써 세상을 파악하고, 정신적 도약이 이루어질 때마다 전에 알지 못했던 새로운 사고방식을 열린 마음으로 받아들인다. 그러나 우리의 머리에 전문적인 지식이 들어서면서, 이해하기 어려운 대상에 대해서는 알고자 하는 노력을 포기하는 태도가 생겨난다. 그런 과정에서 초심은 사라지고 지속적인 탐구 정신도 자취를 감춘다.

- **편견** 편견은 우리가 복잡한 세계를 단순하게 이해하기 위해 사전 프로그램된 심리적·신경학적 방식이다. 하지만 이는 빈약한 정보나 불충분한 상황적 지식에 근거한 경우가 많다. 우리는 의사결정을 서두르고, 임시변통의 해결책을 도입하고, 눈앞에 놓인 진짜 문제가 무엇인지 되돌아보거나 숙고하지 않은 채 성급하게 행동한다. 또 결국에는 긍정적인 결과가 나올 것이라는 기대감 때문에 잠시 멈추고, 천천히 전진하고, 끈기를 발휘할 시간과 공간을 본인에게

거의 허락하지 않는다.

- **항상 옳은 사람이고자 하는 욕구** 우리의 에고가 스스로에게 미치는 영향력은 매우 강하다. 에고는 자기인식을 가로막는 적이자 과도한 스트레스, 공포, 불신 등을 유발하는 요인이다. 이 사회에서 당신이 얼마나 똑똑한 사람인가 하는 것은 남들에게 얼마나 폭넓은 지식과 노하우를 과시하느냐에 달려 있다. 따라서 당신은 자기가 저지르는 오류로 인해 수치스러운 상황에 처하는 위험을 피하기 위해 불확실하거나 잘 알려지지 않는 일(즉 성장을 이끌어내는 일)에는 관여하지 않으려 한다.

- **보상과 평가에 대한 집착** 어린 시절 들었던 칭찬, 교실에서 정답을 말했다고 인정받은 일, 현상을 유지하거나 상사가 지시한 대로 행동하면 보상을 제공하는 조직문화 등이 이런 방해물을 만들어낸다. 우리는 구성원들에게 당신이 '이런 목표'를 달성하면 '저런 보상'을 받을 거라고 말하며 그들과 조건적인 관계를 맺는다. 이런 틀이 짜이는 순간 구성원들은 이 방정식의 '저런 보상'이라는 항목에만 자연스럽게 초점을 맞추고, 애초에 '이런 목표'의 취지나 왜 그 일을 해야 하는지에 대한 본질적 가치를 망각한다. 몇몇 개인에게 걸린 막대한 보너스가 그들에게 잘못된 행동을 초래함으로써 글로벌 경제 위기가 촉발된 사건은 '저런 보상'이라는 대가가 의도치 않은 결과나 부정적인 행동으로 이어진 대표적인 사례다.

- **불확실함과 위험에 대처하는 능력의 부재** 우리를 둘러싼 세계에서 얼마나 확실함을 추구하고 얼마나 리스크를 기피하는가에 따라 이와 같은 방해물이 생겨난다. 연구자들에 따르면 인간은 예측만 가능하다면 그 결과가 긍정적이든 부정적이든 이를 불확실한 것보다 훨씬 선호한다고 한다.[1] 신경과학자 아치 드 버커Archy de Berker가 이끄는 연구팀은 인간의 불확실성에 대한 감정 반응은 특정 사건의 발생 확률이 50대 50일 때 정점에 달한다는 사실을 밝혀냈다. 그때가 되면 두뇌에서 도파민이 샘솟고 교감신경계가 활성화되면서 신체가 극적인 조치를 취하는 상황에 대비한다. 스트레스가 가중될수록 사람의 마음은 불확실한 선택지에 저항한다. 리더들이 어떻게든 불확실한 결과물을 회피하기 위해 갖은 애를 쓰는 것도 이와 비슷한 맥락이다.

- **호기심 부족** 우리는 새로운 정보나 답을 모르는 질문 앞에서 얼마나 큰 흥미를 느끼고, 이를 탐구하려는 동기를 느끼는가. 호기심은 우리를 일상의 삶에서 탈출시켜 앎의 경계선을 더 멀리 확장해준다. 누군가 당신에게 기존의 관점과 다른 아이디어를 제시했을 때, 당신이 곧장 거부하지 않고 "재미있네요. 좀 더 말해주세요"라고 대응한 마지막 순간은 언제인가?

- **환경** 우리의 일터, 산업 분야, 시장 상황, 나아가 세계적 흐름, 사회 구조와 규범 등이 모두 우리의 환경을 구성한다. 우리의 환경이 가치 있게 여기는 것은 우리 자신도 가치 있게 받아들여야 한다. 당신

이 속한 환경에서는 고대 로마인들처럼 언러닝을 가치 있게 생각하고, 이를 적극적으로 실천에 옮기는가?

언러닝은 '취약함을 감수하는 행위'다. 즉 당신이 확실히 아는 것을 내려놓고 불확실성 앞에 과감히 자신을 열어놓는 행위를 뜻한다. 또 당신이 가진 지식이 충분치 않으므로 더 성장하고 영향력을 키우려면 새로운 정보, 생각, 사고방식이 필요하다고 솔직히 인정하는 일을 의미한다.

성공은 편견을 굳어지게 한다

우리 사회는 흔히 열심히 노력하고, 항상 정답을 찾아내고, 처음부터 매사를 정확히 이해해야 원하는 바를 이루고 성공할 수 있다고 믿는다.

성공에 대한 이러한 인식 자체가 방해물이 되는 이유는 성공이 언러닝에 대한 의욕과 호기심을 제한하기 때문이다. 과거 특정한 분야에서 긍정적인 성과를 거둔 적 있는 사람들은 자신이 받은 보상과 평가에만 집착하느라 다른 형태의 접근을 시도하지 못한다. 그들은 실패를 두려워한다. 행여 자신의 뛰어난 기록, 권위, 개인적 브랜드 등이 손상될까 염려되기 때문이다.

그동안 수많은 리더들이 오늘날에는 더 이상 유효하지 않은 방법론과 사고방식을 기반으로 경력을 쌓아올렸다. 그들은 실험적인 업무 방식을 도입하기를 원하는 조직 구성원에게 불만을 느낀다. 자신이 잘 모르는 접근방식인 데다, 더 중요한 이유는 거기에서 어떤 결과가 나올지 불확실하기 때문이다.

가령 새로운 회사에 고용된 CEO나 임원의 대다수는 부임하자마자 비즈니스에서 실제 무엇이 필요한지에 관계없이, 자신이 선호하는 리더십 스타일과 시스템을 채택하라고 조직을(그리고 그 안에서 일하는 사람들을) 몰아붙인다. 그들은 시스템 안에서 일하는 사람들이 아니라 바로 자신에게 적합한 시스템을 설계했기 때문에 모든 일이 만족스럽게 돌아간다고 자위한다. 또 그들은 조직 전체에 걸쳐 동일한 형태의 보고서를 만들어 제출하라고 요구한다. 본인 입장에서 수많은 사업의 진행 상황을 비교하기 쉬운 데다 명령과 통제를 수행하기에 익숙하고 편안한 시스템이기 때문이다.

그러나 이것은 명백한 실수다. 이를 극복하기 위해서는 반드시 언러닝이 필요하다. 그들은 특정한 사업에서 무엇이 가장 중요한지 먼저 이해해야 하며, 각각의 사업에 대한 통제 방식을 별도로 설계해야 한다.

'복사하고 붙이기'식의 획일화된 조직 재설계 방법론을 통해서도 나름 경영 활동을 수행하고, 결과물을 산출하고, 성공적인 결과를 얻었다고 주장하는 사람도 없지 않다. 하지만 그런 리더 중에 정말로 기대만큼의 성과를 달성하는 이는 극소수다. 그런 경영방식을 도입한 리더들은 자신의 실적에 거의 책임지지 않으며, 결과물이 도출되기 전에 다음 역할로 자리를 바꾼다. 다시 말해 일방적으로 자신의 방침을 밀어붙이고, 똑같은 일을 되풀이하고, 그 행동이 열매를 맺기 전에 사라진다.

시인 T. S. 엘리엇은 이런 관점을 지닌 사람들의 문제점을 다음과 같이 명쾌하게 포착했다. "늘 생각해왔던 것만을 계속 생각하면서 자신

언러닝

이 뭔가 새롭고 대담한 것을 구상하고 있다고 상상하는 것만큼 사람들을 기쁘게 만드는 일은 없다. 안전함의 이점과 모험의 즐거움을 동시에 누릴 수 있기 때문이다."

바로 이것이 현상 유지에 기반한 리더십, 즉 자신이 발을 내딛는 모든 곳에 똑같은 모델과 방법론을 적용하는 리더십이다. 특정한 방법이 한때 효과를 발휘했다고 해서 그것이 여전히 통하리라고 장담할 수는 없다. 그런 면에서 기업 혁신에 나선 회사 중에 84퍼센트가 목표를 달성하는 데 실패하는 것도 놀랄 일이 아니다. 그런 결과가 도출되는 가장 큰 이유는 리더들이 자신의 행동을 바꿀 준비가 되어 있지 않기 때문이다.[2]

성공은 편견을 굳어지게 한다. 사람들은 자신이 원하는 결과를 달성하지 못했을 때 불운이나 우연한 사건, 또는 외부적 요인 탓을 하고, 성공했을 때는 모든 것을 본인의 공적으로 돌린다. 빌 게이츠Bill Gates는 이런 유명한 말을 했다. "성공은 형편없는 선생이다. 똑똑한 사람들에게 절대 실패해서는 안 된다는 사고방식을 심어주기 때문이다." 경영 코치 겸 저술가 마셜 골드스미스Marshall Goldsmith도《일 잘하는 당신이 성공을 못하는 20가지 비밀What Got You Here Won't Get You There》에서 비슷한 이야기를 했다. 과거에 당신에게 성공을 안겨준 요인이 다음번에도 당신을 성공으로 이끌 거라고 장담해서는 안 된다는 것이다.

세상의 모든 가치 있는 일 중에 쉬운 일은 없다. 하지만 우리는 늘 지름길과 빠른 해결책을 찾아 나서고, 비즈니스 수행에 필요한 요건을 가까스로 충족할 정도의 교육에 만족한다. 그리고 때마다 유행하는 새로운 전술을 좇는다. 정작 본인의 얄팍한 지식이나 초보자 수준의 노하우를 더 나은 수준으로 개선하는 데는 아무런 관심이 없다. 안드레스 에릭슨은 이렇게 말했다. "어떤 상황에서든 자신을 안전지대 밖으로 밀어내지 않으면 절대 개선이 불가능하다."

탁월한 문화를 지닌 조직이 다른 조직과 다른 점

우리의 두뇌가 뭔가 새로운 것을 시도하지 못하고 현재의 상황에 집착하는 이유는 자신이 항상 옳아야 한다는 강력한 욕구 때문이다. 어린 아이들은 끊임없이 적응하고, 생각하고, 진화한다. 인류의 발전은 수많은 시행착오와 경험, 발견의 산물이다. 하지만 우리가 학교라는 제도 속으로 진입하는 순간 모든 것이 바뀌기 시작한다. 우리는 아이들에게 생각하는 **방법**이 아니라 생각의 **내용**을 가르치고, 아이들이 대학교를 거쳐 전문직이나 대기업 경력에 도달할 때까지 이런 순응적 태도를 강요하고 확산시킨다.

교육학자 겸 저술가 켄 로빈슨Ken Robinson은 역사상 가장 많은 조회 수를 기록한 TED 강연 "학교는 창의력을 말살하는가?"에서 학교라는 제도가 아이들에게 틀린 대답에 대한 공포심을 어떻게 불어넣는지 설명했다.

아이들은 무조건 시도하고 봅니다. 잘 모르는 것이 있어도 일단 덤벼들어 도전하지요. 그렇지 않나요? 아이들은 틀리는 것을 걱정하지 않습니다. 물론 창조적인 것과 틀린 답을 내는 것이 똑같다는 말은 아닙니다. 다만 당신이 틀릴 준비가 되어 있지 않으면 그 어떤 독창적인 것도 만들어낼 수 없습니다. … 하지만 어른이 되면 대부분 그 능력을 잃어버리고 틀리는 것을 두려워하게 되지요. 회사도 그런 식으로 운영합니다. 구성원들이 저지른 실수에 낙인을 찍습니다. 현재 우리가 운영 중인 국가 교육 시스템하에서 당신이 저지를 수 있는 최악의 잘못은 바로 실수입니다. 결과적으로 우리는 교육을 통해 사람들의 창조력을 박탈하고 있습니다.[3]

물론 교육 제도만을 나무랄 수는 없다. 이런 사고방식과 행동은 기업이라는 조직의 구조와 문화 속에서 더욱 철저히 다듬어지고 강화된다. 기업에서는 어느 구성원이 실수하면 관리자가 이를 참지 못할 뿐 아니라, 그 관리자가 이끄는 사업부 전체적으로 또 다른 실수의 가능성을 아예 뿌리째 뽑아버리려 한다. 우리는 자신을 둘러싼 환경, 주위 사람들과 조직에 의해 만들어진 존재다. 당신이 속한 환경에서는 모험하고, 틀린 답을 내고, 실수를 저지르는 일을 소중히 여기는가?

이스턴 미시건 대학교의 사회학자 론 웨스트럼Ron Westrum 교수는 조직들이 정보를 처리하는 프로세스를 설명하기 위해 표 3.1과 같은 세 가지 문화 모형을 개발했다.[4]

이 환경들의 차이는 매우 크고, 그로부터 창출되는 행동방식과 의식 구조도 각기 다르다. 그동안 내가 경험한 바에 따르면 오늘날 절대다수의 조직을 지배하는 것은 산업혁명 시기에 뿌리를 둔 병리적 또는 관료주의적 형태의 문화다. 기업들이 새로운 기술과 능력을 익히고 실험하는 일이 그토록 어려운 이유도 바로 이 때문이다. 관료주의적인 관리자

병리적 Pathological	관료주의적 Bureaucratic	생산적 Generative
권력 지향적 문화	규칙 지향적 문화	성과 지향적 문화
낮은 협력 수준	중간 협력 수준	높은 협력 수준
의사전달 차단	의사전달 무시	의사전달 훈련
책임 회피	제한적인 책임 수용	리스크 공유
협업 거부	협업 용인	협업 장려
실패에 희생양을 내세움	실패에 책임을 짐	실패를 연구함
새로운 아이디어가 말살됨	새로운 아이디어가 문제를 초래함	새로운 아이디어가 구현됨

⬧ 표 3.1. 세 가지 문화 모형

들은 "우리는 항상 이런 식으로 일했어"라는 식의 편안함에 안주하면서 누군가 독창성을 발휘하면 이를 억누르거나 회피한다. 구성원들은 고개를 숙인 채 시계를 흘끔거리며 하루를 보내다가 월급만 챙겨간다.

탁월한 조직이 다른 조직들과 진정으로 다른 점은 그곳에서는 생산적이고 성과 지향적인 문화 속에 모두가 긴밀하게 협조하고, 새로움으로 인한 불편함을 편안하게 받아들인다는 것이다. 구성원들은 새로운 일을 시도하는 데 두려움이 없다. 그들은 어떤 일에든 과감히 도전장을 던지고, 틀리는 것을 개의치 않으며, 그들 자신과 그들의 업무, 회사를 개선하기 위해 자기가 얻어낸 정보를 적극적으로 활용한다. 그들은 동료들의 격려 속에 안전함을 느끼고, 책임감을 바탕으로 자유를 경험하고, 자신의 행동에 주인의식을 갖는다. 그리고 이 모든 것을 통해 더 나은 성과를 이루어낸다. 앞으로 이 책에서는 캐피털원Capital One, 미국

언러닝

항공우주국NASA, 영국 국민보건서비스NHS 같은 조직들이 어떻게 이런 문화를 창조해냈고, 그들이 어떤 언러닝과 도약의 단계를 거쳐 구성원들에게 힘을 실어주고 탁월한 성과를 달성했는지 함께 살펴볼 예정이다.

언러닝의 힌트들

잠시 쉬어가면서 웨스트럼 교수의 세 가지 문화 모형을 생각해보자.

- 당신 자신, 당신의 팀, 당신의 조직은 어떤 문화 모형에 속하는가?
- 본인이 희망하는 조직적 행동과 관련해서, 당신과 당신의 팀이 스스로 설정한 목표를 충족하지 못하는 영역은 어디인가?
- 당신의 발전에 가장 큰 지장을 초래하는 특성을 한 가지만 든다면 무엇인가?
- 그 특성을 어떻게 바꿨으면 좋겠다고 생각하는가?
- 당신이 원하는 목표를 이루거나 현재 상태를 개선하기 위해 어떤 작은 도약을 해야 할까?

당신이 하나의 문화에서 다른 문화로 옮겨가기 위해서는 비움학습과 재학습의 과정을 밟아야 한다. 하지만 한 번에 한 가지 측면에만 집중해서 이를 의도적으로 꾸준히 실천에 옮겨야 목표를 달성할 수 있다.

전략적 변곡점을 기회로 삼는 법

앞서 언급한 바와 같이 당신 자신이나 당신의 조직에 위기가 닥치기 전에 미리 언러닝 사이클을 도입하는 것이 위기가 발생한 후에 이를 활용하는 것보다 훨씬 나은 방법이다. 그럼에도 많은 리더와 조직은 여전히 위기 상황에 빠지고 이를 벗어날 방법을 찾느라 고심한다.

기업에 닥친 실존적 위협의 사례 중에 내가 가장 좋아하는 이야기는 앤디 그로브Andy Grove가 인텔을 이끌 때의 일화다. 그로브는 당시 인텔의 주력사업이었던 메모리칩이 점점 소비재 상품화되면서 이 비즈니스가 사양길로 접어들었다는 사실을 간파했다. 인텔에 닥친 실존적 위협을 감지한 그는 마이크로프로세서를 제조하는 사업으로 회사의 전략적 중심축을 옮기기로 결정했다. 인텔은 당시 이 분야에서 60퍼센트의 시장점유율을 자랑하던 일본의 경쟁업체들로부터 시장을 빼앗기 시작해서 결국 산업 전체를 지배하기에 이르렀다.

그로브는 이 의사결정을 내리기까지의 과정을 이렇게 묘사했다.

창문 밖으로 멀리 그레이트 아메리카 공원의 페리스 관람차가 돌아가는 모습이 보였다. 나는 몸을 돌려 창업자 고든 무어Gordon Moore에게 이렇게 물었다. "우리가 이사회에서 쫓겨나고 새 CEO가 온다고 가정해보죠. 그 사람은 어떻게 할 것 같나요?" 고든은 주저 없이 대답했다. "메모리 사업에서 손을 떼겠지요." 나는 잠시 말을 멈추고 그를 바라봤다. 그리고 이렇게 물었다. "그렇다면 당신과 내가 잠시 저 문을 나갔다 돌아오면서 그렇게 할 수는 없을까요?"[5]

두 사람은 정말 그렇게 했다. 최고의 리더들이라고 모든 답을 알고 있는 것은 아니다. 대신 그들은 더 나은 질문을 한다. 훌륭한 질문(또는 내가 언러닝의 힌트라고 명명한 질문)은 훌륭한 대답을 이끌어내는 법이다.

앤디 그로브는 우리가 생각하고 행동하는 방식을 완전히 바꾸도록 강요하는 일련의 사건을 **전략적 변곡점**strategic inflection point이라고 부르면서, 인텔이 당시의 어려움을 딛고 일어날 수 있었던 비결은 새로운 기술, 정부 규정의 변경, 고객 가치 및 특성의 변화 등 다양한 요인에 있었다고 설명했다. 그는 《편집광만이 살아남는다Only the Paranoid Survive》에서 이 용어의 의미를 다음과 같이 정의했다.

전략적 변곡점이란 특정 기업의 근본적인 토대에 곧 변화가 닥칠 시점을 의미한다. 이 변화는 그 기업이 최고의 위치로 올라설 기회일 수도 있고 몰락의 시작을 알리는 신호탄일 수도 있다.

전략적 변곡점의 개념은 조직뿐만이 아니라 개인에게도 적용된다. 사람들은 삶을 살아가면서 때로 결정적인 순간에 직면한다. 그 순간을 헤쳐나가기 위해서는 본인에게 잘 알려지지 않고 익숙하지도 않은 능력을 쌓아야 한다. 성공의 문을 여는 핵심 열쇠는 이 변곡점을 인정하고, 과감하게 행동을 취하고, 언러닝을 실천할 수 있는 용기와 겸손함, 시스템을 갖추는 것이다.

혁신의 속도가 가속화될수록 변곡점의 빈도수도 증가한다. 따라서 앞으로 당신에게도 변곡점이 영향을 미칠 것이냐 하는 것은 이미 질문거리가 되지 못한다. 문제는 그 시기가 언제냐는 것이다. 당신 앞에 놓인 두 가지 선택지는 변곡점이 찾아오지 않기를 바라면서 무기력하게 시간을 보내거나, 아니면 의도적으로 자신을 언러닝하고 진보와 성장에 필요한 새로운 시스템을 익힘으로써 스스로 변곡점을 창조하는 것이다.

우리가 기존의 관점에 변화를 주고 낡아빠진 습관의 굴레에서 탈출하는 방법은 무수히 많다. 음악가 겸 프로듀서 브라이언 이노Brian Eno 와 피터 슈미트Peter Schmidt는 음악을 만드는 사람들이 창의력의 한계에 부딪혔을 때 정체 상태에서 벗어나는 데 필요한 100여 가지의 전략이 담긴 카드 한 벌을 제작했다. 아티스트들의 사고방식과 행동을 가다듬는 데 도움을 주는 이 전략들 중에 대표적인 항목은 다음과 같다.

- 당신이 현재 사용 중인 레시피를 찾아내고 그것을 포기하라.
- 당신이 시도조차 해보지 못할 일은 도대체 무엇인가?
- 당신이 저지른 실수를 일종의 숨겨진 의도였다고 생각하고 이를 중요하게 여겨라.
- 항상 첫걸음부터 시작하라.
- 하찮은 것에 관심을 기울여라.
- 해볼 만한 일을 모두 목록에 담고, 그 목록의 맨 마지막에 적힌 일을 하라.
- 겉으로 덜 중요하게 보이는 일들의 순서를 매기는 기준을 없애라.

아티스트들은 어려운 딜레마에 빠졌을 때 카드를 한 장 빼들고 카드가 권하는 전략을 따라 수평적 사고와 행동의 혜택을 누릴 수 있다. 이런 의도적인 교육은 그들이 새로운 정보와 통찰을 발견하고 혁신에 도달하는 데 핵심적인 요인으로 작용한다.

디즈니의 마법을 되살려낸 10억짜리 아이디어

1950년대 영화제작자 월트 디즈니와 그의 형 로이Roy에 의해 건설된 디즈니랜드는 '세상에서 가장 행복한 곳'이라고 자칭한다. 그동안 수많은 방문객이 여러 세대에 걸쳐 캘리포니아 남부의 디즈니랜드와 플로리다주 올랜도의 월트디즈니월드Walt Disney World를 방문하는 사이에 이 테마파크들은 디즈니라는 환상적인 마법 브랜드의 고향이자 중심지로 자리 잡았다.

하지만 2000년대 중반으로 접어들면서 이 행복한 곳에도 마치 백설공주 이야기에 등장하는 사악한 마녀의 가마솥에서 독약이 끓어 넘치듯 문제가 불거지기 시작했다. 이 테마파크를 방문한 고객들에게 재방문 의사를 설문조사한 결과 '이곳을 다시 찾을 의향이 있다'라고 응답한 사람의 비율이 급격히 하락하는 사태가 벌어진 것이다. 월트디즈니월드를 최초로 방문한 손님 중에 절반가량이 이곳에 다시 돌아오지 않겠다고 답변했다. 경영진 입장에서는 매우 충격적인 통계였다. 2017년 디즈니의 전체 매출액은 551억 달러였으며 그중 테마파크 매출이 184억 달러를 차지했다.[6] 디즈니의 그 수많은 팬이 테마파크라는 공간을 어린 시절의 아름다운 추억으로 기억하도록 마법을 되살리는 일이 왜 그토록 어려웠을까?

2008년 디즈니 경영진은 하향세에 놓인 테마파크 사업을 회복시키기 위해 이제 과감한 조치를 취할 때가 됐다고 결론 내렸다. 테마파크 사업 부문의 최고위급 임원이었던 제이 라슐로Jay Rasulo와 알 와이스Al Weiss, 월트디즈니월드의 사장 맥 크로프턴Meg Crofton은 "고객들의 휴가 경험을 새롭게 창조하고 그 과정에서 월트디즈니월드가 의미 있는 역할을 수행하게 할" 임무를 띤 팀을 구성했다. 그들은 여러 사업부 소속의 몇몇 임원으로 구성된 팀을 조직해서 이들에게 '파운딩 파이브founding five'(회사를 다시 일으켜 세울 다섯 명이라는 뜻_옮긴이)라는 이름을 붙였다.

이 팀의 멤버는 기술 조직의 수석 부사장 앤디 슈왈브Andy Schwalb, 테마파크 부문 부사장 짐 맥피Jim McPhee, 비즈니스 개발 담당 부사장 존 파젯John Padgett 그리고 디즈니가 자랑하는 전설적인 조직 '이매지니어링Imagineering'(상상력과 기술의 합성어로, 상상력에 기술을 더해 꿈을 현실로 만든다는 뜻_옮긴이) 사업부의 두 임원 케빈 라이스Kevin Rice와 에릭 제이콥슨Eric Jacobson이었다.

이 팀의 임무는 디즈니의 마법을 재연하고 리더들의 사고방식을 쇄신하는 데 있었다.

그들은 IAG가 그랬던 것처럼 예전에 늘 해왔던 일들을 언러닝하고 자신들과 회사가 못내 갈망하던 혁신에 도달할 수 있는 길을 새롭게 찾아내야 했다.

처음에는 파운딩 파이브도 힘겨운 시기를 보냈다. 그들은 케케묵은 문제 앞에서 임시방편의 처방을 내놓는 데 그쳤고, 코앞에 닥친 문제도 예전과 똑같은 사고방식으로 해결하려 했다. 최고의 리더들도 일상적인 경영 활동을 하며 형성된 편견이나 제한된 정보에 사로잡혀 근시안적 관점을 가지기 쉽다. 이 팀은 테마파크의 문제(엄청난 수의 입장객, 어디서나 늘어선 긴 줄, 지불한 돈이 아깝지 않게 이곳에서 최대한의 경험을 얻으려고 이곳저곳을 끝없이 옮겨 다니는 사람들)에 대해 잘 알고 있었지만, 단편적인 해결책의 범주를 벗어나는 뭔가를 '이매지니어링'하는 데 어려움을 겪었다.

"그들은 회전식 문을 없앤 매직킹덤의 그림을 들고 들어오기도 했습니다." 크로프턴의 말이다. 물론 이런 식의 부분적인 해결책도 고객들의 불편함을 단기적으로 덜어주는 역할을 할 수 있겠지만 매직킹덤에 마법을 돌려줄 장기적이고 원대한 구상과는 거리가 멀었다. 파운딩 파이브가 원하는 결과물을 얻기 위해서는 상상의 지평을 더 멀리 확장해야 했다.

이 팀은 주어진 과업에 집중하기 위해 예전에 생쥐 삼총사 라이브 쇼 공연에 사용되던 방치된 극장 건물로 아예 사무실을 옮겼다. 이 은신처는 그들을 일상적인 업무나 집중을 방해하는 요소들로부터 물리적으로 벗어나게 해주었고, 그들의 굳어진 사고방식을 변화시켰으며, 그들에게 재학습하고, 실험하고, 새로운 문화를 배양할 수 있는 공간을 제공했다. 이 팀의 멤버들은 생각을 바꾸려면 먼저 환경에 변화를 주어야 한다는 사실을 알고 있었다.

파운딩 파이브는 이렇게 질문했다. "디즈니의 마법을 되살리려면 우리가 무엇을 해야 하는가?" 고객들에게 '마법과 거리가 먼' 경험을 안겨주는 구조적인 문제, 패턴, 고충 등을 해결하기 위해서는 임시방편의 해결책이 아닌 원대한 목표를 지향해야 했다. 다시 말해 테마파크에 재방문하고 싶어 하는 방문객 수를 획기적으로 늘리기 위해 언러닝을 활용할 시점이 된 것이다.

어느 날 비행기를 타고 이동 중이던 존 파젯은 기내 면세품 잡지를 뒤적이다 트라이언 ZTrion Z라는 회사의 자석 손목밴드를 발견했다. 골퍼의 근육통을 줄이고 스윙을 개선해준다는 제품이었다. 그러자 파젯에게 문득 이런 생각이 떠올랐다. 월트디즈니월드를 찾는 손님들이 이 공간에서 해야 할 모든 일, 가령 티켓 구매, 호텔 객실 출입, 식당 이용이나 기념품 구매, 기타 필요한 일들을 이런 손목밴드로 대신할 수 있다면 어떨까? 다시 말해 이 손목밴드를 착용한 사람들에게 매직킹덤의 가상 열쇠를 제공하는 시스템을 디자인하면 어떤 일이 벌어질까?

클리프 쾅Cliff Kuang은 〈와이어드Wired〉에 기고한 기사에서 이렇게 썼다. "그들은 망가진 장비나 버려진 잡동사니에서 빼낸 부품을 이용해 마치 '프랑켄슈타인'처럼 거친 모습의 손목밴드 모형을 제작했다."[7] 2010년, 그들은 이렇게 대충 만든 작업용 시제품에 매직밴드Magic Band라는 이름을 붙였다.

이 팀이 구상한 대담한 미래는 결코 가격이 저렴하지 않았다. 고객들에게 이 새로운 경험(나중에 마이매직 플러스MyMagic+라고 이름을 바꿨다)을 제공하기 위해 월트디즈니컴퍼니가 지출해야 할 비용은 10억 달러였다.

크고 작은 모든 조직의 리더가 언러닝해야 할 교훈 중 하나는, 누구라도 10억 달러짜리 아이디어를 제안할 수 있지만 그 아이디어를 현실화하기 위해서는 먼저 작게 시작한 뒤에 무엇이 효과가 있고 없는지를 빠르게 학습해야 한다는 사실이다.

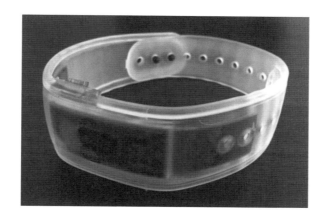

무조건 크게 생각하고, 오직 큰 것을 요구하고, 큰 제품만을 만들다 보면, 어느덧 실패하기에는 일이 너무 커지는 순간을 맞게 된다.

따라서 크게 생각하되 일단 작게 시작(즉 작게 투자하고, 작게 모험하고, 작은 제품을 만들고)해서 설령 실패하더라도 안전한 상황을 만드는 것이 훨씬 좋은 접근 방법이다.

마이매직 플러스는 원대한 구상이었고 10억 달러짜리 아이디어였다. 그러나 매직밴드의 프랑켄슈타인 시제품은 비범한 결과를 성취한다는 목표를 향한 작고, 빠르고, 값싼 출발점이었다.

크게 생각하고 작게 시작하는 전략이 이 팀에게 괄목할 만한 진전을 안겨주기는 했지만, 그들에게는 이 아이디어를 디즈니의 경영진에게 설득시켜야 하는 절차가 남아 있었다. 결과가 어떻게 나올지는 아무도 몰랐다. 경영진에게 마이매직 플러스의 계획을 납득시키기 위해서는 견고한 조직적·심리적 저항을 극복하는 작업과 함께 팀 구성원들의 평판이나 경력을 벼랑 끝에 몰아넣는 모험이 필요했다.

어쨌든 이 팀이 일을 계속 진행하기 위해서는 우선 최고 경영자의 승인부터 받아야 했다.

2010년 3월, 디즈니의 CEO 겸 이사회 의장인 밥 아이거Bog Iger와 테마파크 사업 부문의 대표로 새로 부임한 톰 스태그스Tom Staggs는 마이매직 플러스의 경험을 모의실험하기 위해 이 팀을 방문했다. 파운딩 파이브는 매직밴드 시제품 두 개를 준비해서 밥 아이거와 톰 스태그스의 팔목에 채우고 두 사람이 가상환경을 통해 공원을 두 시간 동안 견학할 수 있도록 했다. 두 사람이 호텔 문 앞으로 다가서자 그들은 이렇게 말했다. "이 밴드로 문을 건드리면 문이 자동으로 열립니다. 체크인할 때도 프론트 데스크를 통할 필요가 없습니다." 두 경영자가 공원 안에 있는 식당에 도착했을 때는 이렇게 알려주었다. "치즈버거를 주문하시면 지갑을 꺼낼 필요 없이 이 밴드를 통해 식대가 자동으로 결제됩니다."

또 파운딩파이브는 입장객이 테마파크 안에서 이동하는 동선에 관한 모든 데이터를 매직밴드를 통해 실시간으로 수집할 수 있다고 설명했다. 예를 들어 캐리비안의 해적 놀이기구 앞에 긴 줄이 늘어섰다는 사실을 즉시 파악해서 고객들이 신속하게 입장하도록 더 많은 직원을 배치할 수 있다는 것이었다. 그들은 이 메커니즘이 더 똑똑해지고 훌륭해질수록 혁신에 필요한 새로운 아이디어를 더 많이 공급할 거라고 말했다.

이 팀이 이루어낸 바에 깊은 감명을 받은 아이거와 스태그스는 그들의 계획에 적극적으로 투자하겠다는 의사를 밝혔다. 아이거는 그곳을 떠나며 그들에게 큰 힘을 실어주는 세 단어를 남겼다. "꼭 성공시켜야 합니다It better work."

파운딩 파이브는 디즈니가 혁신에 도달할 수 있는 새로운 길을 제시했다. 그들은 말만 무성한 파워포인트 자료나 공허한 약속을 내세우지 않았다. 그들은 원대한 목표를 지향했지만 먼저 작은 도약을 통해 얻은 증거를 바탕으로 자신들이 올바른 방향을 선택했다는 점을 입증했다. 아이거와 스태그스는 이 팀이 제시한 비전과 이를 달성하기 위한 전략에 깊은 신뢰를 느꼈다. 덕분에 이 팀은 자신들이 새로운 기술과 행동방식을 성공적으로 구축했다는 성취감을 얻었고, 앞으로 더 과감하고 도전적인 도약을 계속 이어갈 수 있다는 자신감을 얻었다.

이 팀은 최고 경영진의 지원을 등에 업고 시제품의 범위를 확대하고 실험을 반복하는 데 조금 더 많은 자금을 투자할 수 있게 됐다. 그들은 1000여 명으로 구성된 초기 실험단을 조직해 그들에게 매직밴드의 성능을 실험하는 역할을 맡겼다. 이 팀은 이런 접근방식을 통해 시스템의 오류나 결함을 안전하게 찾아내고 이를 지속적으로 개선했을 뿐만 아니라, 이 실험단 자체가 매직밴드에 대한 열렬한 옹호자로 변신하면서 파운딩 파이브의 비전이 현실적이고 전략적으로 타당하다는 증거를 제공해주었다. 이 팀은 자신들의 아이디어에 회의적이었던 사람들도 과정에 동참시켜 이 시스템이 약속하는 조직적 혁신에 그들 각자가 한몫을 담당할 수 있다는 기대감을 갖도록 동기를 부여했다.

이 팀은 테마파크 전반에 걸쳐 이 아이디어를 반복적으로 적용하고 새로운 행동방식을 구축하는 작업을 이어나갔다. 그들은 먼저 그랜드

플로리디언Grand Floridian이나 베이레이크타워Bay Lake Tower 같은 월트디즈니월드의 호텔들에 이 시스템을 도입하고, 결국에는 23개 리조트 호텔과 6개 디즈니 휴양 클럽의 2만 5000개 객실 전체를 대상으로 이 시스템을 확산시켰다. 이 팀은 이런 점진적인 접근방식을 통해 그들의 아이디어를 디즈니 테마파크 전체로 서서히 확대해 나갔으며, 덕분에 단판 승부 같은 한 번의 큰 배팅을 반드시 성공시켜야 한다는 위험부담에서 벗어날 수 있었다.

오늘날 월트디즈니월드를 찾는 고객 중 절반 이상이 매직밴드를 착용하고 입장한다. 디즈니의 경영진은 마이매직 플러스가 공원의 입장객 수를 7퍼센트 증가시키고 연간 수익을 24퍼센트 늘리는 데 중요한 역할을 담당했다고 평가한다. 이 사업적 결과물은 디즈니의 제품과 경험에 대한 더 높은 고객 수요를 견인했다.

이 회사의 임원, 관리자, 일선 직원들은 과거 디즈니에 큰 성공을 안겨주었던 요인들을 언러닝함으로써 고객 경험과 본인들의 능력 및 사고방식을 근본적으로 바꾸었으며, 이를 통해 디즈니 테마파크의 실적을 신장시키고 혁신의 방법을 개선했다. 게다가 그들은 월트 디즈니가 이 공원을 향해 품었던 최초의 비전을 그대로 견지하며 이 모든 성과를 이루어냈다. "이곳에서 우리는 오랜 시간 뒤를 돌아보지 않고 계속 전진하면서 새로운 문을 열고 새로운 일을 시도한다. 왜냐하면 우리에게는 호기심이 있기 때문이다. 호기심은 우리를 새로운 길로 끝없이 인도한다."[8]

언러닝

모형을 깨부수고 당신 자신과 비즈니스를 재창조하라

당신에게 혁신이 어려운 이유는 아이디어가 부족해서가 아니라 행동의 변화가 부족하기 때문이다. 디즈니, 앤디 그로브의 인텔, IAG가 공통적으로 깨달은 점은 리더들이 이끄는 조직이 아닌 **그들 자신**의 행동을 먼저 바꾸고 일정 기간 그 약속에 전념해야 그들의 사고방식과 비즈니스 성과를 혁신할 수 있다는 사실이었다.

단순히 생각을 달리하는 것만으로는 사고방식을 바꿀 수 없다. 당신의 마음가짐에 변화를 가하기 위해서는 일단 행동부터 바꿔야 한다. 행동이 달라지면 세계를 다른 관점에서 경험하기 시작하고 그 결과 사고방식에 충격이 가해진다. 또 당신이 새로운 방식으로 행동하면 상황에 대한 관점이 변화되며 그 관점이 사고방식에 충격을 준다. 그리고 달라진 사고방식이 다시 행동에 영향을 미침으로써 결과적으로 새로운 사고방식과 행동의 선순환 고리가 시작되는 것이다. (그림 3.2)

예전과 똑같은 전략으로는 똑같은 결과밖에 얻어내지 못한다. 이 훌륭한 리더들은 애초에 인적이 드문 길을 택하기로 결심한 사람들이다. 그들은 무의미한 사고와 행동을 반복하느니 차라리 오래된 습관과 부실한 관행을 과감히 언러닝하는 편이 훨씬 효과가 크다는 사실을 깨달았다. 당신이 혁신을 이루고 비범한 결과를 달성하기 위해서는 스스로의 안전지대를 기꺼이 벗어나 새롭고 불확실한 길을 찾아 나서는 용기를 발휘해야 한다. 그런 리더들은 미래를 두려워하지 않고 미래를 창조해낸다.

IAG의 캐터펄트 팀과 함께 일한 경험은 나에게 비움학습, 재학습,

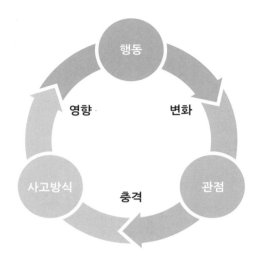

🔅 그림 3.2. 리더의 사고방식 전환

전환의 기술을 개인적으로 축적할 기회를 주었다. 나는 리더들을 안전 지대에서 끌어내 그들의 발전을 막는 구태의연한 사고방식과 행동을 과감히 내려놓게 했을 때 눈앞에 어떤 마법이 펼쳐지는지 생생하게 경험했다. 그동안 내가 함께 일한 고객 중에는 매출액 50억 달러의 화물 운송 기업, 가입자 수 1억 2200만 명의 통신기업, 뉴욕시에서 가장 바쁜 공항을 포함한 수많은 기업이 포함되어 있다. 나는 이 기업의 임원들과 함께 일하며 훌륭한 실적을 달성하는 데 도움을 주고, 그들이 이끄는 구성원들과 조직에 지속적인 자극과 충격을 제공했다. 그리고 그동안 축적한 경험에서 영감을 얻어 이와 관련된 경영자 코칭만을 전담하는 이그젝캠프ExecCamp라는 프로그램을 출범시켰다.

내 고객 중 하나는 모바일 전화 서비스로 잘 알려진 유명 대기업이다. 내가 그 회사의 경영진에게 고객들이 그 회사의 서비스를 가입하고 이용하기가 얼마나 쉬운지 묻자, 모든 임원은 그들의 전략, 제품, 서비스가 흠잡을 데 없는 업계 최고 수준이라고 입을 모았다. 나는 그들이 옳다고 생각하는 바를 언러닝할 방법을 찾아내야 한다는 사실을 깨달았다.

나는 다섯 명의 임원에게 200달러가 적립된 선불카드를 하나씩 나눠주었다. 그리고 밖에 나가 이 카드로 휴대전화를 구입해서 그 회사의 네트워크에 두 시간 내에 접속할 수 있는지 확인해보라고 말했다. 두 시간이라는 시한은 회사가 자체적으로 기대하는 고객 서비스 능력의 최소 기준선이었다. 그러나 임원들 중에 주어진 시간 내에 임무를 완수한 사람은 한 명뿐이었다. 나머지 네 사람은 서비스에 가입하지 못했다. 성공률이 고작 20퍼센트에 불과했던 것이다. 그들이 고객 관점에서 설계한 프로세스를 직접 경험해보도록 한 조치는 회사의 시스템이 어떤 식으로 작동하는지에 대한 그들의 신념을 언러닝하고 무엇이 진실인지 재학습할 수 있는 강력한 수단이 되었다.

그들은 자기 회사의 제품과 서비스를 직접 구입해보고 이와 관련된 활동을 직접 경험하는 일을 포함한 새로운 행동방식의 재학습 과정을 통해 전환점에 도달했다. 내가 그들에게 선불카드를 나눠주고 두 시간 내에 서비스에 가입하도록 한 덕분에 임원들은 언러닝 사이클을 반복하며 '실패에도 안전한' 실험을 수행할 수 있었다. 그 결과 그들은 자신의 사고방식과 행동, 궁극적으로 제품 및 서비스를 개선하는 작업에 돌입함으로써 고객들에게 더 나은 서비스를 제공할 수 있었다.

언러닝 사이클은 당신과 당신 조직의 성장을 견인할 강력한 힘으로
작용할 수 있다. 앞으로 이어지는 몇 개의 장에서는 당신이 자기 자신
과 팀, 회사를 개선하기 위해 크게 생각하고 원대한 포부를 품어야 할
이유를 제시하겠다. 당신은 불확실성의 상태에서 언러닝 시스템을 활
용하는 방법과, 승리를 위해 용기를 발휘하고 불편함을 편하게 받아들
이는 방법을 배우게 될 것이다.

4장 | 언러닝 사이클 1단계
: 비움학습

> 우리는 리더들에게 어떤 일을 해야 하는지 가르치는 데
> 많은 시간을 소비한다. 그러나 어떤 일을 멈춰야 하는지
> 가르치는 데는 시간을 들이지 않는다. 그동안 내가 만난 리더의
> 절반은 무엇을 해야 하는지 배울 필요가 없는 사람들이었다.
> 그들은 무엇을 멈춰야 하는지 배워야 했다.
> – 피터 드러커Peter Drucker

언러닝의 가치를 완벽하게 역설하는, 시대를 초월한 우화 한 편을 소개한다. 미국의 화가 겸 시인 폴 렙스Paul Reps와 일본의 승려 뇨겐 센자키千崎如幻가 선禪에 얽힌 글을 엮어서 펴낸《선육선골Zen Flesh Zen Bones》(우리나라에서는 이 책의 일부를 번역한《나를 찾아가는 101가지 선 이야기》가 출간됐음—옮긴이)에는 '한 잔의 차'라는 제목의 우화가 등장한다.

　일본 메이지 시대(1868~1912)에 살았던 난인南隱 선사에게 어느 날 대학교수 한 사람이 찾아와 선에 대해 물었다.
　난인선사는 손님에게 차를 대접했다. 방문객의 잔이 다 찼는데도

그는 계속 차를 따랐다.

그 교수는 찻잔이 넘치는 모습을 지켜보다 더 참지 못하고 말했다.

"잔이 넘칩니다. 더 이상은 못 들어가요!"

그러자 난인선사가 말했다.

"당신도 이 잔처럼 온갖 생각과 견해로 가득합니다. 먼저 잔을 비우지 않는다면 제가 어떻게 선을 보여줄 수 있을까요?"[1]

당신의 잔에 새로운 지식을 차고 넘치도록 부어 넣기는 어렵지 않다. 하지만 새로운 지식을 받아들이기 위해서는 먼저 잔을 비워야 한다. 이 오래된 이야기는 우리가 언러닝을 실천하려면 먼저 겸손하게 마음을 비워내고, 과거의 믿음과 행동을 내려놓고, 새로운 것을 받아들일 공간을 마련해야 한다는 사실을 상기시켜준다.

언러닝 사이클의 첫 번째 단계는 과거에 효과적이었지만 현재는 성공을 가로막는 사고방식이나 습관들을 내려놓고, 벗어나고, 재구축하는 비움학습이다.

세계는 끊임없이 역동적으로 변화하지만 우리의 신념과 행동은 매우 경직되어 있고 융통성이 부족하다. 인간은 습관의 산물이므로 자신이 통제 가능하다고 생각하는 환경을 선호하는 경향이 있다. 그래야 앞날을 확실하게 예측할 수 있기 때문이다.

1년 전에는 존재하지도 않았던 어느 스타트업이 바로 내일 새로운 제품이나 기술을 출시해서 업계 전체를 뒤흔들 수도 있다. 그럼에도 우리는 그동안 해왔던 일만을 되풀이한다. 심지어 우리 회사의 시장점유율이 잠식되기 시작할 때도 마찬가지다. 처음에는 영향이 미미한 것

언러닝

같지만 몇 개월만 지나도 충격이 커진다. 또 우리가 업무를 처리하는 방식의 효율성도 날이 갈수록 추락한다. 세상의 변화를 따라잡기 위해 꾸준히 기술을 발전시키는 노력을 게을리한 탓이다. 게다가 동료들이 우리와 함께 일하기가 어렵다는 피드백을 해도, 우리는 기존 방식대로 업무를 완수할 수 있다는 이유로 절대 습관을 바꾸지 않는다. 그로 인해 핵심 멤버들이 회사를 떠난다 해도 개의치 않는다. 우리는 현장에서 업무를 수행하는 구성원에게 필요한 시스템보다 우리가 관리하기에 편한 시스템을 구축한다. 그래야 우리가 그 시스템을 이해하고 통제할 수 있기 때문이다. 하지만 그 일이 언제까지 효과를 발휘할 수는 없다. 우리가 그 사실을 깨닫는 것은 종종 때가 너무 늦은 뒤의 일이다.

언러닝 사이클의 첫 번째 단계에 필요한 것은 기존의 방법론, 행동, 신념 등이 더 이상 유효하지 않을 수 있다는 사실을 인정하는 용기와 자기인식, 겸손함이다. 우리는 먼저 무엇을 비워내고 무엇을 재학습해야 할지 정확히 파악해야 한다. 그래야 열린 마음으로 새로운 접근방식을 받아들이고 정체된 상태에서 벗어날 수 있다.

그리고 그 출발점은 바로 당신이다. 당신은 희망하는 목표나 탁월한 성과를 달성하기 위한 노력에 돌입하기 전에, 먼저 성취를 바라는 포부나 결과물(그곳에 도달하는 데 필요한 실천사항)이 무엇인지 명확히 규정해야 한다.

비움학습의 네 가지 필요조건

그동안 나는 전 세계의 크고 작은 조직 및 산업의 리더들과 함께 일하는 과정에서, 우리의 발전을 가로막는 낡은 패턴과 관행을 비워내기 위해서는 몇몇 구체적인 필요조건이 충족되어야 한다는 사실을 발견했다. 이 조건들은 나와 함께 이 프로세스를 수행한 수많은 고객과, 이 원칙들을 삶의 다양한 측면에 적용해본 여러 개인에 의해 검증되었다.

당신이 이 필요조건들을 충족한다면 언러닝 사이클을 통해 우리의 최종 목적지인 '전환'에 한 걸음 더 다가서게 될 것이다.

첫 번째 필요조건: 맞서 싸울 도전 요소를 설정하라

궁극적으로 언러닝의 성공은 당신이 어떤 도전 요소(제거하기를 원하는 방해물 또는 포착하고자 하는 기회)를 선택하느냐에 달려 있다. 다시 말해 언러닝의 첫 번째 단계는 당신이 구체적으로 어느 곳에 노력을 집중할지를 결정하는 과정이다. 오래전부터 판매 중인 제품에서 과거처럼 훌륭한 실적이 나오지 않을 수도 있고, 개인적 발전을 위해 쏟는 노력이 원하는 만큼 효과를 발휘하지 못할 수도 있다. 또는 현재 당신과 당신의 팀이 타성에 젖어 과거의 습관을 탈피하지 못하고 있는 상태인지도 모른다.

당신이 노력을 집중할 곳을 결정하기가 어렵다면, 내가 지금 어떤 문제를 회피하고 있고, 어느 분야에서 좀 더 쉬운 선택지를 찾고 있으며, 스스로의 기대를 충족하지 못하거나 성공의 실마리를 찾지 못하는 대상이 무엇인지 생각해보라. 당신이 특별히 개선을 바라거나 평소에 생각했던 수준을 월등히 뛰어넘어 높은 성과를 얻고자 하는 분야가 있는가? 세리나는 그랜드슬램 대회에서 한 번 더 우승하기를 바랐고, 디즈니는 고객들이 '세상에서 가장 행복한 곳'으로 다시 돌아오기를 원했으며, IAG는 항공 산업의 리더와 조직들이 생각하는 혁신의 개념에 변화를 불러일으키고 싶어 했다. 당신은 무엇을 원하는가?

당신은 언제 어디서 어떻게 언러닝을 시작할지 숙고하는 과정에서 '정보 과다로 인한 분석 불능analysis paralysis' 상태에 빠지지 말아야 하며, 언러닝을 실천하기에 이상적인 순간이나 상황, 또는 환경이 저절로 주어지기를 기다려서도 안 된다. 그런 일은 결코 일어나지 않을 것이다. 언러닝을 시작하기에 최적의 장소는 바로 지금 당신이 위치한 곳이다. 지금보다 완벽한 순간은 존재하지 않는다. 당신이 일을 시작할 장소는 바로 오늘 당신이 존재하는 곳이다.

두 번째 필요조건: 성공을 정의하라

좋은 실험의 핵심 요건은 실험을 시작하기 전에 먼저 실험의 성공이 무엇을 의미하는지 정의하는 것이다. 그건 언러닝에서도 다를 바가 없다. 그러나 현실에서는 수많은 사람이 훌륭한 포부나 결과물을 정의하는 데 어려움을 겪는다. 나는 그런 사람들에게 자신이 공략하고자 하는 문제가 해결되었을 때 성공이 어떤 모습으로 펼쳐질지 스토리텔링을 해보라고 권한다. 그때가 되면 그들은 어떤 일을 하고 있을까? 그들 자신, 그들이 함께 일하는 팀, 그들의 고객에게는 어떤 일이 벌어질까? 미래는 오늘과 어떻게 달라질까? 나는 주위 사람들에게 그들이 당면한 문제를 해결한 뒤 6개월 후, 1년 후, 3년 후의 모습을 시각화하거나 이에 관한 스토리를 만들어보라고 주문하곤 한다.

당신 자신, 당신의 팀, 당신의 고객들은 무엇을 통해 당신이 그 문제를 단순히 '해결'했을 뿐만 아니라 영원히 소멸시켰음을 확인하게 될까? 당신에게 더 빠르고, 더 저렴하고, 더 나은 결과물이란 무엇을 의미하는가? 이런 내용을 모두 글로 옮겨보라. 당신은 이를 통해 본인이 지향하는 목표 지점, 그곳에 도달하는 데 필요한 자원, 당신의 앞길을 방해하는 문제점들에 대한 윤곽을 잡을 수 있을 것이다. 하지만 이 연습에서 가장 중요한 측면은 바로 크게 생각하라는 것이다! 그건 다른 사람이 아닌 바로 당신 자신이 원하는 포부이자 결과물이므로, 본인이 성취하고자 하는 탁월한 결과물을 반영한 원대하고 대담한 미래를 꿈꿔야 한다. 앞날의 성공을 시각화하거나 스토리텔링하는 작업은 낡은 생각을 비워내고 성공에 대한 과감한 비전을 세울 수 있는 훌륭한 방법이다.

나는 IAG와 함께 일하던 시절 리더들에게 이렇게 물었다. "당신이 바라는 목표가 달성된다면 당신 자신, 당신의 팀, 당신의 고객들에게는 어떤 일이 벌어질까요?"

"고객들이 더 행복해하겠지요." 그 리더들은 이렇게 대답했다. "고객들은 우리와 더불어 사람의 개입이 최소화된 무마찰frictionless 여행을 경험하고, 우리의 디지털 제품과 서비스를 더 많이 사용하고, 우리 회사의 비행기에 더 빠르고 쉽게 탑승하고, 다음 여행을 위해 우리 회사의 항공편을 더 일찌감치 예약하게 될 겁니다."

"좋습니다. 그렇다면 당신은 어떤 일을 하게 될까요?"

나는 조금 더 깊이 파고들었다.

"눈앞의 불을 끄는 데 급급하기보다 혁신에 더 많은 시간을 투입하게 되겠죠. 이번 분기의 실적을 달성하는 일보다는 미래의 성장에 집중하는 데 더 많은 시간을 씀으로써 더욱 생산적이 될 것입니다."

"아주 좋네요. 당신의 팀은요?" 나는 계속 질문했다.

"더 능력 있고 호기심 많은 사람들을 영입해서 그들에게 혁신적인 아이디어에 대해 보상하고 과감한 행동을 취할 권한을 부여할 생각입니다."

마찬가지로 내가 디즈니 팀에 같은 질문을 던졌다면, 그들은 이렇게 대답했을 것이다.

"고객들은 더 빠르게 공원에 입장하고, 더 짧은 줄에서 기다리고, 더 많은 놀이기구에 탑승하고, 스트레스를 덜 받고, 더 많은 사람이 나중에 이곳으로 되돌아오기를 원하게 될 겁니다."

스토리텔링이 가장 큰 위력을 발휘하는 대목은 우리가 진정으로 언러닝을 실천할 경우 우리 자신, 우리 구성원, 우리의 고객이 어떤 **행동**을 보일지 구체적으로 묘사할 수 있다는 것이다. 행동을 묘사한다는 말은 관찰 가능하다는 뜻이며, 관찰이 가능하다는 것은 곧 측정 가능하다는 의미다. 측정이 가능하다는 말은 우리가 언러닝을 완료했다는 증거로서 그 행위가 얼마나 자주 반복될지 **수량화**할 수 있다는 뜻이다.

나는 행위를 수량화하는 작업을 할 때 단순 평균이나 합계를 산출하는 것보다 그 실험과 연관된 과거 데이터와의 비율로 수치를 표시하는 방법을 권한다. 예를 들어 당신의 목표가 마음속에 성취감을 품은 채 하루를 마감하고 퇴근하는 것이라면, 이를 수량화해보라. 그런 일이 얼마나 자주 발생하기를 기대하는가? 당연히 오직 한 번은 아닐 것이다. 그렇다면 그렇게 퇴근하는 날이 일주일의 닷새 중 나흘, 즉 80퍼센트를 넘긴다는 목표를 설정하면 어떨까? 비율을 사용하면 성공을 더욱 타당하게 측정할 수 있다.

내가 고객들과 함께 일할 때 자주 사용하는 기법 중 하나가 그들을 크게 생각하도록 독려하기 위해 '0퍼센트 또는 100퍼센트'라는 사고 실험을 하는 것이다. 예를 들어 IAG는 이런 목표를 설정할 수 있을 것이다. "우리 고객 100퍼센트가 오직 우리의 디지털 서비스를 통해 항공편을 예약하고, 체크인하고, 탑승하도록 만든다." 또는 "파트너 통합 절차가 일주일 넘게 소요되는 경우를 0퍼센트로 줄인다." 디즈니 역시 비슷한 도전을 제시할 수 있을 것이다. "우리의 테마파크를 처음 방문한 고객의 100퍼센트가 재방문 의사를 밝히도록 만족도를 높인다." 또는 "고객들이 공원에서 보내는 시간 중 줄 서는 데 소비하는 시간을 0퍼센트로 낮춘다."

이런 아이디어를 한데 모은 다음 해야 할 일은 우리가 목표를 달성했음을 입증할 수 있는 증거가 무엇인지 글로 써서 정리하는 것이다. 그래야 실제 언러닝이 완료되었다는 사실을 알 수 있기 때문이다. 우리가 언러닝을 책임감 있게 수행하기 위해서는 일련의 제약조건(기간, 노력의 종류, 투자의 양 등)을 설정해야 한다. 다시 말해 구체적인 제약조건이 전제되어야 우리가 이 작업에서 적절한 성과를 내고 있다는 사실을 측정할 수 있을 뿐 아니라, 우리의 발전을 가로막는 문제가 해결되고 있다는 증거를 제시할 수 있다. 이 '언러닝 성명서'는 다음과 같은 틀로 이루어진다.

언러닝

나는 _____(제약조건)_____ 에서 _____(해결해야 할 도전 요소)_____ 를 언러닝할 것이다.

나는 _____(문제를 해결했음을 입증할 수 있는 구체적인 개선 비율)_____ 을 충족했을 때 언러닝을 완수했음을 알게 될 것이다.

이런 접근방식은 당신 자신, 당신의 동료, 당신의 고객들을 위한 중요한 성공의 비전을 개발하는 데 도움을 준다. 또 당신에게 개선이 무엇을 의미하는지에 대한 개인적·집단적 이해와 모델을 창조하고, 피드백의 바탕이 되는 구체적인 제약조건을 규정함으로써 본인이 거둔 성과를 측정하고 그 결과에 책임지게 만들어준다.

예를 들어 내가 기업의 임원이나 리더들과 함께 일할 때 항상 대두되는 주제 중 하나가 의사결정 문제다. 그들은 어떻게 더 훌륭한 의사결정을 할 수 있을까? 그들이 이끄는 팀에 더 많은 혜택을 제공하고, 의사결정에 대한 우려를 덜어주고, 그 문제를 가장 잘 아는 구성원에게 해결책을 수립할 권한을 주기 위해서는 어떻게 해야 할까? 나라면 그들과 마주앉아 다음과 같은 언러닝 성명서를 개발할 것이다.

나는 모든 의사결정이 3개월 안에 이루어지도록 언러닝할 것이다. 나는 다음과 같은 결과가 나오면 내가 언러닝을 완수했음을 알게 될 것이다.
• 내가 내린 의사결정의 100퍼센트는 '실패에도 안전하다.'
• 내가 내린 의사결정의 100퍼센트는 그 목표가 왜 중요한지에

대한 전후 맥락을 고려해서 이루어진다.

- 내가 내린 의사결정 중에 목표를 달성하는 방법을 규정하는 부분은 0퍼센트다. 방법을 찾는 것은 그 업무를 담당하는 구성원 개인의 몫이다.
- 내가 이끄는 팀원 중에 의사결정의 책임 앞에서 학습된 무력감 learned helplessness을 나타내는 사람은 0퍼센트다.

당신은 이런 스토리텔링을 통해 자신에게 닥친 도전을 규정하고 성공의 의미를 구체적으로 정의함으로써, 스스로를 가로막는 요인들이 제대로 언러닝되고 있는지 측정할 수 있을 것이다.

내가 초창기에 직접 작성한 언러닝 성명서의 예를 들면 다음과 같다.

나는 6개월 안에 스트레스를 언러닝할 것이다.
나는 다음과 같은 조건이 충족되었을 때 언러닝을 완수했음을 알게 될 것이다.

- 내가 성취감을 느끼면서 퇴근하는 날이 전체의 80퍼센트에 달한다.
- 내 업무 시간의 25퍼센트는 개인적 발전을 위한 아이디어를 찾는 데 사용된다.

수많은 사람이 성공을 정의하는 데 어려움을 겪는다. 특히 매일 반복되는 일상에 심리적으로 갇혀 있는 사람들은 더욱 그렇다. 나는 그런 사람들에게 대안을 제시한다. 당신이 언러닝에 실패했을 경우 예상

되는 상황을 글로 옮기고, 그 시나리오를 뒤집어 생각해보라는 것이다. 언러닝의 실패를 정의하는 일이 오히려 더 쉬울 것 같다고 생각하는 사람은 일단 그렇게 해보라. 그리고 스스로 이렇게 질문하라. "만일 실패가 이런 모습이라면 그 반대인 성공은 어떤 모습일까?" 예를 들어 IAG의 경우에는 이 항공사를 이용한 고객 중 30퍼센트만이 자사의 항공편을 다시 예약하는 상황을 실패로 규정했다. 그렇다면 그들에게 성공이란 무엇일까? 80퍼센트? 90퍼센트? 목표를 정하라!

이제 당신은 언러닝을 시작했으며, 자신도 크게 생각할 수 있다는 사실을 입증했다. 앞으로 당신은 재학습에 돌입해서 수많은 작은 도약을 거쳐 궁극적으로 본인이 원하는 탁월한 성과를 달성하게 될 것이다. 하지만 그러기 위해서는 먼저 마음속에서 용기를 이끌어내는 과정이 필요하다.

세 번째 필요조건: 안락함보다 용기를 택하라

당신은 어려운 상황 앞에서 용기를 발휘하는가 아니면 편안함을 찾는가? 어떤 도전에 직면했을 때 다른 누군가가 대신 해결해주기를 바라며 이를 외면하는가, 또는 문제에 정면으로 맞서는가? 용기보다 편안함을 추구하는 사람은 자기가 결과를 통제하지 못한다고 여겨지는 대상을 피해 쉬운 선택지만을 고르며, 그로 인해 성장하지 못하고 현상의 굴레에 갇혀버린다.

물론 그것은 실수다.

언러닝을 실천하기 위해서는 자신의 안전지대를 스스로 벗어나는 용기가 필요하다. 즉 취약한 상태를 향해 자발적으로 걸어 들어가려는 의지가 있어야 한다. 작가 브레네 브라운Brené Brown은《라이징 스트롱 Rising Strong》에서 이렇게 썼다.

> 우리가 용기를 발휘한다면 결국 실패할 것이다. 그것이 바로 취약성의 물리적 법칙이다. 우리가 사람들 앞에 나서 실패의 위험을 감수하겠다고 약속하는 것은 사실 꼭 실패하겠다고 약속하는 일과 다를 바가 없다. 용감한 사람은 "나는 실패의 위험을 기꺼이 감수하겠다"고 말하기보다 "내가 실패할 거라는 사실을 알고 있으나 그럼에도 나는 이 일에 모든 것을 걸겠다"고 선언한다. 행운이 용감한 사람의 편일 수도 있겠지만, 실패도 용감한 사람을 좋아한다.[2]

브라운이 제시한 취약성의 개념은 우리가 언러닝을 실천하는 데 꼭 필요한 요소, 즉 자신의 안전지대를 넘어 미지의 세계로 스스로를 몰아넣고, 편안함을 추구하기보다 용기를 발휘해야 하는 이유를 완벽하게 설명해준다.

또 다른 책《나는 불완전한 나를 사랑한다The Gifts of Imperfection》에서 브라운은 우리가 완벽주의를 벗어나야 한다고 이야기한다. 조직을 이끄는 리더를 포함해 수많은 사람이 완벽한 사람이 되거나 완벽하게 업무를 처리하기 위해 노력한다. 하지만 현실적으로 우리 인간은 절대 완벽할 수 없다. 브라운은 우리가 실현 불가능한 완벽주의를 추구하는 대신, 모든 일에 **탁월함**을 지향해야 한다고 제안한다. 왜 그럴까? 완벽함에 대한 추구가 오히려 성공의 걸림돌로 작용할 수 있기 때문이다.

건강한 노력과 완벽함의 추구 사이에 놓인 차이를 이해하는 일은 당신 앞에 설치된 방어막을 걷어내고 삶을 개선하는 데 중요한 요소다. 연구에 따르면 완벽주의는 성공을 방해할 뿐 아니라 우울함, 불안, 중독, 삶의 마비 같은 문제를 야기할 수 있다고 한다.

이 책의 부제가 강조하듯이, "자기가 반드시 어떤 사람이 되어야 한다는 생각을 내려놓고 자신을 있는 그대로 받아들여라."

다시 말해 안락함보다는 용기를, 두려움보다는 과감함을, 완벽함보다는 탁월함을 추구하라. 다음 장에서는 용기에 대해 더 자세히 탐구해볼 예정이다.

하지만 언러닝에 본질적으로 내재된 불확실성 속으로 너무 과감하고 맹목적으로 뛰어들면 성공에 이르는 길이 지나치게 멀어질 수 있다. 우리에게 용기가 필요한 것은 틀림없는 사실이지만, 더욱 효과적으로 불확실성에 대처하고 안전한 실패를 기약할 수 있는 전략은 분명히 존재한다. 대표적인 것이 크게 생각하고 작게 시작하는 방법이다. 물론 우리가 작게 시작한다고 해서 언제까지나 '작은 상태'로 남아 있지는 않을 것이다. 우리의 작은 도약은 시간이 갈수록 누적되고 한데 합쳐지면서 궁극적으로 더욱 큰 혁신의 밑거름이 될 수 있다.

우리가 진정한 승리에 도달하기 위해서는 작은 성공과 실패를 수없이 수용해야 한다. 즉 크게 생각하되 작게 시작하는 전략을 통해 비록 실패한다 해도 회복 가능한 상황을 만들어내고, 새로운 방법론과 행동을 안전하게 탐구해야 한다.

언러닝이 어렵다고 생각하는 사람들은 오직 정확히 예측 가능한 결과, 실패를 모면할 방법, 확실한 성공만을 추구한다. 그들은 복잡한 시스템의 통제를 원하고, 무슨 일이든 처음에 기대했던 것과 똑같은 결과를 바라며, 행여 자신의 완벽한 성공의 기록에 흠집을 낼지 모를 위험을 회피하려 한다. 이런 사고방식과 행동은 반드시 언러닝이 필요하다. 당신은 언러닝 사이클을 통해 새로운 통찰을 발견하고, 언제라도 경로를 수정할 수 있는 능력을 길러야 한다.

네 번째 필요조건: 언러닝 사이클의 범위를 확장하라

당신이 언러닝에 필요한 사전 단계를 모두 마쳤다면, 그 일을 성공적으로 완수했음을 자축한 뒤에 언러닝 성명서를 선반 위에 올려두고 만족스럽게 바라보기만 해서는 안 된다. 다음 단계로 해야 할 일은 철저한 전념과 헌신을 바탕으로 언러닝 사이클을 꾸준히 실천하는 것이다. 언러닝 사이클은 한 번으로 끝나는 일회성 이벤트가 아니라 빠르고 빈번하게 반복할수록 더 크고, 야심 차고, 원대한 목표에 도전할 수 있는 확장 가능한 시스템이다. 반복적으로 언러닝 사이클을 수행하는 과정에서 당신에게는 용기, 호기심, 능력이 축적될 것이다.

언러닝을 향한 IAG의 여정

나는 이 책의 2장에서 IAG의 핵심 리더 여섯 명과 함께 일했던 경험을 나눈 바 있다. 이 리더들은 8주 동안 원래 소속된 조직을 떠나 회사가 직면한 도전과 기회에 집중할 수 있었으며, 사무실과 일상적인 의무에서 벗어난 이 시기를 틈타 불확실성을 받아들이고, 사고방식을 바꾸고, 새로운 습관과 업무 방식을 구축할 권한과 자유를 부여받았다.

IAG는 회사를 끊임없이 재창조하고, 혁신을 계획적으로 실천해야 비즈니스의 성장이 가능하다는 사실을 알고 있었다. 다시 말해 그들에게는 뭔가 급진적이면서 이전과는 확연히 다른 '불편한' 전략이 필요했다. CEO 윌리 월시Willie Walsh는 이 메시지를 더욱 분명히 강조했다. 월시는 캐터펄트 팀을 출범시키는 자리에서 팀 멤버들에게 특별한 권한을 부여하며 그들과 자기 자신을 동시에 독려했다. 그는 캐터펄트 팀의 성공을 위해서라면 자신도 새롭고 불편한 업무 방식과 불확실성을 기꺼이 받아들이고, 사고방식과 행동을 언러닝하겠다고 다짐했다.

하지만 이 팀도 디즈니의 파운딩 파이브처럼 출범 초기에는 고전을 면치 못했다. 그들은 그 어느 것도 언러닝하지 못한 채 과거에 성공했던 방법론을 그대로 반복했을 뿐이다. 그들은 과거에 수행했던 일만을 되풀이한 지 1주일이 지난 시점에 큰 전환점을 맞이했다. 이 팀에서 도출한 초기 아이디어를 다른 고위급 임원들에게 발표한 뒤 참석자들에게서 피드백을 얻고 함께 토론하게 된 것이다. 물론 그 회의는 팀에게 용기를 불어넣는 경험과 거리가 멀었지만, 그들에게는 언러닝의 필요성에 대한 인식을 촉진하는 중요한 자극제가 되었다.

우리 팀은 중간 점검차 한자리에 모였다. 그러나 지금까지 나온 결과물은 오직 편안하고 예측 가능한 일상적인 업무를 통해 얻어낸 것들뿐이었다.

이것은 캐터펄트 팀이 언러닝의 여정에 나선 뒤 처음 도달한 전환점이었으며 언러닝 사이클이 최초로 효과를 발휘한 순간이기도 했다. 그들은 자신이 현재 수행 중인 업무가 효과적이지 않을 수도 있다는 가능성을 열린 마음으로 받아들였다. 눈앞에 깨달음의 불빛이 켜진 것이다. 그들이 기존의 사고와 행동방식에 효과가 없다는 사실을 깨달은 이유는 팀이 설정한 포부와 결과물을 성취하는 데 그것들이 전혀 도움을 주지 못했기 때문이다. 이 팀은 편안한 아이디어에만 집착했을 때 어떤 결과가 나오는지 경험했고, 그것이 애초에 목표로 했던 결과물이 아니라는 점을 알게 됐다.

그들은 이런 깨달음의 순간에 도달하자 "이 일을 하는 데 더 나은 방법이 있을지도 모른다"는 사실을 인정하고 팀의 방향을 재설정했다. 그들은 지금까지 늘 해오던 일만을 습관처럼 수행하기보다 다양한 가능성을 탐구하는 데 전념했다. 또 원대한 목표를 설정하고, 마음속 깊이 뿌리내린 가정에 도전장을 던졌으며, 100퍼센트 또는 0퍼센트라는 두 종류의 숫자를 사용해서 팀이 추구하는 포부와 결과물을 표현했다. 그리고 예전에는 불편하게만 여겼던 상태 속으로 기꺼이 걸어 들어갔고 지속적인 호기심을 발휘했다. 이렇게 다르게 생각하고 다르게 행동하고자 하는 의지를 갖는 것은 비움학습 단계의 핵심이다.

마지막으로 캐터펄트 팀이 보여준 중요한 행동 중 하나는 이전과 다른 길을 개척하는 데 기꺼이 시간과 노력을 투자했다는 것이다. 멤버들은 예전부터 자신이 잘 알고 있다고 생각했던 모든 대상에 새로운 개념, 새로운 관점, 새로운 행동방식을 적용할 수 있다는 사실을 깨달았다. 그리고 이 깨달음은 그들의 왕성한 호기심을 다시 불러일으키는 역할을 했다. 그들은 오직 예측 가능한 일만을 선택하고 '실행'만을 강조하던 일상에서 벗어나 "다양한 가능성을 타진하고 수많은 방법론을 과감하게 시도함으로써 새로운 발견, 실패의 경험, 지식의 성장을 도모하는" 사고방식을 개발했다. 그때 이후로 그들은 앞으로 자신이 수행하는 모든 일에 언러닝 사이클을 적용하겠다고 다짐했다.

이 팀은 그다음 주에 CEO와 업무 진척 사항 검토를 위한 첫 번째 회의를 진행했다. CEO는 이렇게 물었다. "혹시 내가 '노No'라고 말할 것이 두려워 아직 말하지 않은 아이디어가 있나요?" 그러자 이 팀은 웃으면서 이렇게 말했다. "아니오, 그런 건 없습니다. 우리는 그런 것들을 이미 비워냈습니다. 완전히 백지상태에서 새로운 전략을 시도해보기로 약속했거든요!"

5장 | 언러닝 사이클 2단계
: 재학습

21세기의 문맹자는 읽거나 쓰지 못하는 사람이 아니라
배우고, 비우고, 재학습하지 못하는 사람들이 될 것이다.
– 앨빈 토플러 Alvin Toffler

언러닝 사이클의 첫 번째 단계(비움학습)가 당신이 어떤 포부와 결과물을 달성하기를 원하고 그 이유가 무엇인지를 규명하는 시기라면, 이 사이클의 두 번째 단계(재학습)는 그 목표를 달성할 **방법**을 탐구하는 과정이다. 당신은 어떻게 재학습을 시작하려 하는가? 그 방법은 생각보다 간단하다. 먼저 당신이 바라는 포부와 목표물을 크게 설정하라. 그리고 진정으로 쉬운 일을 골라 작게 시작하는 것이다. 우리가 이런 접근 방식을 택하는 이유는 쉽게 재학습을 시작하고 빠르게 성취감을 얻을 수 있기 때문이다. 이런 작은 성공들이 차곡차곡 쌓이고 여기에 세심하고 계획적인 실천이 더해진다면, 당신은 자신감과 모멘텀을 획득할 뿐 아니라 시간이 갈수록 더 크고 어려운 도전에 맞설 수 있다.

재학습이란 새로운 행동방식을 시도하고 새로운 데이터, 정보, 관점을 받아들이는 하나의 실험 과정이다. 우리는 새롭게 입력된 사항들을 바탕으로, 세계에 대한 기존의 심리적 모델에 도전을 제기하고 사고와 행동을 바꿈으로써 탁월한 성과를 달성할 수 있다.

우리가 삶을 살아가다 어떤 이유로 학습을 중단했다면, 어떻게든 다시 배우는 수밖에는 도리가 없다. 그와 마찬가지로 우리는 새로운 정보를 수집하고 이에 대응하는 방법을 지속적으로 재학습해야 한다. 즉 정보를 다르게 보고 듣는 방법과 그 결과에 따라 우리의 행동을 바꾸는 방법을 열린 자세로 받아들여야 한다.

내가 기업의 임원들과 함께 일할 때 그들에게 항상 묻는 질문 중 하나는 업무 시간의 대부분을 어떤 일을 하며 보내느냐는 것이다. 그들의 대답은 한결같다. "매우 바쁩니다. 일하는 시간 거의 대부분을 회의하며 보내죠."

"그럼 그 회의는 얼마나 효과적인가요?" 나는 계속 묻는다.

그들이 머리를 긁적이는 순간이다.

"제가 바라는 만큼 효과적이지는 않죠." 대개 이런 답이 돌아온다.

연구자들에 따르면 중간 관리자들은 업무 시간의 평균 35퍼센트를 회의에 소비하고, 그보다 높은 직급의 관리자들은 전체 근무 시간의 50퍼센트를 회의에 투입한다고 한다. 하지만 설문에 참가한 임원들은 그 회의 중 67퍼센트가 본래의 목적을 달성하는 데 실패한다고 응답했다. 그로 인해 낭비되는 생산성 손실 비용은 미국 내에서만 연간 370억 달러에 달한다.[1]

그렇다면 이런 비효율적인 회의 관행이 왜 여전히 지속될까? 간단히 말해 그것이 익숙하기 때문이다. 그들은 주변의 세계가 급속히 변화함에도 불구하고 그들 자신과 그들이 이끄는 조직을 변화시키지 못한다.

이 장에서는 재학습의 다양한 역학 관계를 고찰해본다. 특히 우리를 안전지대에서 이끌어내 지식의 지평을 더 멀리 확장해주는 '실패에도 안전한' 실험을 통해 이른바 학습불안learning anxiety을 줄이는 방법을 논의할 예정이다. MIT 슬론 경영대학원Sloan School of Management 석좌 교수 에드거 샤인Edgar Schein은 이렇게 설명했다. "학습불안은 우리가 뭔가 새로운 것을 시도하기를 두려워하는 심리로 인해 생겨난다. 다시 말해 그 일이 너무 어려울 것 같고, 이를 시도하는 과정에서 남들에게 멍청하게 보일지도 모르고, 과거에 효과를 발휘하던 오랜 습관을 포기해야 하는 상황을 우려하는 것이다."[2] 또 이 장에서는 스탠퍼드 대학교 산하 행동 설계 연구소Behavior Design Lab의 이사이며 '행동 설계Behavior Design' 및 '사소한 습관Tiny Habits' 방법론의 창시자인 행동 과학자 BJ 포그BJ FOGG의 연구를 소개한다. 마지막으로 성공을 위한 새로운 행동방식을 실험하는 방법과 함께 '품위 있게' 실패하는 법을 탐구하고, 이를 통해 재학습에 이르는 길을 제시하려 한다.

당신이 새로운 행동(당신 자신과 당신이 이끄는 조직의 행동)을 창조할 수 있는 최선의 방법은 당신이 본인의 업무, 시스템이 가동되는 방식, 모든 구성원이 일하는 방법을 개선하는 데 얼마나 전념하는지를 구성원들 앞에서 보여주는 것이다. 구성원들이 리더를 본받고 따르면 결국 그 효과가 조직 전체에 파급된다. 모든 사람은 작은 단계를 시작으로 서서히 그리고 쉽고 단순하게 새로운 행동을 재학습함으로써 주위 세계에 대한 새로운 정보, 새로운 통찰, 새로운 관점을 열린 마음으로 받아들이게 될 것이다.

우리가 재학습을 통해 전환이라는 다음 단계로 나아가기 위해서는 그동안 수집한 정보를 활용해 적절한 의사결정을 내리고, 자신이 추구하는 포부와 결과물을 달성하는 데 필요한 방식으로 사고와 행동을 바꿔야 한다. 언러닝 사이클의 두 번째 단계인 재학습의 필요조건들은 다음과 같다.

재학습의 세 가지 필요조건

재학습을 효과적으로 수행하기 위해서는 당신이 지향하는 목표 지점과 그곳에 도달하기 위한 방법을 매우 명확하게 설정해야 한다. 더 나은 의사결정이 필요한가? 고성과 조직을 구축해야 하나? 고객 만족도를 더욱 높여야 할까? 어느 경우든 당신이 원하는 목표를 독립적으로 분리해서 수량화하라. 그저 "나는 개선을 원합니다"라고 선언하는 것만으로는 충분치 않다. 당신이 말하는 '개선'의 정확한 의미가 무엇인지, 이에 관련된 수치를 얼마나 증가(또는 감소)시키기를 원하는지 분명히 규정해야 한다. 당신이 관찰하고 측정하기를 원하는 구체적인 행위는 무엇인가? 이를 수량화하고 제약조건을 명시하라. 가령 "앞으로 8주 안에 고객 유지율을 15퍼센트 늘린다", "구성원의 업무 만족도를 6개월 안에 25퍼센트 끌어올린다", "우리의 아이디어가 제품화되어 시장에 출시되는 데 걸리는 시간을 향후 200일 안에 20퍼센트 줄인다" 등은 명확하고 간결한 목표 사례다. 당신이 작성한 언러닝 성명서의 내용은 원대해야 하지만, 그 목표를 향해 내딛는 첫 번째 발걸음은 실행 가능한 것이어야 한다.

일단 당신이 어떤 포부와 결과물을 달성하기를 희망하는지 분명히 규정한 뒤에 당신의 팀원들에게 도움을 요청하라. 그들 역시 당신의 노력에 동참해서 목표 지점을 향해 나아가는 데 힘을 보탤 것이다.

첫 번째 필요조건: 작은 단계들의 선택지를 작성하라

당신이 설정한 목표가 향후 8주 내에 고객 유지율을 15퍼센트 증가시키는 것이라고 가정해보자. 앞서 논의한 대로 이 목표 전체를 단번에 달성하려고 해서는 안 된다. 대신 당신을 성취 가능하고, 꾸준하고 오래 지속될 수 있는 방식으로 그 목표에 서서히 접근하게 해줄 작은 단계들의 윤곽을 잡아보라. 이를 통해 신속한 피드백의 고리를 만들어낼 수 있을 뿐 아니라 목표를 달성하는 작업에 진전이 이루어지기 시작했다는 성취감을 얻게 될 것이다.

당신이 희망하는 결과물이 무엇인지 명확히 규정했다면, 이제 구성원들과의 브레인스토밍을 통해 당신을 목표 지점으로 데려다줄 작은 단계들의 선택지를 작성하고 그 모든 옵션을 목록으로 작성해야 한다. 될수록 많은 선택지를 나열하라. 과거와 현재의 모든 행동방식을 전부 목록에 포함시키고, 당신에게 관련 기술이 있거나, 또는 당신이 문외한이거나, 아니면 단지 실험만을 원하는 선택지까지 모두 적어보라. 더 많은 옵션이 제시될수록 그중에서 당신에게 가장 효과적인 행동방식을 발견하게 될 공산이 크다. 이것이 바로 BJ 포그가 행동 설계에서 가르치는 이론이다.

그렇게 다양한 선택지를 도출한 뒤에는 당신이 수행할 첫 번째 작은 단계를 고르라. 그리고 그것을 실행에 옮긴 뒤, 결과가 긍정적이든 부정적이든 이를 실천했음을 축하하라. 이런 접근방식은 불편하고 불확실한 대상에 대한 자연스러운 저항을 억누르고, 새로운 행동방식을 받아들일 수 있도록 해준다. 당신이 행동에 돌입했다는 사실 자체가 이미 진보를 의미한다. 이 작은 단계는 당신을 새로운 사고와 행동으로 이행시켜줄 '실패에도 안전한' 첫 번째 실험이다.

1963년 존 F. 케네디 대통령이 1960년대가 지나가기 전에 인간을 달에 착륙시키고 지구로 무사히 귀환시키겠다고 선언한 사건만큼 크게 생각하고 작게 시작하는 일의 모범을 잘 보여주는 사례는 없을 것이다. 그가 선포한 거대한 비전은 온 나라를 흥분의 도가니로 몰아넣었다. 그건 이해하기 쉽고, 강렬하고, 원대한 목표였지만, 막상 그 목표를 달성하는 작업에 돌입한 NASA는 인류가 달에 도달하는 데 필요한 수많은 '작은 단계'를 새롭게 창조해야 했다. NASA는 점진적인 기술적 발전을 통해 로켓, 달착륙선, 우주복, 산소 발생 시스템 같은 혁신적 하드웨어뿐만 아니라 우주인들이 우주여행 도중 섭취할 음식이나 쓰레기 처리 시스템 같은 온갖 물건을 새롭게 구상하고, 디자인하고, 제작하고, 테스트하고, 실전에 배치했다.

당신의 목표가 인간을 달에 착륙시키는 것은 아니겠지만, 무엇이 됐든 당신의 노력을 여러 개의 작은 단계로 나누면 본인이 희망하는 포부와 결과물을 달성하는 데 도움이 된다. 당신이 도착하고자 하는 지점에 서서 현재 위치를 반대 방향으로 바라보라. 당신 생각에는 어떤 단계들을 선택해야 하겠는가? 그중 가장 첫 번째 단계는 무엇이 되어야 할까?

디즈니 팀이 매직밴드를 개발한 일을 생각해보자. 이 팀은 고객들이 얻는 경험을 재창조한다는 목표를 설정하고 그곳에서부터 반대 방향으로 일을 해나갔다. 그들은 매직밴드의 시제품을 제작하는 작은 단계를 시작으로, 회사의 경영진에게 매직밴드의 경험을 모의실험하게 했고, 리조트와 식당, 놀이기구 이용자 중 1000명을 골라 제품을 테스트하도록 했으며, 이런 과정을 통해 더 크고 어려운 문제를 점진적으로 공략해 나갔다.

세리나 윌리엄스는 그랜드슬램 대회에서 한 번 더 우승하기를 원했다. 그는 새로운 코치와 함께 작은 단계부터 훈련을 시작해서 발동작, 타격 준비자세, 경기 운영 속도 등을 포함한 사소한 변화를 새롭게 도입해 나갔다. 각각의 사이클과 실험은 그의 사고방식에 새로운 정보를 제공했고, 그가 다음번 사이클에 대비하고 향후 더 훌륭한 성적을 올리기 위해 취해야 할 행동의 지침으로 작용했다.

두 번째 필요조건: 올바른 행동방식을 도출하라

재학습의 가장 어려운 측면 중 하나는 당신에게 필요한 행동방식이 무엇인지 파악하기가 쉽지 않다는 것이다. BJ 포그는 행동 설계를 위한 접근방식을 개발하는 과정에서 이 작업에 **행동매칭**behavior matching이라는 이름을 붙였다. 행동매칭의 목적은 당신이 설정한 목표를 달성하는 데 필요한 동기와 능력의 수준에 맞춰 적절한 행동방식을 찾아내는 것이다.

가령 당신과 내가 기타를 연주하는 법을 배운다고 가정하자. 같은 강사가 같은 교습법을 사용해서 우리 두 사람을 지도해도 당신은 빠르게 실력이 늘고 나는 그렇지 못할 수 있다. 왜 그럴까? 그건 강사 탓이 아니라 당신과 나 사이에 존재하는 차이 때문이다. 예를 들어 당신은 학습할 때 시각적 측면에 중점을 두는 사람이고 나는 청각적 측면을 중시하는 학습자다. 따라서 강사가 우리에게 악보 읽는 법을 가르치면 당신은 금세 그 방법을 익힌다. 당신에게 악보를 읽는 일은 음악을 배운다는 행동에 잘 부합하는 자극이기 때문이다. 반면 나처럼 음악을 들어야 배울 수 있는 사람은 악보 읽기를 어려워한다. 내게 악보를 독해하는 일은 음악 학습이라는 행동매칭의 방정식을 풀 수 있는 자극이 되지 않는다.

행동매칭을 수행하기 위해서는 반복적인 시도가 필요하다. 개인적 역량, 기술, 특성과의 연관성도 고려해야 한다. 당신이 될수록 다양한 행동방식을 실험해야 하는 또 다른 이유도 여기에 있다. 본인에게 적절한 행동방식을 찾아내려면 수많은 선택지를 폭넓게 검토해야 한다. 작고, 빠르고, 값싼 방식으로 서로 다른 행동방식들을 반복 실험하면 스스로에게 가장 적합한 행동을 더욱 빠르게 찾아낼 수 있다.

우리가 목표를 성취하는 데 기여하는 행동방식은 사람마다 다르다. 개인이나 조직 차원의 언러닝이 그토록 어려운 이유도 바로 이 때문이다. 사람은 본질적으로 모두 다르기 때문에 단일한 행동방식을 모두에게 만병통치약처럼 적용할 수 없다. 개인의 관심사, 기술, 성향에 맞는 행동방식을 찾아내는 과정이 필요하다.

세 번째 필요조건: 당신 생각보다 훨씬 작게 시작하라

앞서 예를 든 "8주 안에 고객 유지율을 15퍼센트 증가시킨다"는 목표로 다시 돌아가 보자. 내가 고객들과 함께 '작은 단계'를 결정할 때마다 느끼는 점은, 그들이 생각해낸 어떤 출발점도 여전히 너무 크다는 것이다. 그들은 하나의 커다란 해결책을 구상하고 이 목표를 몇몇 굵직굵직한 과업들로 나누어 이를 단번에 완료하려 한다. 반면 작은 단계들을 반복적으로 실험하면서 성장에 이르는 전략은 좀처럼 선택하지 않는다. 다시 말해 그들은 작은 단계들을 밟아가며 조금씩 목표를 달성하고 수시로 궤도를 수정하는 방식보다는 자신들이 사전에 정의한 과업 모두를 한꺼번에 완료하는 것만을 성공이라고 정의한다.

이런 거창한 해결책과 거창한 과업들을 선택하는 사고방식은 재학습에 결코 도움이 되지 않는다. 당신이 설정한 원대한 포부와 결과에 집중하되, 그 목표를 향해 가는 데 필요한 단계들은 작게 도출하라. 그래야만 당신이 지향하는 목표와 결과물에 도달하기 위해 거쳐야 하는 단계가 무엇인지 검증할 수 있고, 자신이 올바른 길로 가고 있다는 증거를 얻을 수 있다.

예를 하나 보자. 요즘 건강하고 활동적인 삶을 꿈꾸는 사람이 부쩍 많아졌지만 그들 대부분은 어디서부터 시작해야 할지 가닥을 잡는 데 어려움을 겪는다. 일부 야심 찬 사람은 6개월 내에 마라톤을 완주하겠다는 목표를 세우기도 한다. 그런데 이를 달성하는 것이 전혀 불가능하지는 않다고 해도, 대부분의 사람에게는 난이도가 너무 높다. 이런 원대한 포부를 지닌 사람들 덕분에 '소파에서 마라톤까지couch to marathon' 같은 악명 높은 훈련 프로그램이 생겨나는 것이다. 이 프로그램을 운영하는 사람들은 달리기 초보자를 6개월 안에 마라톤을 완주하게 해준다고 약속한다.

그렇다면 이 프로그램은 어떤 식으로 시작될까? 놀랍게도(그리고 다행스럽게도) 프로그램 운영자들은 당신을 갑자기 소파에서 일으켜 세워 마라톤 풀코스나 하프 마라톤, 또는 10킬로미터 달리기 경기장으로 몰아넣지 않는다. 이 프로그램은 정말로 작게 시작되기 때문에 초심자들 입장에서 실천에 옮기기가 매우 쉽다. 당신은 일단 소파에서 일어나 집 주위를 10분 정도 걷는 연습부터(이 정도면 지나치게 힘든 훈련은 아니다) 시작한다. 매번 훈련이 거듭될 때마다 조금씩 도전의 강도를 높인다. 예를 들어 걷는 시간을 10분에서 13분으로 늘리고 걷기와 가볍게 뛰기를 교대로 반복하는 식이다. 이런 훈련을 통해 6개월 내에 마라톤을 완주할 수 있는 능력을 서서히 그리고 지속가능하게 축적한다.[3]

하루 종일 소파에 앉아 있는 사람 입장에서는 6개월 안에 42.195킬로미터의 마라톤 풀코스를 완주하는 것이 큰 **목표**이지만, 집 주위를 걷는 연습은 당신이 그 큰 목표를 달성하는 데 필요하다고 생각한 것보다 훨씬 작은 출발점이다. 하지만 당신이 그렇게 '실행하기 쉬운' 행동에 돌입했다는 사실 자체가 이미 목표 지점을 향해 길을 나섰으며, 그곳에서부터 행동의 규모와 범위를 조금씩 넓혀갈 수 있다는 뜻이다.

우리가 작은 시작을 추구해야 하는 또 다른 이유는 빠른 시간 안에 성취감을 얻을 수 있고, 더 큰 목표를 추구하는 과정에서 새롭게 채택한 행동방식의 결과를 확인할 수 있기 때문이다. 한 번에 너무 큰 도약을 시도하면 목표를 달성하기도 어려울 뿐 아니라 그 행동이 계속 이어질 가능성도 낮아진다. 그 말은 당신이 큰 과업이나 원대한 사업 계획을 작은 단계들로 나누고, 각각의 단계에 적당한 양의 노력을 기울여야 한다는 뜻이다.

당신이 추구하는 포부와 결과물을 향해 계속 나아가게 해줄 가장 작은 단계는 무엇인가? NASA의 엔지니어들이 우주왕복선, 달착륙선, 위성, 로켓, 엔진, 발화장치 등의 순서를 거치며 우주여행에 필요한 기술을 역순으로 개발한 것처럼, 당신도 자신이 지향하는 목표 지점을 기점으로 삼고 그곳에 도달하는 데 필요한 단계를 반대 방향으로 세분화해보라. 그 모든 요소들의 목록을 만들고, 그 단계들을 더욱 작게 분리하라. 그리고 스스로에게 이렇게 질문하라. 나는 1개월 안에 어떤 일을 할 수 있을까? 1주일 안에는? 하루 안에는? 그중에서도 가장 작은 단계는 무엇일까? 그것들을 모두 적고, 수량화하고, 제약조건을 첨부하라. 이제 일을 시작할 준비를 하라.

포그의 행동모델로 새로운 행동방식을 설계하는 법

BJ 포그는 지난 20년간 행동 설계를 집중적으로 연구하며 우리가 새로운 행동방식을 구축하는 데 필요한 방법론을 탐구했다. 재학습에는 과거의 사고나 행동방식을 포기하고 탁월한 성과를 안겨줄 행동을 새롭게 찾아내는 절차가 따라야 한다. 그러나 당신도 잘 알다시피 우리가 예전부터 꾸준히 유지하던 습관을 갑자기 내려놓고 새로운 행동방식을 개발한다는 것은 결코 쉬운 일이 아니다.

그 사실을 가장 잘 입증하는 사례 중 하나가 바로 '새해의 결심'이다.

우리는 새해를 맞을 때마다 올해는 살을 빼고, 더 좋은 직장을 찾고, 신용카드 빚을 갚고, 몸에 좋은 음식을 먹고, 건강한 몸을 만들고, 담배를 끊겠다는 등 수많은 결심을 되풀이하지만 그 결심의 대부분은 실패로 돌아간다. 연구자들에 따르면 2월의 두 번째 주가 되면 이렇게 결심한 사람 중 80퍼센트가 그 목표를 포기해버린다고 한다.[4]

왜 그럴까? 사람들 대부분이 실천에 옮기기에 너무 거창하고, 과장되고, 어려운 포부나 결과물에 도전하기 때문이다. 원대한 목표를 작고 달성 가능한 단계들로 나누어야 한다. 그래야 성공을 향해 꾸준히 다가갈 수 있고 발전에 대해 빠르게 피드백 받는 메커니즘을 만들 수 있다. 내일 당장 마라톤을 완주하려고 시도하기보다 먼저 집 주위를 걷고, 날마다 시간과 거리를 조금씩 늘려가는 방법을 택하라.

포그가 '사소한 습관'이라고 이름 붙인 방법론은 우리의 포부를 작고 구체적인 행동으로 세분화하여 성공에 도달하는 길을 제시한다. 여기서 핵심은 우리가 진정으로 실행에 옮기기 쉬운 단계를 찾아내고, 새로운 행동을 이끌어내는 자극으로 기존의 일상을 활용해야 한다는 것이다. 예를 들어 내가 주기적으로 치실을 사용해서 치아를 관리하겠다는 목표를 정했다고 가정해보자. 그럴 경우 첫날부터 치아 전체를 하루에 두세 번씩 치실로 청소하려고 시도하기보다는, 먼저 아주 작은 행동부터 시작하면서 이를 자극으로 활용하는 편이 훨씬 바람직하다.

이 대목에서 내가 사용할 수 있는 용어가 포그가 '사소한 습관' 방법론을 통해 제시한 '레시피recipe'라는 개념이다. 가령 내가 치실 사용이라는 행동방식을 구축하는 데 필요한 레시피는 "양치질을 마친 뒤에 치아 하나를 치실로 청소한다"가 될 것이다. 말하자면 양치질은 내게 치실 사용이라는 새로운 습관을 촉진하는 자극인 셈이다. 시간이 흐르면서 이 습관은 자연스럽게 성장하고 발전한다. 이 행동이 내 일상의 일부로 자리 잡으면서, 나는 치실로 청소하는 치아의 개수를 조금씩 늘리고 결국 모든 치아를 대상으로 치실을 사용하게 된다. 성공이다! 그 뒤에는 내가 성취하고자 하는 또 다른 포부나 결과물을 향해 목표를 옮겨갈 수 있을 것이다.

포그에 따르면 인간의 행동은 동기, 능력, 자극이라는 세 가지 요소가 결합함으로써 발생한다고 한다. 이 요소들은 포그가 제창한 행동 모델Behavior Model의 기본을 이루는 개념이며, 종종 B=MAP라는 방정식으로 표시된다. 포그는 이렇게 설명한다. "동기Motivation, 능력Ability, 자극Prompt이 한 점에서 같은 순간에 만날 때 특정한 행동이 발생한다. 다시 말해 이 요소들 중에 하나라도 빠지면 그 행동은 이루어지지 않는다." 그렇다면 포그의 공식을 해체해서 각각의 요소를 좀 더 자세히 살펴보기로 하자.

동기는 어떤 행동을 수행하고자 하는 욕구나 자발성을 의미하며, 대부분 심리적 요인에 의해 유발된다. 포그에 따르면 인간의 경험에 가장 중심적인 역할을 담당하는 세 가지 핵심 동기요인Core Motivator은 각각 감정Sensation, 기대Anticipation, 소속감Belonging이라고 한다. 이 핵심 동기요인들은 모두 상대적 개념을 이루는 하위 요소들을 포함한다.

- 감정
  - 기쁨
  - 고통

- 기대
  - 희망
  - 공포
- 소속감
  - 포용
  - 거부

능력은 특정한 행동을 수행하는 데 필요한 숙련도나 기술을 뜻한다. 포그에 따르면 인간의 능력을 증진하는 방법은 세 가지다. 사람들을 훈련시켜 더 많은 기량을 쌓게 하거나, 그들에게 새로운 도구나 자원을 제공하거나, **표적행동**target behavior을 더 쉽게 만드는 것이다. 포그는 그중 가장 어려운 방법이 훈련이라고 말한다. 물론 새로운 기술을 개발할 의향이 있는 사람들에게는 훈련이 더없이 좋은 일이겠지만, 우리 대부분은 훈련에 저항하거나 이를 싫어한다. 따라서 우리가 집중해야 할 방법은 표적행동을 쉽게 만드는 일이다. 포그에 따르면 우리가 이 작업을 위해 고려해야 할 다섯 가지 요인은 다음과 같다.

- 시간
- 돈
- 물리적 노력
- 정신적 노력
- 기존 일상과의 부합

자극은 사람들에게 특정한 행동을 유발하거나 행동의 계기로 작용하는 외적·내적 요인을 의미한다. 예를 들어 당신이 주방의 냉장고 옆으로 지나가다가 파이를 한 조각 꺼내 먹는 것은 내적 자극이 불러온 행동이며, 당신이 거주하는 건물에 화재경보기가 울려 밖으로 뛰어나가는 것은 외적 자극으로 인해 촉발된 행동에 해당한다. 포그의 행동모델에 따르면 자극은 다음 세 가지 종류로 나뉜다.

- 유도Facilitator(낮은 능력, 높은 동기)
- 점화Spark(높은 능력, 낮은 동기)
- 신호Signal(높은 능력, 높은 동기)

요즘에는 소셜 미디어 기업들이 사용자들에게 특정한 행동을 불러일으키는 '자극'이 포함된 메시지를 보내는 일이 흔해졌다. 가령 어느 페이스북 사용자가 일정 기간 이 프로그램에 접속하지 않은 경우, 이 회사는 그 사용자의 로그인을 유도하기 위해 특별히 디자인된 메시지를 보내기 시작한다. 가령 당신이 사이트에 접속하지 않은 사이에 친구들로부터 열 건의 메시지를 받았고, 친구들이 새로운 사진을 게시했고, 새로운 친구 요청 다섯 건이 도착했다고 알려주는 식이다.

포그의 행동모델에 따르면 동기, 능력, 자극이 동시에 작용했을 때 특정한 행동이 유발된다고 한다.(B=MAP)(그림 5.1) 우리는 이 모델을 다음과 같은 2차원의 그림으로 시각화할 수 있을 것이다. 이 그래프의 세로축에는 사람에게 특정한 행동을 유발하는 동기 정도가 낮음부터 높음까지 단계로 표시된다. 반면 가로축은 당신이 그 행동을 수행하는

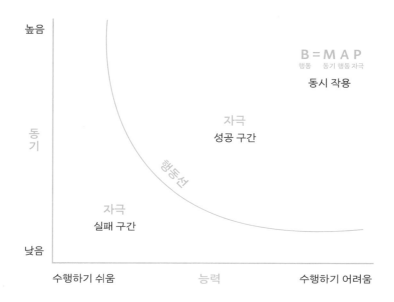

높음

동기

낮음

B = M A P
행동   동기 행동 자극
동시 작용

자극
성공 구간

행동선

자극
실패 구간

수행하기 쉬움   능력   수행하기 어려움

⬆ 그림 5.1. 포그의 행동모델

데 필요한 능력 수준을 나타낸다. 포그는 능력을 낮음에서 높음 단계로 표기하기보다, '수행하기 쉬움'에서 '수행하기 어려움'의 단계로 개념화해서 표현한다.

　이 그림에서 볼 수 있듯이 동기 수준과 특정 행동의 난이도 사이에는 명백한 연관성이 존재한다. 가령 내가 새롭게 개발한 음식을 당신에게 시식해 달라고 요청하는 상황을 생각해보자. 만일 내가 작은 티스푼으로 그 음식을 한 번만 맛보라고 부탁한다면, 때마침 배가 고픈 당신은 동기의 수준이 높은 데다 그 행동이 수행하기 쉽기 때문에 시식 요청이라는 자극에 긍정적으로 반응할 것이다. 반면 당신이 열 가지 코스가 나오는 성대한 만찬을 방금 끝낸 상태에서 내가 제안하는 음식의 양이 꽤 부담스럽다면, 아무리 맛있다는 얘기를 들어도 시식 요청에 응하지 않을 가능성이 크다.

그러므로 당신이 새로운 행동방식을 설계할 때, 그 행동을 자극하기 위한 최선의 방법은 이를 정말 쉽게 만들어서 동기가 잘 부여되도록 하는 것이다. 만일 어떤 행동이 정말로 하기 쉬운데도 사람들이 그 행동을 하지 않는다면, 지금 당신은 잘못된 행동매칭을 시도하고 있을 공산이 크다. 그 행동을 수행하려 들지 않는다면 당연히 이를 통해 성공을 거둘 수도 없다.

물론 세상에는 무수히 많은 행동방식이 존재하고, 우리들 각자는 모두 특별하다. 다시 말해 우리를 특정한 행동으로 이끄는 충동, 필요, 욕구는 저마다 다르다. 그렇기 때문에 특정한 사람에게 어떤 행동방식이 적합한지를 고려하는 **행동매칭**이 중요하다. 포그는 행동매칭을 할 때 다음 두 가지 격언을 참고하라고 권한다.

포그의 격언 1. 사람들이 이미 원하는 행동을 할 수 있도록 도와라.
포그의 격언 2. 사람들이 성취감을 느낄 수 있도록 도와라.

재학습을 현실에 적용하기

내가 경영자들을 코치할 때마다 프로그램에 참석한 임원들이 단골처럼 제시하는 포부나 결과물 중 하나가 업무 효율성을 개선한다는 목표다. 나는 그들에게 구체적으로 무엇에 대한 효율성을 의미하는지 묻는다. 개인과 팀, 또는 고객들로부터 창출되는 실적의 개선을 뜻하는가? 나는 그들이 도전하고자 하는 문제가 완벽히 해결됐을 때 미래의 성공이 어떤 모습일지 이야기해달라고 요청한다. 그때가 되면 그들은 무엇을 하고 있을까? 앞으로 어떤 일이 벌어질까? 그들이 새로운 행동방식을 이야기하면 우리는 그 행동을 **수량화**하고 제약조건을 명시하는 작업에 돌입한다. 예를 들어 향후 8주 안에 구성원들의 직무 만족도를 50퍼센트 향상시킨다는 목표를 설정하는 것이다. 그리고 어디서부터 일을 시작할지 결정하고, 현재 그 목표를 달성하는 데 지장을 주는 요인이 무엇인지 파악한다.

여기서 가장 중요한 작업은 그들에게 성공을 안겨줄 작은 단계들(또 그들이 목적지에 도달하는 데 지장을 주는 요인들)에 대한 선택지를 도출하고 이것들을 빠짐없이 목록으로 작성하는 것이다. 가령 우리가 업무 효율성이라는 목표를 논할 때 어김없이 등장하는 주제가 바로 회의(그들의 근무 시간 50퍼센트를 차지하는 업무)다. 나는 함께 일하는 임원들에게 기존의 회의 루틴에 아주 작은 행동 하나를 추가하라고 권한다. 회의를 마치기 직전에 5분만 시간을 내어 참석자 모두에게 이 회의가 본래의 목적을 달성하는 데 얼마나 효과적이었는지 질문해보라는 것이다. 모든 참석자가 돌아가면서 그 질문에 답할 때는 중간에 아무도 방해하는 사람 없이 이를 경청해야 한다.

그들의 행동에 이런 사소한 변화가 추가되면 다음과 같은 이유로 팀 전체의 효율성이 크게 개선될 수 있다. 첫째, 리더가 새로운 행동방식을 채택했다는 사실을 입증할 수 있다. 둘째, 리더들이 적극적으로 타인의 피드백을 얻고, 효율성을 측정하고, 업무 방식을 개선하기 위해 노력하는 과정을 통해 새로운 행동방식의 모범을 보일 수 있다. 이는 리더들이 본인을 포함한 팀 전체 시스템의 개선을 원한다는 증거로 작용한다. 셋째, 다른 구성원들도 리더의 새로운 행동을 인지하고 본받으면서 조직 전체로 파급효과가 확산된다.

다시 말해 이렇게 사소한 행동을 통해서도 조직에 큰 충격과 네트워크 효과를 불러일으키고 마법 같은 일이 생겨나게 할 수 있다. 참석자들이 회의에서 무엇을 얻었는지 돌아가면서 발언하면, 당신은 그 내용을 경청하고, 학습하고, 모두가 시간을 투자한 만큼의 성과가 달성됐는지 검증하게 될 것이다. 회의에서 의도한 결과물이 산출됐나? 모든 참석자의 입장은 일치했나? 참석자들이 각자의 관점을 교환하면서 그룹 내에 새로운 정보가 공유되고, 이를 통해 당신은 해당 회의의 효율성에 대한 자신의 가정이 옳았는지 여부를 확인할 수 있다. 당신과 당신의 팀은 이 지식을 바탕으로 다음번 회의를 개선하기 위해 어떤 행동방식을 취해야 하는지 판단할 수 있을 것이다.

잘못된 행동 멈추기

우리가 언러닝을 시도한다는 말은 특정한 행동을 멈추는 일을 의미하기도 한다. 사실 우리가 하는 행동 중에는 단순한 자극(예를 들어 주위 사람들이 하는 말)으로 인해 유발되는 일이 적지 않다. 내가 임원들에게 코칭 서비스를 할 때 지속적으로 주문하는 사항 중 하나가, 구성원들이 어떤 일을 하는 방법을 잘 모르겠다고 물어도 곧바로 대답해주지 말라는 것이다. 리더가 즉시 답을 주는 것은 눈앞에 직면한 상황을 처리하는 가장 비생산적인 방법이다. 조직 자체의 역량을 쌓기를 원하는 리더는 구성원에게 끊임없이 정답을 알려주기보다 스스로 문제를 해결하고 답을 찾는 법을 가르쳐야 한다. 이는 리더의 경우도 마찬가지다. 리더들에게 그가 주로 어떤 자극에 반응해서 행동을 취하는지 알려주면, 자신에게 조건화되어 있는 리더십 방식의 문제를 스스로 깨닫고 행동방식을 수정하는 데 도움을 줄 수 있다.

당신이 특정한 행동방식을 멈추는 데 어려움을 겪고 있다면 포그의 행동모델을 도입해보는 것도 한 가지 방법일 수 있다. 그가 제시하는 전략 중의 하나는 자극을 제거하는 것이다. 앞 장에서 살펴본 어느 임원의 언러닝 성명서를 예로 들어 보자.

> 나는 모든 의사결정이 3개월 안에 이루어지도록 언러닝할 것이다. 나는 다음과 같은 결과가 나오면 내가 언러닝을 완수했음을 알게 될 것이다.
> - 내가 내린 의사결정의 100퍼센트는 '실패에도 안전하다.'
> - 내가 내린 의사결정의 100퍼센트는 그 목표가 왜 중요한지에 대한 전후 맥락을 고려해서 이루어진다.
> - 내가 내린 의사결정 중에 목표를 달성하는 방법을 규정하는 부분은 0퍼센트다. 방법을 찾는 것은 그 업무를 담당하는 구성원 개인의 몫이다.
> - 내가 이끄는 팀원 중에 의사결정의 책임 앞에서 학습된 무력감을 나타내는 사람은 0퍼센트다.

그 임원은 나와 마주 앉아 이 성명서를 작성한 뒤에 자신이 바라는 목표를 달성하는 데 기여할 작은 단계들을 도출하는 작업을 시작했다. 덕분에 그는 여러 가지 긍정적인 행동방식을 새롭게 생각해냈으며 이들을 실험하고, 새로운 정보를 수집하고, 재학습했다. 그는 자신이 첫 번째로 실천에 옮길 행동에 대해 이렇게 말했다. "내일 하루는 구성원들이 내게 무엇을 어떻게 해야 하는지 물었을 때 그들 스스로 알아서 결정하라고 할 겁니다."

그 임원은 내일 하루라는 제약조건하에 이 사소한 습관을 도입하고 행동을 바꿨다. 그리고 그 작은 변화가 불러온 결과를 즉시 확인했다. 그는 팀 리더들이 이 변화에 어떻게 반응하는지, 누가 책임감이 있고 누가 그렇지 못한지 파악했고, 덕분에 각각의 팀원에게 무엇이 필요한지에 대한 정보와 통찰을 얻을 수 있었다. 또한 이런 새로운 통찰을 통해 어떤 팀원에게 격려가 필요하고 누구에게 코칭이 필요한지 알게 됐다. 게다가 이 실험은 오직 하루만 실시됐기 때문에 실패에도 안전했다. 그럼에도 그는 자신과 자신의 팀, 조직 전체의 행동규범에 대해 많은 정보를 얻을 수 있었다. 그는 이 새로운 통찰을 통해 사고방식을 새롭게 가다듬었고, 새로운 행동을 시도하는 과정에서 큰 성취감을 얻었으며, 자신이 언러닝 성명서에 기술한 원대한 목표를 추구하는 데 필요한 행동방식을 개발할 수 있었다.

그가 다음으로 구축한 새로운 습관(이전보다 조금 규모가 크지만 여전히 작은 단계)은 자신의 팀과 상호작용할 때 의사결정과 관련된 모든 대화를 이런 말로 시작하겠다는 것이었다. "나는 가장 많은 정보를 가지고 있고, 전후 사정을 가장 잘 이해하고, 그 일과 가장 가까운 곳에서 책임을 지고 있는 사람에게 의사결정 권한을 위임하려고 합니다. 여러분은 이 의사결정을 수행할 때 가장 적임자가 누구라고 생각합니까? 바로 그 사람이 이 문제를 결정해야 합니다." 그는 이런 과정을 거치면서 점점 많은 팀 리더가 의사결정에 대한 책임을 받아들이고 나아가 각자의 팀 구성원들에게도 더 많은 책임을 수용할 것을 독려하면서 그가 이끄는 조직 전체에 파급효과가 미치는 모습을 목격했다.

몇 년 전, 시간 활용의 효율성을 개선하기로 마음먹은 나는 먼저 목표 지점을 설정한 뒤 이를 달성하기 위해 당장 멈춰야 하는 행동이 무엇인지 곰곰이 생각했다. 그리고 다음과 같은 언러닝 성명서를 작성했다.

나는 6개월 안에 스트레스를 언러닝할 것이다.
나는 다음과 같은 조건이 충족되었을 때 언러닝을 완수했음을 알게 될 것이다.
- 내가 성취감을 느끼면서 퇴근하는 날이 전체의 80퍼센트에 달한다.
- 내 업무 시간의 25퍼센트가 개인적 발전을 위한 아이디어를 찾는 데 사용된다.

나는 한 달 안에, 한 주 안에, 하루 안에 어떤 일을 할 수 있을지, 그리고 내가 세운 목표를 향해 다가갈 수 있는 가장 작은 단계가 무엇인지 스스로 질문했다. 또 목표 달성에 기여할 거라고 생각되는 선택지와 발전에 지장을 주는 방해물의 목록을 빠짐없이 작성했으며, 혹시 누락된 기회들이 없는지 세심히 파악했다. 그리고 내게 도움이 되는 행동을 했을 때 미래에 어떤 성공의 모습이 펼쳐질지 스토리를 만들고 검토했다. 그 과정에서 내가 결심한 일 중 하나가 소셜 미디어 사용 시간을 줄이는 것이었다. 나는 걸려온 전화를 받고, 날씨를 확인하고, 길을 찾고, 이메일에 응답하기 위해 스마트폰을 집어 들 때마다 페이스북에 접속한 뒤 그 미로 속에서 한참 동안을 헤어나지 못하곤 했다.

내가 시간 활용의 효율성을 높인다는 목표를 이루는 데 가장 큰 걸림돌 중 하나가 소셜 미디어였다. 나는 스마트폰에서 페이스북 앱을 삭제함으로써 이 행동에 대한 자극을 아예 제거하는 길을 택했다. 내게는 여전히 스마트폰으로 전화를 받고, 이메일을 확인하고, 기타 작업을 하도록 유도하는 자극이 존재했지만, 페이스북만큼은 앱을 지워버렸기 때문에 더 이상 사용할 수 없었다. 덕분에 나는 소셜 미디어에 시간을 낭비하지 않고 그 시간에 더욱 유용한 일을 할 수 있게 됐다.

물론 페이스북은 나를 이 플랫폼에 다시 접속시키기 위한 노력을 멈추지 않았다. 이 회사는 자신들이 바라는 행동(앱에 로그인하는 일)를 내가 더 이상 하지 않는다는 사실을 인지하고, 내게 로그인을 유도하는 자극(이메일)을 보내기 시작했다. 하지만 그들이 아무리 쉬운 로그인 방법을 제시해도, 그 행동에 대한 나의 동기가 매우 낮았으므로 나는 이 앱에 접속하지 않았다. 이 회사가 내게 특정한 행동을 이끌어내기 위해 사용 중인 자극이 더 이상 효과가 없다는 사실을 깨달았다면, 아마 그들은 다른 방법을 시도해야 할 것이다. 현재의 접근방식은 내게 통하지 않기 때문이다.

마케팅 담당자들은 자극의 위력을 누구보다도 잘 알고 있다. 그러므로 수많은 앱, 소셜 미디어, 온라인 소매업체가 고객을 끌어들이기 위해 이 자극들을 영리하게 활용하는 것이다.

사람들은 모두 다르다. 세상의 어떤 두 사람도 모든 면에서 절대 똑같을 수 없다. 따라서 어떤 사람에게 효과가 있는 행동방식이 다른 사람에게 통하지 않는 것은 놀랄 일이 아니다. 예를 들어 당신과 내가 새로운 기술을 익히겠다는 목표를 똑같이 세워도, 그 목표를 달성하는 과정에서 당신에게 효과가 있는 방법이 내게도 꼭 효과가 있으리라는 법은 없다. 그렇기 때문에 우리는 자신이 원하는 성과를 성취하는 데 도움이 되는 행동방식을 수없이 실험해야 한다. 재학습을 위해 노력하는 사람에게 가장 중요한 것은 바로 실험이다.

또 실패에도 안전한 실험 방식을 선택해서 사람들이 실패를 두려워하지 않도록 만드는 일도 중요하다. 실험이 안전해야 한다는 말은 새로운 방법론을 재학습하는 개인이나 조직에 파국적인 결과가 닥치지 않도록 회복 가능한 실험을 설계해야 한다는 뜻이다. 반복해서 말하지만 원대한 포부와 결과물을 지향하되, 실패에도 안전한 사소한 실험을 통해서 작게 출발함으로써 빠른 발전을 이루고, 성과를 내고, 성공에 필요한 정보를 새롭게 수집해야 한다. 예를 들어 임원들이 회의를 조금 일찍 마치고 회의가 효과적이었는지 여부를 참석자들에게 질문하기 위해서는 5분이라는 시간을 할애할 뿐이지만, 그 대가로 엄청난 효과를 거둘 수 있다.

크게 생각하고 작게 시작하는 전략은 사람들을 용감하게 만든다. 설사 실수가 발생해도 파국적인 실패를 피할 수 있기 때문이다. 그들은 자신이 지향하는 포부와 결과물을 향해 전진하는 과정에서 어떤 행동방식이 효과가 있거나 없는지 신중한 행동매칭을 통해 파악할 수 있을 것이다. 훌륭한 리더는 훌륭한 실험가이지만, 그들은 실패에도 안전한 실험을 통해 리스크를 관리하는 방법을 알고 있다. 일부는 직관적으로, 또 다른 일부는 다분히 의도적으로 그런 방식을 선택한다.

리더들이 작은 단계를 선택해 재학습을 수행하는 과정에서 주위 사람들에게 미치는 영향은 매우 크다. 리더의 새로운 행동방식이 새로운 규범임을 인식한 구성원들이 조직 전체에 이를 확산시키기 때문이다.

6장 | 언러닝 사이클 3단계 : 전환

> 사람이든 사물이든 뭔가는 항상 포기한다. 당신이 포기하고 주
> 저앉지 않으면, 대신 방해물과 실패가 포기를 선언하고 당신에
> 게 성공으로 향하는 길을 열어줄 것이다.
> – 이도우 코예니칸 Idowu Koyenikan

언러닝 사이클의 세 번째이자 마지막 단계는 전환이다. 비움학습과 재
학습의 결과물인 전환은 이 사이클의 처음 두 단계를 거치며 유입된
새로운 정보와 통찰을 의미한다. 이렇게 새롭게 얻어낸 정보와 통찰이
대단히 강력한 힘을 발휘하는 이유는, 이들이 당신의 관점에 영향을
미치고 변화를 주기 때문이다. 당신이 경험한 새로운 관점은 사고방식
에 충격을 가하고, 이에 따라 당신은 열린 마음으로 더욱 빈번하게 자
신의 행동을 언러닝하게 된다. 정보와 통찰은 바로 이런 결과를 유발
하는 촉진제라고 할 수 있다.

전환의 과정은 그렇게 복잡하거나 어렵지 않다. 그동안 어떤 일이

효과가 있었고 어떤 일이 효과가 없었는지 스스로 질문하고, 만일 우리가 같은 도전에 직면한다면 무엇을 다르게 할지 되돌아보는 것이 해야 할 일의 전부다. 이런 정보와 통찰을 미래의 언러닝 사이클에 피드백함으로써 향후 이 주기를 다시 밟을 때마다 더욱 심오한 통찰과 영향력을 얻고, 성장을 거둘 수 있다.

전문적인 운동선수들은 오래전부터 타인의 피드백이나 의견을 참고해서 경기력을 향상시키고 전환점에 도달했다. 전통적으로 이런 통찰을 제공하는 역할은 주로 코치들이 담당했다. 하지만 최근에는 첨단기술도 스포츠 선수들의 경쟁력을 강화하는 데 톡톡히 한몫하는 추세다. 미국 프로미식축구협회NFL 소속 팀들은 선수들의 어깨 보호대에 무선주파수 인식RFID 태그를 부착해서 경기나 훈련 중에 그들의 신체에 가해지는 부하나 운동 효율성 등에 대한 데이터를 수집한다. 선수들은 이런 실시간 피드백을 통해 경기 결과를 되돌아보고 유용한 통찰을 얻을 수 있다.[1]

리더들은 전환점에 도달한 뒤에 이 사이클을 반복하면서 언러닝을 의도적으로 실천하고, 새로운 계획, 새로운 혁신, 새로운 아이디어, 새로운 운영 시스템을 바탕으로 강력한 '근육 기억muscle memory(특정 신체 활동을 반복함으로써 나타나는 신체의 생리적 적응상태—옮긴이)'을 구축해서 계속 앞으로 나아가야 한다. 당신이 경험한 최초의 전환은 조만간 두 번째 전환을 불러올 것이며, 그런 식으로 향후 무한한 전환을 이룩할 수 있다는 깨달음을 안겨줄 것이다. 그중에서도 가장 긍정적인 측면은 당신이 필요할 때 언제라도 언러닝 사이클을 활용해서 놀랍고 획기적인 전환을 달성할 수 있다는 것이다.

언러닝

스탠퍼드 대학교의 심리학 교수 캐럴 드웩Carol Dweck은 《마인드셋Mindset》에서 고정 마인드셋fixed mindset과 성장 마인드셋growth mindset의 차이점을 서술한 바 있다. 그는 이 책에서 어떤 사람들은 자기가 새로운 정보를 학습해서 더 똑똑해질 수 있다고 믿는 반면, 다른 사람들은 그렇지 못한 이유가 무엇인지 설명했다.

드웩 교수에 따르면 고정 마인드셋을 지닌 사람은 우리의 재능이나 지적 능력 같은 특성이 애초부터 고정되어 있기 때문에 시간이 흘러도 개발되거나 개선될 수 없다고 생각한다. 다시 말해 인간이 소유한 재능, 기술, 능력 등은 본질적으로 타고나는 특성이므로 인위적인 개입이나 연습을 통해 그 수준을 향상시키기가 불가능하다고 믿는 것이다. 그들은 노력이 아니라 지적 능력이나 재능(또는 그 두 가지의 결합)이 성공의 비결이라고 여기기 때문에, 어느 분야가 됐든 전환을 통해 더 높은 수준의 성과를 달성한다는 개념 자체를 받아들이지 못한다.

이에 반해 성장 마인드셋의 소유자들은 인간의 재능과 지적 능력이 고정된 특성이 아니라 노력을 통해 충분히 갈고닦을 수 있으며 시간의 흐름에 따라 개발되고 개선될 수 있다고 생각한다. 그들은 성공이 헌신적인 노력과 의도적인 실천을 통해 달성된다고 믿기 때문에 어떤 도전 앞에서도 높은 회복력을 발휘한다. 드웩 교수는 이렇게 말한다. "성장 마인드셋을 지닌 사람들을 잘 지도하면 비즈니스, 교육, 스포츠 등의 분야에서 높은 동기부여와 생산성을 이끌어내고 인간관계를 강화할 수 있다."[2] 또 이런 사람들은 목표를 달성하기 위해 효과적으로 전환점을 찾아내는 능력을 발휘한다.

사고 방식, 즉 마인드셋은 관리자들이 구성원들을 대하는 방식에도 영향을 미친다. 고정 마인드셋을 가진 관리자와 함께 일하는 구성원은 종종 학습된 무력감을 나타내고, 주인의식을 발휘하지 못하고, 불확실성을 회피하고, 어떤 리스크도 용납하지 않는다. 반면 성장 마인드셋을 바탕으로 조직을 이끄는 관리자와 함께 일하는 구성원은 리더의 전폭적인 지원에 힘입어 높은 수준의 심리적 안전감을 누리고 모험하기를 두려워하지 않는다. 이런 조직에서 일하는 구성원들은 강력한 책임감을 바탕으로 도전에 맞서고, 탁월함을 성취하기 위해 분투하고, 새로운 기술을 개발할 수 있는 잠재력을 구축하고, 늘 언러닝한다.

나는 이 장에서 언러닝 사이클의 세 번째 단계를 시작하고 활용하는 방법, 비범한 성과를 추구하는 리더와 조직이 더욱 획기적인 전환을 이루는 방법을 탐구하고자 한다.

전환의 네 가지 필요조건

세간에 잘 알려진 이야기 중에 어느 기업 임원이 저명한 통계학자 겸 경영 컨설턴트 에드워드 데밍Edward W. Deming을 한 주간 고용해서 조직의 성과 개선을 도모한 일화가 있다.

데밍은 첫날 사무실에 도착해서 "안녕하세요"라고 인사한 뒤 곧바로 그 임원이 근무하는 사무실의 구석 자리에 가서 앉았다. 그는 하루 종일 그 자리에서 임원이 일상적인 업무를 수행하는 모습을 조용히 지켜보기만 했다.

첫날이 마무리될 무렵, 그 임원이 데밍에게 다가가서 물었다. "어떻게 생각하십니까?" 그러자 데밍은 "내일 다시 오겠습니다"라고 말한 뒤 문밖으로 걸어 나갔다.

다음날에도 데밍은 전날과 마찬가지로 임원의 사무실로 출근해서 구석에 앉아 아무 말도 하지 않았다. 임원이 일하는 모습을 지켜보며 이따금 메모지에 뭔가를 끄적거린 것이 그가 한 일의 전부였다. 근무 시간이 끝날 때가 되자 임원은 데밍에게 또 의견을 물었다. 데밍은 다시 짧게 말했다. "내일 다시 오겠습니다."

이런 일은 그 주를 마감하는 금요일 오후까지 반복됐다. 참을성이 한계에 달한 그 임원은 뭔가 도움이 되는 말을 해줘야 하는 것 아니냐고 데밍을 몰아붙였다. 데밍은 그에게 이렇게 물었다. "당신 회사에서 가장 중요한 세 가지 우선순위가 뭔가요?" 그 임원은 기다렸다는 듯이 준비된 답변을 늘어놓았다. "알겠습니다." 데밍이 말했다. "그런데 당신은 일주일 내내 그 우선순위에 부합되는 일을 하나도 하지 않았습니다. 그럼에도 당신의 일정은 숨 쉴 틈도 없이 빡빡했고, 사람들과 나누는 모든 대화는 당신이 정말 바쁘다는 말로 시작됐습니다. 왜 그렇다고 생각하십니까?"

우리는 모두 바쁜 사람이 되고 싶어 한다. 우리는 동료, 협업자, 경쟁자를 막론하고 모든 사람에게 자기가 얼마나 바쁜지 과시하거나 그렇게 말하기를 은근히 즐긴다. 하지만 우리가 전혀 고려하지 않는 문제는 그런 '바쁨'의 결과물이 도대체 무엇이냐는 것이다.

대다수 조직에서는 모든 사람이 눈코 뜰 새 없이 바쁘게 일하지만, 그 이면에는 매우 왜곡된 이유가 자리 잡고 있다. 어떤 사람이 바쁘게 보인다는 것은 적어도 그가 열심히, 진정으로, 중요한 일을 하고 있다는 말과 동의어일 수 있다. 물론 다른 곳을 방문하거나 사람들을 만날 시간도 없이 하루 종일 이 회의 저 회의 옮겨 다니며 남들에게 바쁜 모습을 보인다는 것은 그가 헌신적으로 일에 전념하고 있다는 증거가 될지도 모른다. 조직에서 보상을 받는 것은 대부분 그런 사람들이다. 이런 풍조로 인해 늦은 밤이나 주말을 가리지 않고 초인적인 체력을 과시하며 일에 매달리는 구성원을 높이 평가하는 소위 '영웅 문화'가 갈수록 확산된다. 이런 문화는 햄스터를 쳇바퀴에서 벗어나지 못하게 만드는 마약과 같지만, 사람들은 그런 모든 행보를 발전이라고 착각한다.

결코 그렇지 않다.

우리가 지금까지 살펴본 대로 언러닝 사이클의 세 단계는 각각 몇 가지의 필요조건을 전제로 한다. 마지막 전환의 단계에는 결과를 반성하고, 다음번 사이클에 피드백을 제공하고, 전환의 규모를 확장하고, 언러닝의 속도를 높이는 일을 포함한 네 가지 필요조건이 따른다. 이들을 한 가지씩 살펴보자.

첫 번째 필요조건: 결과를 반성하라

나는 이 책의 2장에서 IAG 캐터펄트 팀의 일원이었던 어느 임원의 이야기를 들려준 바 있다. 그가 비즈니스를 되살릴 수 있는 획기적인 방안이라며 새롭게 내놓은 항공권 예약 시스템의 아이디어가 고객들에게서 매우 부정적인 피드백을 얻었음에도 그는 조사 결과를 인정하려 들지 않았다.("이 시스템을 진정으로 이해하는 고객들은 내가 제시하는 아이디어의 가치를 인정할 겁니다. 제대로 된 고객들을 데려와 보세요." 그는 심각한 어조로 이렇게 주장했다.) 비록 그 리더가 하룻밤 사이에 자신의 관점을 완전히 바꾼 것은 아니었지만, 그는 시간이 흐르면서 언러닝 사이클의 모범적인 옹호자로 변신했다. 그는 이 개념을 전적으로 받아들인 뒤에 다시는 과거를 되돌아보지 않았다.

그가 그럴 수 있었던 비결은 무엇이었을까? 바로 반성이다.

그 임원은 그동안 자신에게 일어난 일을 냉정하게 돌이켜보고 문제는 바로 자신의 행동에 있었다는 사실을 깨달으며 전환점에 도달했다. 그는 고객들에게 무엇이 진정으로 필요한지 물은 뒤에 그 피드백을 바탕으로 제품을 만드는 것이 아니라, 고객들이 이런 제품을 원할 거라고 일방적으로 선언하는 길을 택해왔다.

대부분의 리더는 언러닝 사이클을 한두 번 진행한 뒤에 최초의 전환을 경험한다. 하지만 그들이 진정으로 획기적인 전환을 달성하는 것은 언러닝 사이클이 삶의 어느 부분에라도 적용할 수 있는 하나의 시스템이라는 사실을 깨달았을 때다. "내가 안다고 생각했던 모든 것은 결국 하나의 가정에 불과합니다. 그래서 테스트를 해야 하는 겁니다. 요컨대 내가 진정으로 노력을 쏟아야 할 대목은 그 모든 것을 가장 빠르게 테스트할 수 있는 방법을 찾아내는 일입니다. 비단 나 자신뿐만이 아니라 그 제품을 설계할 때 염두에 둔 목표 고객들을 테스트해야 합니다."

이 리더와 관련된 이야기 중에 내가 가장 좋아하는 일화를 소개하고자 한다. 캐터펄트 팀의 업무가 마무리된 지 몇 주 뒤, 그는 내게 이메일을 보내 그동안 일어났던 일 하나를 소개했다. 그의 부하직원 한 사람이 자신을 찾아와 최근에 개발한 새로운 제품에 대해 승인을 부탁했다. 그 리더가 구성원에게 들려준 대답은 그가 진정으로 전환점에 도달했다는 증거가 될 수 있을 듯하다. "왜 나에게 승인을 요청합니까?

공항에 가서 우리 회사 고객들을 상대로 이 제품을 테스트해보세요. 우리가 고객들을 위해 제품을 설계하고 제작했다면 내가 아니라 그들의 승인을 받아야 합니다."

내 고객사 중 하나는 글로벌 대형 금융 기업이다. 당시 이 회사는 조직 전체에 '신속성'을 강화한다는 목표를 걸고 대대적인 비즈니스 혁신을 시도하고 있었다. 그들은 완료 단계가 각기 다른 수많은 사업계획을 동시에 수행 중이었지만, 경영진을 지배하는 의식구조나 행동방식은 대체로 이런 식이었다. "우리는 대규모 사업 계획들을 진행하고 있습니다. 그리고 그 계획들을 달성하는 데 필요한 업무 방침들도 수립했죠. 이제 우리가 실행에 옮겨야 하는 모든 과업을 파악해서 하나씩 처리하기로 합시다."

표면적으로는 일리가 있는 듯했다. 그렇지 않은가? 경영진이 규정한 모든 과업을 빠짐없이 완료하는 게 곧 성공이라고 정의한 이 회사는 구성원, 팀, 조직 전체가 목록에 나열된 과업들을 정해진 예산 안에서 제시간에 완료하기 위해 항상 바쁘게 일해야 한다고 강조했다. 그리고 그렇게 일한 구성원에게 보상을 제공했다.

하지만 과업 목록에 적힌 일을 하나씩 완료하며 차례로 리스트를 지워간다고 해서 당신과 당신의 팀, 조직이 혁신하는 데 필요한 전환점에 도달할 수는 없다. 오히려 바쁜 일상에서 한 발 물러나 당신이 지금 무슨 일을 하고 있으며, 당신의 노력이 어떤 결과물을 도출했는지 반성해야 비로소 진정한 전환을 이룰 수 있다. 당신은 지금 올바른 방식으로 일하고 있는가? 뭔가 다르게 시도할 일은 없나? 본인이 의도했던 목표나 성과를 달성하고 있는가? 아니면 단지 목록에 적힌 일이 끝날

언러닝

때마다 체크 표시를 하며, 그 일에 계획했던 만큼의 시간과 노력이 들었는지 따지는 데만 정신이 팔려 있는가?

나는 이 회사와 일하기 시작했을 때 그동안 경영진에게 조건화되어 있던 리더십 스타일을 비워내고 그들이 새로운 행동방식을 재학습하도록 만드는 것이 첫 번째 우선순위임을 깨달았다. 나는 그들에게 오직 산출물outputs만을 측정하는 작업은 아무런 의미가 없으며 진정으로 추구해야 하는 것은 바로 성과outcomes라고 설명했다. 다시 말해 "당신은 아이디어를 내고, 이를 구체적인 과업들로 나누고, 그 과업들을 수행하고, 주어진 시간, 예산, 범위 내에서 모두 완료했습니까?"와 같은 질문처럼 과업의 실행 여부에만 초점을 맞추는 접근방식을 택해서는 안 된다는 것이다. 대신 "당신은 지난 분기에 고객 유지율을 10퍼센트 향상시켰습니까?"라는 질문처럼 우리가 기대하는 실질적인 결과물이 신속하고 효과적으로 도출되고 있는지 돌이켜봐야 한다. 이렇듯 산출물보다 성과를 우선시하는 업무 틀을 구축하면 전환의 범위와 규모를 확장하고 성공을 향한 선택지를 다양화할 수 있다.

나는 그 고객사의 경영진에게 작은 행동 하나를 새롭게 시도해보라고 권했다. 특정 업무를 수행하기 전에 먼저 그것을 수행했을 때 기대되는 성과에 대한 가설을 수립하고, 그 가설을 테스트해서 현재 자신들이 추구하는 성과가 실제로 달성되고 있는지 검증하라는 것이었다. 우리는 한 주가 마무리될 때마다 함께 마주앉아 그들이 그 주에 어떤 성과를 달성했는지 검토하고 반성했다. 이 작업은 그들이 재학습의 과정을 거쳐 전환으로 이행하는 데 중요한 역할을 했다.

이 회사의 CEO가 금세 깨달은 것은 부하 직원에게 "당신은 이 과업을 완수했습니까?"라고 묻고, 곧바로 다음번 과업으로 넘어가는 일이 너무 쉽고 단순하다는 사실이었다. 반면 좀 더 시간을 할애해서 그 구성원이 수행한 과업이 그가 기대한 성과를 달성하는 데 얼마나 기여했는지 파악하는 작업은 훨씬 어려웠다. 이 CEO는 우리와 함께 반성의 단계를 진행하던 도중 백지 한 장을 꺼내 "신속성을 달성하기는 어렵다Agility is hard"라고 쓰고 다른 사람들도 볼 수 있도록 벽에 붙여두었다. 이는 그 CEO 입장에서 개인적으로 매우 강력한 전환의 순간이었다. 구성원들은 CEO가 솔직하게 그 사실을 털어놓은 데 대해 큰 충격을 받았다. 그 CEO는 팀원들에게 이렇게 설명했다. 그는 자신과 자신의 팀이 업무를 수행하는 방식이 꽤 신속하다고 생각했다. 하지만 단순한 산출물보다 실제적인 성과를 달성하는 일이 훨씬 중요하다는 점을 재학습하면서 자신의 업무 방식과 신념, 행동이 잘못됐음을 깨달았다. 또 투입된 노력의 양을 따지기보다 결과를 반성하고, 산출물보다 성과에 책임질 때 훌륭한 실험을 더욱 쉽게 수행할 수 있다는 사실을 알게 됐다.

이렇게 놀라운 전환을 경험한 CEO는 한 발 더 나아가 조직 전체를 대상으로 자신이 얻은 통찰을 피드백하기로 했다. 그는 구성원들을 대상으로 보낸 "신속성을 달성하기는 어렵습니다"라는 제목의 이메일에서, 자신이 경영진과 함께 일하는 방식을 어떤 식으로 바꿨는지 설명했다. 그리고 새로운 경영 방식에 따른 실천사항과 원칙을 다른 모든 구성원들도 업무에 채택해 달라고 당부했다. 그는 이메일에서 자신이 신속한 사람이라고 믿었지만 막상 반성의 단계를 거치고 보니 결코 그렇지 못했다는 점을 알게 됐으며, 신속성을 달성하는 일이 쉽다고 생각했으나 무척 어려웠다는 사실을 깨달았다고 털어놓았다.

그 CEO는 이런 깨달음을 얻고 본인의 실패담을 솔직히 공유한 뒤 새로운 방식으로 일하는 모습을 보여줌으로써 조직 전체에 파급효과를 불러일으켰다. 그는 성장 마인드셋을 입증했을 뿐 아니라 구성원들에게 인간적인 리더로서의 면모를 보여주었고, 이 회사가 장기적 성공의 기틀을 구축하는 데 필요한 언러닝의 롤모델이 되었다.

대부분의 조직에서 일하는 구성원들은 늘 바쁜 상태를 벗어나지 못한다. 회사는 구성원들이 얼마나 바쁘게 일하는지, 얼마나 많은 과업을 처리했는지를 기준으로 그들을 평가하고, 더 열심히 일한 사람일수록 조직에 더 많이 기여한다고 생각한다. 하지만 이보다 훨씬 효과적인 방법은 구성원들이 정말로 달성하기 위해 노력하는 것이 무엇인지 생각해 보고 그들에게 이렇게 묻는 것이다. "우리가 거기에 도달하기 위해 가장 작은 노력으로 큰 효과를 거둘 수 있는 방법은 무엇인가?"

지나치게 과업 수행만을 강조하는 회사의 문제점은 구성원들이 계획과 실행의 굴레에 갇혀 결과를 반성하는 데 실패한다는 것이다. 그런 회사는 구성원들의 활동이 얼마나 많은 **산출물**로 이어졌는지가 아닌 그들의 노력을 통해 얼마나 **훌륭한 성과**가 창출됐는지 측정하는 피드백의 고리를 구축하지 못한다. 그리고 자신들이 생산한 모든 산출물의 성과를 반성하고, 되돌아보고, 검토할 기회를 포기해버린다. 그런 일을 하느라 잠시라도 발걸음을 멈추면 더 많은 산출물을 생산하지 못할까 두렵기 때문이다. 그들에게는 자신이 수행한 모든 활동이 애초에 추구했던 목표와 일치했는지 여부를 생각하고, 이해하고, 학습할 시간이 없다. 솔직히 그런 일을 하고 있기에는 너무 바쁘기 때문이다. 물론 이는 언러닝을 통해 비워내야 할 실수다.

두 번째 필요조건: 다음번 사이클에 피드백을 반영하라

당신이 작은 실험을 통해 피드백을 수집한 뒤에 그 결과를 다음번의 작은 실험에 반영하고, 그 결과를 또다시 다음번의 작은 실험에 반영한다면, 당신이 얻을 수 있는 혜택은 기하급수적으로 늘어난다. 그리고 이전의 실험에서 획득한 교훈을 새로운 실험에 적용하고 통합하는 과정을 반복할수록 실험의 품질은 더욱 향상될 것이다.

다시 말하지만 산출물의 양보다 성과를 측정하라. 당신의 노력이 어떤 성과로 이어지는지 신속히 파악하려면 거의 실시간에 가깝게 피드백을 얻어내야 한다. 그리고 전통적인 접근방법처럼 몇 주, 몇 달, 몇 년이 지난 뒤에 그 피드백을 활용하기보다 몇 분, 몇 시간, 며칠 내에 이를 즉시 반영해서 당신의 행동방식을 최적화하라.

아래에서 제시하는 단계들을 참고하면 실험적이고 증거 중심적인 접근방식을 통해 혁신을 달성하고 피드백 고리를 구축하는 데 도움이 될 것이다.

- 당신이 직면한 문제를 해결하거나 추구하는 목표를 달성하는 데 필요한 개선책의 가설을 수립하라.
- 가설을 실험하기 전에 성공에 대한 성과 기반의 측정 기준을 정의하고, 결과에 책임지는 자세를 보여라.
- 당신이 발견한 정보를 다음 단계에 피드백하고 적절히 활용하라.
- 훌륭한 정보를 빠르고 값싸게 수집해서 더 나은 의사결정과 행동

을 이끄는 것이 바로 성공의 의미라는 사실을 깨달으라.

- 진정한 실패는 학습의 실패라는 점을 인지하고 빠르게 학습하라.
- 언러닝 사이클을 거듭할수록 더 나은 의사결정, 더 나은 행동방식, 더 나은 관점, 더 나은 생각 그리고 다음 차례의 언러닝 대상에 도움을 주는 선순환의 고리를 창조하라.

세 번째 필요조건: 전환의 규모를 확장하라

사람들이 오래된 사고 패턴을 깨뜨리지 못하는 핵심 이유 중 하나는 오직 실행에만 매달리느라 잠시 일손을 멈추고 지나온 길을 되돌아볼 시간을 갖지 못하기 때문이다.

그렇다면 언러닝 사이클과 그 결과로 도출된 전환을 확장하는 작업은 어떻게 시작해야 할까? 그 비결은 집중력을 유지하고, 반성하고, 더 크고 어려운 과업에 지속적으로 도전함으로써 비범한 결과를 향해 끝없이 전진하는 데 있다. 그러기 위해서는 언러닝의 대상을 명확히 설정하고, 크게 생각하면서도 작게 움직이고, 성과를 돌이켜보고, 불확실성과 미지의 세계를 포용하고, 편안함보다는 용기를 택해야 한다. 또 자아의 성장과 개선에 전념할 수 있는 자기 절제력도 중요한 요소다. 강력한 추진력의 소유자들은 본인이 소유한 지식과 기술의 한계점을 냉철히 파악하고 이를 넘어서기 위해 부단한 노력을 기울인다. 우리에게 용기가 필요한 이유는 누구도 앞날의 결과를 예측하거나 장담할 수 없기 때문이다. 세리나 윌리엄스가 2012년 프랑스오픈에서 충격적인 패배를 당한 뒤에 보여준 행보처럼, 우리도 '실패에도 안전한' 실험을 통해 꾸준히 재학습을 실천함으로써 불확실성을 수용하고, 더 빠르게 진전을 이루고, 승리해야 한다.

우리는 4장에서 취약성과 용기에 관한 브레네 브라운의 연구를 살펴본 바 있다. 재학습을 실천하기 위해서는 용기가 필요하다. 다시 말해 실험에 실패할지도 모르는 취약성 속으로 스스로를 몰아넣는 담대함을 발휘해야 한다. 브라운에 따르면 자신이 원하는 결과물을 성취하기 위해 미지의 세계 속으로 한발을 들여놓아야 하는 상황에서 안락함보다 용기를 택하는 것이 바로 취약성의 진정한 의미라고 한다. 이는 에드거 샤인이 제창한 '학습불안'과도 일맥상통하는 개념이다. 사람들이 새로운 행위를 실험하기 두려워하는 이유는 실험하는 방법을 모르고, 실험으로 인해 어떤 결과나 행동방식이 도출될지 불확실하고, 그 결과가 자신의 사고방식에 어떻게 영향을 미칠지 확신이 서지 않기 때문이다.

요즘 많은 사람이 심리적 안전감이라는 주제에 대해 이야기한다. 이는 우리가 다른 사람들(특히 자신의 조직 구성원들) 앞에서 실패해도 안전하다고 느끼는 것이다. 구글이 아리스토텔레스 프로젝트Aristotle Project라는 사내문화 개선 프로젝트를 통해 밝혀낸 바에 따르면, 고성과를 창출하는 팀의 가장 뚜렷한 특징은 고도의 심리적 안전감이라고 한다. 남들 앞에서 실패했을 때 안전한 느낌을 받는 사람은 더 큰 목표에 도전하고 더 훌륭한 전환점에 도달할 수 있다는 것이다. 다시 말해 팀의 성과는 구성원들이 얼마나 똑똑한가에 달려 있는 것이 아니라 동료들이 지켜보는 가운데 얼마나 편안하게 실험하고, 실패하고, 자신의 취약성을 드러낼 수 있는가에 따라 결정된다.

구글은 성공적인 팀과 그렇지 못한 팀을 결정짓는 다섯 가지 핵심

언러닝

요인을 다음과 같이 파악했다.

- **심리적 안전감** 우리는 이 팀에서 불안감이나 수치심을 느끼지 않고 모험에 나설 수 있는가?
- **신뢰도** 우리는 높은 품질의 업무를 제시간에 수행하기 위해 서로에게 의지할 수 있는가?
- **구조 및 명확성** 우리 팀의 목표, 역할, 실행 계획은 명확한가?
- **일의 의미** 우리가 하고 있는 일은 조직 구성원 각자에게 개인적으로 소중한가?
- **업무의 영향력** 우리는 자신이 수행 중인 일이 근본적으로 중요하다고 믿는가?

그런 점에서 조직에 큰 가치를 제공하는 일 중 하나가 구성원들이 쏟는 노력과 성과를 긴밀하게 연결하는 작업이다. 사람들은 노력한 만큼의 성과가 따를 때 새로운 행동방식의 효과를 체감하고, 성취감을 느끼고, 전환점에 도달하고, 다음 단계의 도전에 자신 있게 맞설 수 있다.

리더가 구성원들을 핵심적인 업무에 배치하고 적절한 측정 기준을 설정해서 그들이 수행하는 일과 조직의 성과를 연동하는 작업이 중요한 이유는 이 때문이다. 조직적 성과는 명백하게 정의되어야 하며, 새로운 행동방식은 안전한 형태로 장려되고 배양되어야 한다. 자신이 쏟은 노력과 조직적 성과의 방향이 일치하는 구성원들은 목표 달성에 도움이 되는 행위를 수행할 때마다 성취감을 느낀다. 이런 조치는 개인적 업무와 조직적 성과 사이에 피드백과 유대감, 연관성을 제공함으로써 구성원들로 하여금 더욱 큰 전환을 향해 박차를 가하게 만들 수 있다.(10장에서 캐피털원의 사례를 통해 더 자세히 살펴볼 예정이다.)

언러닝의 힌트들

- 당신 자신, 당신의 팀 그리고 당신의 상사가 성공을 측정하는 기준은 산출물인가 성과인가?
- 당신이 쏟는 노력이 진행 중인 사업계획의 성과에 어떻게 기여하는지 아는가?
- 당신은 자기가 그 성과에 기여한 데 대해 얼마나 성취감을 느끼는가?
- 당신의 노력과 사업계획의 성과를 더 잘 조화시키기 위해서는 무엇을 해야 하는가?

우리가 전환의 규모와 범위를 확장하기 위해서는 특정 개인이나 조직이 그들만의 전환을 달성하는 데 사용했던 관행을 그대로 답습해서는 안 된다. **행동매칭**을 기억하는가? 전환의 확장은 구성원들이 개선을 통해 얻은 교훈, 성공 사례 그리고 자신을 괴롭혔던 문제점을 서로 공유하는 데서 이루어진다. 그 과정에서 각자의 상황에 맞춰 성장과 개선을 도모하는 데 따르는 불확실성을 삶의 정상적인 과정으로 받아들이게 된다.

에드거 샤인은 인간이 심리적 안전지대를 벗어나는 일과 연관된 두 종류의 불안감을 생존불안survival anxiety과 학습불안으로 정의했다.[3] 그는 불안감이 학습을 방해하지만 경우에 따라 학습의 발생 과정에 필요요소로 작용할 수 있다고 강조했다. 가령 사람들은 당신에게 변화를 유도하기 위해 이렇게 말한다. "혁신하지 않으면 당신의 사업이 어려워지거나 망할 거고, 당신 자신도 곤경에 빠질 겁니다." 말하자면 그들은 당신에게 생존불안을 불러일으켜 특정한 행동을 유도하려는 것이다. 그러나 현실에서는 그런 동기부여가 지속되는 시간이 잠깐 동안에 불과하다. 당신의 사업이 망할 거라고 모든 사람이 경고했음에도 여전히 비즈니스가 유지되는 모습을 지켜본 당신에게 더 이상 그런 자극이 통하지 않는 것이다. 다시 말해 그런 종류의 동기부여는 오래 지속되지 않는다.

당신이 활용할 수 있는 또 다른 도구는 학습불안을 완화하는 것이다. 학습불안은 새로운 것을 시도하기를 두려워하는 심리로 인해 생겨난다. 다시 말해 그 일이 너무 어려울 것 같고, 이를 시도하는 과정에서 남들에게 멍청하게 보일지도 모르고, 그로 인해 과거에 효과를 발휘하던 오랜 습관을 포기해야 할 수도 있는 상황을 우려하는 것이다. 또는 새로운 지식을 익힘으로써 자신이 속한 그룹에서 따돌림당하고 본인의 자존감이나 정체성에 위협이 닥치는 상황을 두려워하는 심리일 수도 있다.[4]

조직의 리더는 구성원들이 쉽고 안전하게 새로운 행동을 시도하고, 지속적으로 성장하고, 영향력을 강화하도록 힘을 실어주어야 한다. 이는 BJ 포그의 행동 설계, 드웩의 성장 마인드셋, 구글의 아리스토텔레스 프로젝트 등과 맥을 같이 하는 개념이기도 하다. 리더로서 당신이 담당해야 할 역할은 이런 행동방식들이 제대로 효과를 발휘하도록 적절한 업무 시스템을 설계하는 것이다.

기업들이 혁신 과정에서 저지르는 또 다른 실수 중 하나는 대규모 프레임워크(고정화된 행동방식과 루틴)를 전사적으로 밀어붙이고 조직의 모든 측면에서 그 방법론이 효과를 발휘하기를 기대하는 것이다. 하지만 이런 시도가 반드시 실패로 이어질 수밖에 없는 이유는 모든 조직, 모든 환경, 모든 사람이 다 다르기 때문이다. 반복하지만 **행동매칭**을 기억하라! 모든 상황에 비슷한 행동방식을 적용하는 방법은 성공을 안겨주지 못하고 다만 당신을 바빠 보이게 할 뿐이다.

앞서 말한 대형 금융기관의 CEO 이야기로 돌아가 보자. 그는 언러닝을 통해 새로운 업무 방식을 채택하고 이전과 다른 형태로 경영진을 관리하는 법을 실험한 뒤에, 자신들이 수행 중인 업무의 성과를 반성하는 데는 사실 그렇게 많은 시간이 필요치 않다는 사실을 알게 됐다. 그는 자신이 새롭게 얻은 통찰과 정보, 교훈을 구성원들과 공유한 뒤 행동방식을 바꾸는 작업에 돌입했다. 그는 전 직원을 대상으로 이메일을 보내 구성원들의 심리적 안전감을 높이고 용기를 북돋웠으며, 그들의 학습불안을 줄여주었고, 성장 마인드셋을 장려했다. 그가 이끄는 경영진은 새로운 행동방식을 재학습하고 매주 그 결과를 세심하게 반성함으로써 전환점에 도달했다. 그들이 깨달은 것은 과거 자신들이 과업을 실행하는 데만 열중해서 그 과업이 실제 당면한 문제를 해결했거나 목표로 했던 결과물을 도출하는 데 기여했는지 여부를 전혀 돌아보지 않았다는 사실이었다.

더 큰 전환과 비범한 성과를 달성하는 데 필요한 마지막 퍼즐 조각은 언러닝의 속도에 박차를 가하는 것이다. 실험과 세심한 실천을 결합하면 급변하는 세상에 더 잘 대응할 수 있다. 토머스 에디슨은 세간에 '발명 공장'이라고 알려진 자신의 멘로파크Menlo Park 연구소를 운영하던 시기에 이미 비움학습, 재학습, 전환의 위력을 이해하고 있었다.[5] 에디슨과 그의 팀은 얼마나 많은 시간을 일하느냐가 아니라 실행하는 실험의 수를 최적화하는 데 관심을 기울였다. 에디슨의 운영 방식은 오늘날 실리콘밸리 기술 기업과 매우 비슷했다. 그들에게 오전 9시부터 오후 5시까지 근무한다는 개념 따위는 없었다. 직원들은 필요하면 밤새워 일하고 다음날 잠을 잤다. 모든 것은 베타 버전이었고, 그들이 원하는 성과와 돌파구를 찾을 때까지 쉼 없이 실험했다. 그 결과 획기적인 제품들이 탄생했다.

레오나르도 다빈치에게는 '할 일 목록'이 없었다. 대신 '발명할 물건의 목록'이 있었을 뿐이다. 그는 시장에서 구매할 물건의 목록(과일, 채소, 고기 등)을 적는 대신 자신이 추구하는 포부와 결과물에 관련된 질문과 답변의 목록을 수없이 작성했으며, 이런 과정을 통해 불확실성과 미지의 세계를 탐구했고 끊임없는 호기심을 발휘했다. 질문을 통해 문제를 해결하는 다빈치의 접근방법은 그가 살던 시대에는 가히 혁명적인 발상의 전환이었다. 그로부터 한 세기가 훨씬 지난 뒤에 등장한 프랜시스 베이컨Francis Bacon과 갈릴레오 갈릴레이Galileo Galilei는 다빈치의 방식을 참고해서 자신들의 과학적 방법론을 개발했다. 다빈치가 작성한 목록을 일부만 소개하면 다음과 같다.

- 밀라노와 밀라노 교외의 크기 측정하기
- 수학 잘하는 사람을 찾아 삼각형과 같은 면적의 사각형 그리는 법 배우기
- 메세르 파지오Messer Fazio(파비아의 의학 및 법학 교수—옮긴이)에게 인체의 비례에 대해 배우기
- 수력 전문가를 찾아 롬바르드식으로 갑문, 운하, 제분기 수리하는 법 배우기
- 프랑스인 전문가 조반니가 내게 약속한 대로 태양을 측정하는 법 배우기[6]

위대한 리더들이 훌륭한 답변을 얻어내는 이유는 훌륭한 질문을 하기 때문이다. 그들은 수많은 질문을 쏟아냄으로써 자기 자신을 위해, 자신과 함께 일하는 사람들을 위해 비움학습하고, 재학습하고, 전환에 도달하는 속도를 높인다. 언러닝 사이클을 더 자주 실천하고, 더 많이 실험하고, 더 풍부한 정보와 통찰을 얻을수록 행동방식과 의식구조를 더욱 효율적으로 바꿀 수 있다. 이런 효과가 축적되면서 우리가 기하급수적인 성장을 달성할 가능성은 점점 커진다. 앞이 보이지 않는 불확실성 속에서 이 사이클을 반복하는 가운데 무엇이 효과가 있고 무엇이 그렇지 못한지 파악했기 때문이다. 다음 차례의 실험이 진행될 때마다 당신이 얻어내는 교훈의 양이 증가하고 그 교훈이 다음 실험에 피드백을 제공함으로써 기하급수적인 성과가 달성되는 것이다.

에디슨이나 다빈치 같은 사람들은 이런 사실을 이미 알고 있었다. 그들은 비움학습, 재학습, 전환의 사이클을 더욱 빠르고 저렴한 비용으

언러닝

로 반복할 수 있도록 자기 자신과 업무 방식을 최적화했다. 현대의 기업들도 이런 접근방식의 혜택을 인지하고 있다. 세계에서 가장 크고 성공적인 회사들이 대부분 기술 기업인 이유는 그들이 고객과 상호작용하는 방법을 발견하고 고객의 행위를 속속들이 파악할 수 있는 플랫폼을 구축했기 때문이다. 그들은 회사가 진실이라고 믿는 바가 정말 옳은지 확인하기 위해 대규모의 언러닝 사이클을 지속적으로 실시하고 여기에서 도출된 정확한 데이터를 기반으로 제품과 서비스를 디자인하는 접근방식을 활용한다.

오늘날 가장 혁신적이고 성공적인 기업들은 매년 수천 건의 실험을 한다. 아마존의 창업자 제프 베이조스Jeff Bezos는 이렇게 말한다. "아마존의 성공은 우리가 하루, 한 주일, 한 달, 한 해에 얼마나 많은 실험을 수행하느냐에 달려 있습니다. 우리는 더 많은 실험을 할 수 있도록 실험에 소요되는 비용을 줄이려고 노력 중입니다."[7] 아닌 게 아니라 아마존의 실험 행진은 끝이 보이지 않는다. 아마존의 프라임 서비스 담당 글로벌 부사장 그레그 그릴리Greg Greeley는 이렇게 언급한 바 있다. "아마 우리 팀은 이렇게 생각하겠죠. '와, 정말 숨 쉴 틈이 없네.' 하지만 그동안 이 회사가 해온 방식으로 미루어 보면 앞으로 우리가 더 빠른 속도로 움직인다 해도 전혀 놀랄 일이 아닙니다."[8]

2011년, 아마존은 회사가 11.6초마다 새로운 소프트웨어를 배포할 수 있는 역량을 구축했다고 발표했다. 그 말은 이 회사가 앞으로 11.6초마다 뭔가를 새롭게 발견할 수 있다는 뜻이다.[9] 아마존은 책을 판매하는 비즈니스로 시작된 자사의 웹사이트만을 실험하고 언러닝한 것이 아니었다. 이 회사는 음성 기반의 개인 비서 시스템 에코Echo, 전자책

단말기 킨들Kindle, 클라우드 서비스인 아마존 웹서비스AWS, 온라인 마켓플레이스 등을 포함한 수많은 제품과 서비스를 망라해서 혁신을 달성했다. 이 플랫폼들은 서로 지원하고 정보를 제공하는 과정에서 고객의 특성, 행위, 습관 등에 대한 가치 있는 데이터를 수없이 축적했다. 그리고 이 모든 데이터는 의사결정에 필요한 정보를 제공하고 조직적 학습을 위한 강력한 선순환의 고리를 창조하는 역할을 했다.

언러닝은 세심하게 의도되고 통제된 실천의 행위다. 언러닝은 조직의 모든 사람이 안락하고 예측 가능한 상태에 머물기보다 불확실성과 미지의 세계를 포용하도록 용기를 불어넣으며, 당신의 구성원들과 조직을 독려해서 과거의 성공을 내려놓고 비범한 성과를 달성할 수 있도록 해준다.

2부

언러닝으로
개인과 조직을
혁신하는 법

혁신이란 비즈니스에 뭔가를 더
보태는 것이 아니라 제거하는 것이다.
– 아드리안 콕크로프트 Adrian Cockcroft

물건은 관리해야 하지만 사람은 이끌어야 한다.
- 해군 제독 그레이스 호퍼 Grace Hopper

임원이나 관리자들이 가장 먼저 언러닝해야 할 대상은 오늘날에도 여전히 산업혁명 시대에 기반을 두고 있는 그들 자신의 조건화된 리더십 스타일이다. 리더는 모든 사람에게 명확한 목표, 취지, 방향을 제시함으로써 우리에게 어떤 일이 필요하고 그 일이 왜 중요한지 명백히 밝힌 뒤에 즉시 멈춰 서서 입을 다물고 구성원들의 이야기를 들어야 한다. 다시 말해 현장의 상황을 누구보다 잘 알고 담당 분야에 가장 지식이 풍부한 구성원들에게 목표에 도달할 방법을 찾아내는 일을 위임해야 하는 것이다.

하지만 낡아빠진 의식구조, 명령과 통제처럼 시대에 뒤떨어진 방법론에 사로잡힌 리더들은 자신의 편의를 위해 설계한 통제 시스템으로 구성원들을 시시콜콜 관리하면서 조직 전체의 무한한 가능성에 제동을 건다. 어쩔 수 없이 이런 경영 방식을 따라야 하는 구성원들은 아무런 생각이나 질문을 하지 못하고 그 어떤 일에도 통제력을 행사하지 못하면서, 그저 주어진 업무를 잠자코 수행하기만 하는 로봇으로 변해간다. 그런 한편 비용을 줄이고 더 많은 산출물을 내놓으라는 끝없는 압박에 시달린다. 그런 구성원들은 문제를 스스로 해결하는 방법을 잊어버릴 뿐 아니라, 자기가 뭔가를 직접 생각하는 데 공포감을 느낄 만큼 아무런 권한이 없는 상태에 익숙해진다.

이런 학습된 무력감이 혁신을 가로막으면서 회사의 발전은 정체되거나 더 심한 경우 뒷걸음친다. 그로 인해 조직 구성원들이 너도나도 책임을 회피하고 상사의 승인 없이는 아무런 의사결정도 내리지 못하는 왜곡된 결과가 빚어진다. 정보가 풍부하고, 최신 상황에 정통하고, 고객으로부터 가장 가까운 곳에 위치한 구성원들이 근무하는 최전선에서 아무런 의사결정이 이루어지지 않는다면, 그 조직은 좌초될 수밖에 없다. 임원이나 관리자들은 구성원들이 왜 좀 더 솔선수범해서 일하지 않느냐고 불평을 늘어놓지만, 그런 리더 밑에서 일하는 구성원들은 따르는 법만 배웠을 뿐 이끄는 법을 알지 못한다. 그들은 행여 잘못된 의사결정을 내릴까 두려워하며 조금이라도 중요한 의사결정은 철저히 회피한다. 그 결과 누구도 아무런 의사결정을 내리지 않는 절망적인 기능장애 속으로 조직 전체가 침몰해버린다.

리더들이 더 강력한 통제력을 행사하기 위해서는 운전대에서 스스로 손을 떼고, 업무 상황에 가장 정통한 구성원들에게 의사결정을 맡기고 그 결과에 책임을 지게 해야 한다.

리더들은 자신이 모든 문제의 해답을 알지 못하며(사실 그럴 필요도 없고), 그 답은 구성원들에게 있다는 사실을 재학습해야 한다. 그들이 지속적인 전환을 달성하기 위해서는 구성원들에게 목표와 방향을 제시한 뒤에 옆으로 비켜서서 구성원들이 그 목표에 적합한 방식으로 문제를 해결하는 모습을 지켜보는 자세가 필요하다. 요컨대 리더의 역할은 어떤 목표를 달성해야 하는지에 대한 전후맥락을 구성원들에게 제공하고, 그 일이 왜 중요한지 설명하고, 구성원들이 자신의 권한과 주어진 여건에서 최선의 조치를 통해 원하는 성과를 달성할 방법을 스스로 찾아낼 수 있는 시스템을 구축하는 것이다.

조건화된 리더십이 언러닝을 가로막는다

대부분의 관리자는 다른 사람들이 문제에 대한 해답과 해결책을 찾도록 돕는 능력보다 자신이 어떤 일을 언제 해야 하는지 스스로 판단하는 능력, 어떤 문제든 즉시 해답과 해결책을 제시하는 능력을 발휘해서 현재의 위치에 오른 사람들이다. 그들은 이런 행동방식 덕분에 승진, 급여 인상과 보너스, 회사의 인정 등을 포함한 온갖 보상을 받는다.

그러나 높은 자리로 이동할수록 다양한 환경에 맞춰 언제 어떤 일을 해야 하는지 판단하기는 점점 어려워진다. 관리 영역이 너무 넓어졌고, 조직 전체에서 밀려드는 데이터의 양도 엄청날 뿐만 아니라, 과거에 이미 검증됐던 관리 방식들로 하나둘씩 약효가 떨어지기 시작한 탓이다. 세간에서는 이런 현상을 피터의 법칙Peter Principle(조직의 상위 직급이 필연적으로 무능한 인물로 채워질 수밖에 없다는 이론—옮긴이)이라고 부른다. 본인의 능력 한도를 넘어서는 위치까지 승진한 관리자들은 자신의 무능함을 남에게 들키지 않고 자리를 지키기 위해 안간힘을 쓴다. 그런 관리자들은 행복하지 않고, 효율적이지 못하며, 타인의 발전을 가로막는다.

그런 리더들은 어떤 일을 어떻게 해야 하는지 알지 못하고 자신의 부족함도 깨닫지 못하면서 노엘 버치Noel Burch가 '무의식적 무능력 unconscious incompetence'[1]이라고 이름 붙인 단계, 즉 자신의 무능력조차 스스로 인지하지 못하는 단계에 정체돼 버린다. 그래서 언러닝을 실천하기에 가장 적합한 시점, 그 중요하면서도 미묘한 변곡점을 놓치는 사람은 수없이 많다.

당신이 오랫동안 길들어 있던 리더십 스타일을 효과적으로 언러닝하는 방법 중 하나는 세계를 새로운 방식으로 경험하고 관찰할 수 있도록 주위 환경을 바꾸는 것이다. 우리는 이런 변화를 통해 일상적인 관점에서 벗어나고 근시안적인 사고방식을 탈피함으로써 더욱 새롭고 생산적인 환경을 구축할 수 있다. 이는 일 년에 한 번 열리는 '혁신의 날' 행사나, 경영진이 분기별로 함께 모이는 회의 따위로 해결할 수 있는 일이 아니다. 물론 실리콘밸리에서 한 주간 진행되는 혁신 전시관 견학에 참석해서 비즈니스를 되살릴 꿈을 꾸는 것과도 아무런 상관이 없다. 행사를 마친 뒤 당신 책상으로 돌아오면 모든 일상이 똑같이 반복되기 때문이다.

앞서 살펴본 글로벌 금융기관의 CEO는 자신과 자신의 팀이 달성한 성과를 반성할 공간을 마련하고 이를 일상적 업무의 일부로 정착시킴으로써 전환점에 도달했다. 그들이 진정한 전환을 이룩하기까지는 기존의 행동방식을 언러닝하고, 새로운 기술과 관점을 재학습하고, 본인과 조직의 효율성을 가로막는 수많은 방해물(공교롭게도 이런 방해물을 설계하고, 옹호하고, 만들어낸 사람들은 종종 그들 자신이다)을 극복할 수 있는 환경을 구축하는 과정이 필요했다. 우리는 IAG의 핵심 리더 여섯 명을 무려 8주간이나 업무에서 탈출시키고 그들로 하여금 의도적으로 언러닝을 실천하게 하는 급진적인 접근방식을 채택했다. 당신은 어떤 일을 시도해볼 생각인가?

언러닝의 힌트들

- 당신이 구성원들을 이끄는 방식을 진정으로 언러닝한 마지막 순간은 언제인가?

- 그 사건은 어떤 자극으로 인해 발생했나?

- 당신은 그 사실을 인정했고, 공개했고, 소통했나?

- 당신은 자기가 무의식적 무능력 단계에 놓여 있다거나 본인의 행위나 관점에 전환이 필요하다는 사실을 어떻게 알게 됐나?

- 당신이 언러닝을 더 의도적으로 실천하려면 어떻게 해야 할까?

- 당신이 목표 지점을 향해 가는 데 도움이 되는 가장 작은 단계는 무엇인가?

진정한 리더는 팀이든, 사업부든, 회사든 처음 업무를 시작했을 때보다 더욱 나은 상태로 조직을 발전시킨 뒤에 자리를 물러나는 사람이다. 그들은 자기가 떠난 뒤 오랜 시간이 지나도 조직의 구성원들이 새로운 기술, 역량, 지식을 바탕으로 미래에 대비할 수 있는 환경을 구축한다. 얼마나 많은 리더가 그런 목표를 성취했다고 자신 있게 말할 수 있을까? 언러닝 경영이란 곧 재학습의 리더십을 의미한다. 이 장에서는 언러닝 경영이 필요한 이유와 이를 수행하는 방법에 대해 집중적으로 논의해보려고 한다.

조건화된 구시대 리더십의 문제점

당신이 1918년으로 시간을 이동해서 어느 공장의 관리자로 일하게 됐다고 상상해보자. 담당 업무는 농기구에 장착될 가솔린 내연기관을 제작하는 노동자들을 관리하는 일이다. 당신은 당대의 관리자답게 프레드릭 테일러Frederick Taylor가 1911년에 출판한 획기적인 저서 《과학적 관리법The Principles of Scientific Management》에 푹 빠져 있다. 당시 미국의 모든 기업(농장, 공장, 중소기업, 정부기관 등을 가리지 않고)은 너나없이 테일러의 방법론을 순식간에 받아들이고 이 원리를 바탕으로 업무 프로세스의 비효율성을 제거하고 생산성 극대화를 도모했다. 그들이 생산성을 측정하는 주된 기준은 산출물의 양이었다.

테일러리즘Taylorism이라고도 알려진 테일러식 관리기법의 핵심은 노동자에게 어떤 일이 주어지든 그가 직무를 수행할 때 거쳐야 하는 작업

순서와 단계를 사전에 명확히 규정하는 데 있었다. 당신이 1918년에 공장에서 어떤 노동자에게 여덟 개의 6인치 강철 볼트를 사용해 엔진의 밸브 헤드를 실린더 블록 위에 접합하는 직무를 맡겼다고 가정해보자. 테일러의 이론에 따르면 노동자가 업무를 수행하는 데 가장 효율적인 작업 순서는 관리자가 결정하게 되어 있다. 따라서 당신은 그 노동자가 상자에서 볼트 하나를 꺼내 밸브 헤드 윗부분의 구멍에 밀어 넣고, 렌치로 정확히 10바퀴를 돌려 고정한 다음 나머지 일곱 개 볼트도 똑같은 순서로 접합하는 동작을 반복하도록 작업의 순서를 정한다.

해당 부서의 관리자인 당신은 각 동작의 소요 시간을 측정한 결과 이것이 가장 효율적인 작업 순서이며, 이 방식을 사용하면 전체 작업이 45초 내에 완료될 거라는 결론을 얻었다. 그런데 어느 노동자가 이 작업을 더욱 효율적으로 수행할 수 있는 아이디어를 제시한다면 어떨까? 아마 당신은 그의 말을 들으려고도 하지 않을 것이다. 당신 생각에 그 문제는 이미 해결됐으며 노동자가 할 일은 단지 그 해결책을 수행하는 것이다. "시간 낭비하지 말고 자리로 돌아가서 일하세요." 당신은 이렇게 말할 것이다. 노동자는 그 말을 따를 수밖에 없다. 그렇지 않으면 일자리를 잃을지도 모르기 때문이다.

안타까운 사실은 오늘날에도 수많은 관리자가 이런 산업혁명 시대의 낡아빠진 환상 속에서 살아간다는 것이다. 구성원들은 문제를 해결하기 위해 새롭고, 대안적이고, 혁신적인 방법을 제시할 권한이 없다. 관리자들이 이미 모든 문제를 '해결'했으며, 그 해결책을 더욱 발전시키는 일에 대해 호기심을 잃어버렸기 때문이다. 노동자의 역할은 생각하는 것이 아니라 주어진 작업을 수행하는 것이다. 이런 식으로 조건화된 리더십 스타일과 행동방식은 21세기에도 대부분의 조직에 만연할 뿐만 아니라 구성원들이 여전히 이를 배우고, 본받고, 학습하고 있다. 대부분의 조직에서 가동 중인 경영 시스템은 구성원들에게 이런 행동방식을 강요하고 이에 대해 보상을 제공한다. 저명한 경영 사상가 게리 하멜 런던 경영대학원 교수는 이런 시대적 현상에 대해 이렇게 표현했다. "당신의 회사는 21세기의 인터넷 기반 사업 모델, 20세기 중반에 형성된 관리 절차, 그리고 19세기에 발명된 경영 원칙에 바탕을 두고 있다."[2]

100년 전에는 명령과 통제 기반의 접근방식도 효과가 있었을지 모른다. 당시 대부분의 회사에서 일하는 노동자 중에 교육을 받은 사람은 몇몇에 불과했고, 그들의 업무는 단순반복적인 수작업이 전부였기 때문이다. 하지만 변동성volatility, 불확실성uncertainty, 복잡성complexity, 모호성ambiguity(흔히 줄여서 VUCA뷰카라고 부른다.—옮긴이)이 개인의 역할이나 업무 현장의 모든 측면을 지배하는 오늘날에 그런 경영 방식은 더 이상 통하지 않는다. 현대의 관리자들이 아무리 높은 학식을 쌓았다고 해도 제품을 만들고 조직을 운영하는 일을 포함해 온갖 일을 수행하는 데 필요한 정보를 한 사람이 축적하기는 불가능하다.

다시 말해 관리자 한 사람이 모든 팀원의 업무적 지식을 전부 독점할 수는 없다. 이는 관리자나 구성원들의 능력을 제한하는 비현실적인 경영 행태다.

재학습의 리더십은 어떤 형태인가

오래전 경영학의 권위자 피터 드러커는 지식 노동자knowledge worker라는 새로운 종류의 노동자를 세상에 소개하며 이들을 '육체적 기술이나 물리적 힘이 아닌 지식을 업무에 적용하는 사람들'[3]이라고 정의했다. 그리고 공장 노동자들을 감독 및 관리하는 방식으로 지식 노동자들을 대해서는 안 된다고 주장했다.

> 지식 노동자는 조직이 필요로 하는 목표와 결과물을 미리 알아야 올바르게 의사결정할 수 있다. 그는 감독의 대상이 되기보다 자기 스스로 방향을 결정하고, 관리하고, 동기부여해야 한다. 하지만 자신의 지식과 업무가 전체 비즈니스에 어떻게 기여하게 될지 알지 못한다면 그는 그런 행동을 취하려 들지 않을 것이다.[4]

훌륭한 리더는 업무의 목적, 취지, 성취할 결과물을 명확하게 정의하고, 구성원들이 실험을 통해 목표 달성을 위한 최선의 방법을 독자적으로 찾아낼 수 있는 시스템을 구축한다. 당신에게는 반反직관적으로 들릴지 모르지만, 모든 관리자는 본인의 통제력을 내려놓고 구성원들이 스스로 의사결정하도록 그들에게 통제력과 권한을 위임해야 한다.

다시 말해 리더의 책무는 구성원들이 잠재적 선택지들을 빠르고, 값싸고, 안전하게 실험할 수 있는 시스템을 설계해 목표를 달성할 방법을 알아서 찾아내도록 배려하는 데 있다. 리더와 팀은 목표에 함께 동의해야 하며 책임의 의미에 대한 이해도 공유해야 한다.

리더는 업무의 목표와 취지를 구성원들과 소통하는 과정에서 그들이 스스로 생각하고, 문제를 해결하고, 조직적 역량을 쌓는 작업을 시작하도록 도와야 한다. 리더는 구성원들에게 필요한 질문을 하고, 고려사항을 제안하고, 이 그룹이 직면한 문제의 난이도에 따라 적절한 피드백 고리를 만들어내는 방식으로 코칭과 지침을 제공할 수 있을 것이다. VUCA의 수준이 높은 상황에서는 될수록 짧은 기간 내에 신속한 피드백이 도출되도록 해야 한다. 반면 리스크가 작은 문제일수록 상대적으로 실패에 안전하다. 이런 관리 방식은 구성원들이 스스로 의사결정하고, 자신의 일에 심리적으로 주인의식을 갖고, 실천을 통해 학습하도록 독려하는 역할을 할 것이다.

군대식 명령과 통제의 신화

내가 리더들에게 명령과 통제의 고삐를 늦춰야 조직의 성과를 향상시킬 수 있다고 조언할 때마다 몇몇 사람이 꼭 이렇게 반론을 제기하곤 한다. "잠깐만요. 군대는 고성과 조직이지만 명령과 통제 기법을 활용하잖아요."

사실 군대가 명령과 통제를 포기한 것은 나폴레옹 전쟁 직후인 19세기의 일이다. 나폴레옹은 이 전쟁에서 기동전maneuver warfare이라는 개념을 최초로 선보였다. 그는 소규모 그룹의 병사들에게 권한을 분산시켜 그들이 전장을 스스로 이동하고, 그때그때의 상황과 부대원 각자가 소유한 기술에 따라 직접 의사결정을 내릴 수 있도록 했다.

나폴레옹의 군대가 이 전략을 성공적으로 수행할 수 있었던 비결은 그가 임무의 취지와 기대하는 성과를 자신의 부대원들과 명확하게 소통한 데 있었다. 병사들은 자신이 달성해야 할 목표(예를 들어 적으로부터 고지를 탈환하는 일)와 그 취지를 정확히 파악했고, 이 목표를 성취할 방법을 직접 결정할 권한을 부여받았으며, 덕분에 현장의 상황에 신속하게 대응하고 즉석에서 작전을 변경할 수도 있었다.

이런 접근방식이 고안된 배경에는 그때의 시대 상황도 한몫했다. 당시 군대 규모가 점점 커지면서(지휘관과 병사들의 거리가 몇 마일씩 벌어지는 일도 예사였다) 부대 간의 소통이나 긴밀한 협력은 갈수록 어려워졌고 전투에서 치명적인 실수가 발생할 가능성도 커졌다. 소규모 부대가 상부의 명령을 기다릴 필요 없이 직접 작전을 수행할 수 있도록 권한을 부여하는 전략은 그들에게 전투 현장에서의 기동성이라는 큰 장점을 제공했다.

이 지휘 방식을 한 차원 높은 단계로 발전시킨 사람이 프러시아의 장군 헬무트 폰 몰트케Helmuth von Moltke("적과 마주치는 순간 모든 계획이 쓸모없어진다"는 격언으로 유명하다)였다. 1869년 프러시아의 육군 참모총장으로 취임한 몰트케는 '대규모 부대 지휘관들을 위한 지침Guidance for Large Unit Commanders'이라는 제목의 명령서를 통해 지휘관들이 불확실성의 상황에서 대규모 조직을 이끄는 방법을 다음과 같이 천명했다. "지휘관들이 상부의 명령만을 기다리다 보면 아무리 전황이 유리하게 펼쳐져도 그 기회를 효과적으로 활용할 수 없다. 최고 지휘관이든 가장 나이 어린 병사든 아무런 조치도 취하지 않고 손을 놓고 있는 것보다는 잘못된 전술이라도 수행하는 편이 훨씬 낫다는 사실을 인식해야 한다." 몰트케의 지휘 철학에는 독일어로 아우프트락스탁틱 Auftragstaktik, 즉 임무형 지휘체계mission command라는 이름이 붙었다.

임무형 지휘체계를 도입한 리더는 부하들에게 자신의 취지와 의도 (명령의 목적과 성취해야 하는 핵심적인 성과)를 명확히 밝힌 다음, 현장의 상황에 가깝고 가장 많은 정보를 확보한 사람들에게 그 성과를 달성하는 데 필요한 의사결정을 믿고 위임한다.

명령을 언러닝하고 통제를 재학습하라

내가 관리자들을 언러닝 경영과 재학습 리더십의 길로 안내할 때마다 그들의 낡은 행동방식을 언러닝하고 원하는 목표를 달성하는 데 필요한 틀을 제시하기 위해 사용하는 방법론이 명확성 대 역량Clarity vs. Competence 모델(그림 7.1)이다. 이는 구성원들이 좋은 의사결정을 내릴 수 있는 **능력**에 대한 리더의 **자신감**을 시각화한 도표라고 할 수 있다. 이 그래프의 세로축은 특정한 임무를 왜 수행해야 하고 어떤 일이 중요한지에 대한 **명확성**의 수준을 나타내며, 가로축은 임무 수행에 필요한 의사결정 **역량**의 정도를 의미한다.

조직에 '명확성'을 제공하는 일은 리더의 몫이다. 나폴레옹은 휘하의 지휘관들과 브리핑을 할 때마다 자기가 내리는 명령이 얼마나 명확한지 테스트하기 위해 말단 병사 한 명을 불러 자신의 군화를 닦도록 했다고 한다.[5] 그 병사의 귀에 지휘관들의 대화가 들릴 거라는 사실을 알고 있는 나폴레옹은 브리핑을 마친 뒤에 그 병사에게 회의에서 논의된

▣ 그림 7.1. 명확성 대 역량

언러닝의 힌트들

당신이 이끄는 팀이나 자신이 소속된 조직에 대해 생각해보라.

- 당신이 이끄는 팀은 위의 그림에서 어디쯤에 위치하는가? 그리고 당신의 상사는 당신이 어디에 속한 사람이라고 생각하는가?
- 당신은 어느 곳을 지향해야 하는가?
- 당신은 바라던 성과를 달성했다는 사실을 어떻게 알 수 있는가?
- 당신을 목표 지점으로 향하게 해줄 작은 단계나 새로운 행동은?

작전 계획이 이해가 됐는지 물었다. 병사가 "예"라고 대답할 경우 나폴레옹과 참모들은 계획을 그대로 추진했지만, 병사가 이를 제대로 이해하지 못했거나 혼란스러워하면 작전을 더 명확하고 알기 쉽게 변경하거나 새로운 계획을 수립했다.

'역량'은 구성원들에게 적절한 훈련, 활용 가능한 도구, 새로운 행동방식을 실천할 기회를 제공함으로써 구축된다. BJ 포그의 말대로 리더가 구성원에게 새로운 행동방식(가령 좋은 의사결정을 내리는 법)을 장려한다는 말은 그들에게 그 행동을 작고 쉽게 시작할 수 있는 여건을 조성해준다는 것을 의미한다. 그런 다음에는 구성원에게 효과적인 코칭을 제공하고 그들의 역량이 강화됨에 따라 부과되는 책임의 크기를 점차 늘려야 한다. 리더 입장에서는 구성원의 역량이 성장할수록 자신의 통제를 내려놓아도 좋다는 자신감을 더 많이 축적할 수 있을 것이다.

이런 접근방식의 사례 중에 내가 가장 좋아하는 이야기가 퇴역 해군 대령 데이비드 마르케David Marquet가 쓴 《턴어라운드Turn the Ship Around!》라는 책에 나온다. 마르케 대령이 미국 핵잠수함 USS 산타페호의 함장으로 부임했을 때, 이 잠수함은 미국 해군에 소속된 전체 함정 중에 실적이 꼴찌를 달리고 있었다. 마르케는 잠수함의 원자로에 고장이 발생했을 때를 대비한 훈련을 진행하던 도중, 함장 한 사람이 모든 명령을 독점하는 현재의 체계가 극히 비효율적일 뿐만 아니라 승조원들과 잠수함을 위험에 빠뜨릴 가능성도 크다는 사실을 깨달았다. 따라서 그는 앞으로 무기(잠수함에 탑재된 미사일이나 어뢰)를 발사하는 일처럼 사람의 생명과 직결된 의사결정을 제외하고는 자신이 어떤 명령도 직접 내리지 않기로 다짐했다. 우리가 그의 결심을 언러닝 성명서로 표현한다면 다음과 같을 것이다.

나는 12개월 안에 의사결정 방식을 언러닝할 것이다.
나는 다음과 같은 조건이 충족되었을 때 언러닝을 완수했음을 알게 될 것이다.

- 무기 발사를 제외한 의사결정의 100퍼센트가 승조원들에 의해 이루어진다.

하지만 그의 결정은 해군이 기존에 운영 중이던 정책과 완전히 방향이 달랐다. 당시 미국 해군은 언제 잠수함을 잠수시키고, 원자로를 가동하고, 원자로를 정지하고, 함정을 육상전력에 연결하고, 육상전력에서 분리할지 결정하는 일을 포함해 잠수함의 함장이 내려야 할 수많은 의사결정 항목을 상세히 규정해두고 있었다.

마르케는 승조원들에게 단순히 명령과 지시를 하달하는 대신 그들에게 명령의 **취지**를 설명했으며, 이에 대한 승조원들의 생각을 되물었다. 예를 들어 그는 훈련 도중 "방향키를 최대한 좌현으로 꺾어 255 방향으로 항로 유지" 같은 명령을 일방적으로 내리기보다, 담당 승조원에게 자신의 의도는 적의 잠수함 근처로 이동해서 공격을 수행하는 것이라고 밝히고 이렇게 물었다. "자네가 보기에는 우리 잠수함이 어디로 가야 할 것 같나?" 그 병사는 질문에 대답하며 자신의 견해를 표명했다. "바로 이 지점입니다." 그러면 마르케는 명령을 확정했다. "좋은 생각이야. 그곳으로 이동하게."

그 결과 마르케의 승조원들은 명령을 기다리기보다 상사에게 명령을 요청하고, 자신에게 부여된 임무의 취지를 확인하기 시작했다. 그리고 그 덕분에 의사결정에 대한 심리적 주인의식을 갖게 됐으며 상관의 승인 없이도 본인의 능력에 따라 스스로 행동할 수 있다는 자신감을 얻게 됐다.

마르케는 의사결정에 필요한 정보가 가장 풍부하고 현장에서 가까운 사람에게 의사결정 권한을 이양했다. 그는 전체 승조원에게 명령과 통제를 위임함으로써 모든 직급의 병사를 리더로 만들었지만, 그가 한꺼번에 이런 조치를 한 것은 아니었다. 마르케 역시 크게 생각하고 작게 시작하는 길을 택했다. 그는 리더십 사다리Ladder of Leadership라는 개념을 창안하고(표 7.1), 모든 승조원을 이 사다리의 1단계에서 7단계까지 끌어올린다는 목표를 세웠다.[6]

단계	직원의 말	상사의 말
7	저는 그동안 …를(을) 했습니다.	자네는 그동안 어떤 일을 해왔나?
6	저는 …를(을) 수행했습니다.	자네는 어떤 일을 수행했나?
5	제 의도는 …하는 것입니다.	자네의 의도는 무엇인가?
4	저는 …하고 싶습니다.	자네는 어떻게 하고 싶나?
3	제 생각에는 …	자네는 어떻게 생각하나?
2	제가 보기에는 …	자네가 보기에는 어떤가? 좀 더 말해보게.
1	무슨 일을 해야 할지 알려주십시오.	자네가 해야 할 일을 알려주겠네.

⬛ 표 7.1. 리더십 사다리

언러닝

마르케는 이 표에서 조직상의 위계를 표현하기 위해 '직원worker'과 '상사Boss'라는 단어를 사용했지만, 이를 '부모'와 '아이', 또는 '교사'와 '학생' 같은 말로 얼마든지 바꿀 수 있다. 이 사다리의 1단계에서는 상사가 직원에게 과업별로 구체적인 지시를 하달하며, 최고 단계인 7단계에서는 직원이 어떤 일을 해야 할지 스스로 결정하고 자신이 수행 중인 일을 상사에게 보고한다.

리더십 사다리는 명확하지 않은 의사결정에 대한 직원들의 학습불안과 스스로 의사결정을 내릴 수 있는 역량에 대한 자신감 사이의 갈등을 상징한다. 리더는 직원과 상사라는 두 기둥으로 이루어진 이 사다리를 활용해서 직원들과 대화를 시작하고, 그들에게 사고의 기회를 주고, 그들 스스로 리더십의 규모와 범위를 확장하도록 독려할 수 있을 것이다. 마르케는 이렇게 말했다. "우리는 이 접근방식을 통해 다 같이 리더십 사다리를 오를 수 있을 겁니다."[7]

의사결정에 대한 명확성과 역량의 수준이 높을수록 리더는 직원들의 능력에 자신감을 갖고 그들에게 한 단계 높은 수준의 질문을 던질 수 있다. 직원들 역시 본인의 능력에 대한 자신감을 축적할수록 부여받은 임무의 취지에 맞춰 자신이 어떤 조치를 취했는지 주도적으로 의견을 표출할 수 있을 것이다. 또 리더십 사다리는 '권한 이양empowerment' 같은 단어들을 관찰 및 측정 가능한 대상으로 바꿔주고 당신 자신과 당신의 팀이 현재 어느 지점에 도달했는지 평가하는 데 필요한 언어적 도구를 제공한다.

USS 산타페호는 마르케 함장의 리더십하에 운영 효율성 점수가 꼴찌에서 1등으로 수직 상승했으며, 덕분에 미국 해군 함대 내에서 가장 많은 포상을 받은 잠수함 중 하나가 됐다.

예전에 나와 함께 일한 실리콘밸리의 기술기업 임원 중 하나는 6개월 내에 고객 기반을 15퍼센트 늘리고, 동시에 구성원들에게 더 많은 자율성과 책임감을 부여할 방법을 모색했다. 나는 이렇게 큰 목표를 세운 그에게 작게 시작하는 방법 하나를 제안했다. 그가 이끄는 모든 팀에 각자 세 가지의 선택지를 골라 각 선택지에 대한 장단점과, 회사가 원하는 성과를 달성하는 데 필요하다고 생각되는 일에 대한 권고사항을 제출토록 하라는 것이었다. 그 리더는 구성원들이 제안한 내용을 모두 받아들이고 그들이 수행하고자 하는 실험에도 동의하기로 했다. 그는 VUCA 수준이 높을수록 규모가 작고, 실패에 안전하고, 피드백 주기가 짧은 실험 방법을 도입해서 목표 달성 현황을 신속히 측정하라고 조직 구성원들을 독려했다.

그 리더의 의도는 6개월 내 고객 기반을 15퍼센트 확장하는 데 필요한 최선의 옵션을 선택해서 여기에 집중적으로 투자하고, 팀의 의사결정 능력을 키우고, 이를 통해 리더의 자신감을 향상시키는 것이었다. 이 목표를 달성할 방법이 무엇인지에 대해 확신이 서지 않은 팀은 다양한 선택지를 대상으로 며칠 또는 몇 주 간격으로 짧고 신속하게 반복 실험을 수행한 뒤에 그때마다 리더에게 진행 상황을 보고하도록 했다. 반면 확신의 수준이 비교적 높은 팀은 2주나 한 달에 한 번, 또는 중요한 발견을 했거나 뭔가 추가로 확인이 필요할 때만 상사를 만났다.

리더가 명령의 권한을 스스로 내려놓고 어떤 실험을 얼마나 자주 수행하고 언제 상사에게 진행 상황을 보고할지에 관한 통제력을 부하에게 전적으로 위임하는 모습을 지켜본 구성원들은 주인의식을 갖고 더욱 적극적으로 업무에 임했다. 리더와 팀이 합심해서 프로세스에 대한 짧은 피드백 주기를 설계하는 '작은 시작' 덕분에 그들은 새로운 협업 방식과 그 결과에 대한 자신감을 얻었고 혁신의 속도도 앞당길 수 있었다. 또 신속한 실험을 통해 축적된 정보를 적절한 시기에 함께 공유하는 법을 배웠을 뿐 아니라, 이 정보를 바탕으로 궤도를 수정하고, 전략을 검증하고, 팀의 방향을 가다듬고, 혁신의 속도를 높였다. 덕분에 그들은 고객 기반을 15퍼센트 늘린다는 목표를 6개월이 아니라 단 16주 만에 달성해냈다. 모든 직급의 조직 구성원이 언러닝 경영과 재학습 리더십의 여정을 작은 단계부터 시작할 수 있는 길은 바로 이런 방법일 것이다.

리더의 통제력은 구성원들에게 무엇을 하라고 일방적으로 명령하기보다 적절한 피드백의 고리를 설계해서 업무 시스템 속으로 녹여 넣고, 팀의 목표 달성 현황과 목표에 도달하는 방법 그리고 그 과정에서 학습한 내용을 세심히 측정하고 기록하는 데서 나온다.

물론 구성원들에게 어떤 일을 어떻게 하라고 명령하고 지시하는 데 길든 리더들이 이런 행동방식을 받아들이기는 쉽지 않다. 그들은 이를 불안하고 불편한 관리 방식으로 생각하기 때문에 언제라도 과거의 관리 방식으로 되돌아갈 가능성이 있다. 하지만 당신이 인내심을 발휘해서 자신의 통제력을 구성원에게 기꺼이 양보한다면(즉 리더십 사다리를 한 번에 한 단계씩 오르는 길을 택한다면) 그들을 더욱 훌륭한 인재로 키워낼 수 있을 것이며, 바로 그것이 모든 리더가 바라는 최선의 성과일 것이다.

몰입 지대

리더가 통제력을 내려놓거나 리더십 방식을 재학습할 때 참고할 수 있는 모델은 매우 다양하지만, 그중에서도 내가 가장 흥미롭게 느끼는 방법 중 하나가 비디오 게임 분야에서 개발된 '동적 난이도 조절dynamic difficulty adjustment'이다. 게임을 설계하는 사람은 자신이 만든 게임을 사용자들이 오랫동안 즐기면서 이 경험에 적극적으로 참여하기를 바란다. 하지만 게임이 너무 복잡하거나 어렵다면 사용자들은 좌절감이나 불안감을 느끼고 머지않아 게임을 그만둘 것이다. 반대로 게임이 너무 단순하고 쉬워도 그들은 지루함을 느끼고 게임에서 금방 손을 뗀다. 따라서 설계자들에게 가장 이상적인 결과물은 너무 복잡하거나 어려워서 사용자들을 그만두게 하지 않으면서도 적당히 재미있고 도전적이어서 그들을 지루하게 만들지 않는 게임일 것이다.

그림 7.2에서는 이런 이상적인 결과물에 '몰입 지대flow zone'라는 이름을 붙였다. 여기서 몰입flow이란 미국의 심리학자 미하이 칙센트미하이Mihaly Csikszentmihalyi가 창안한 개념으로, 그는 이 용어를 다음과 같이 설명한다. "사람들이 특정한 행동에 깊이 빠진 나머지, 그 외에는 다른 어떤 것도 중요하게 여기지 않는 무아지경의 상태를 의미한다. 이 경험이 너무 큰 행복감을 안겨주기 때문에 그것을 위해서라면 큰 비용을 치르더라도 계속하려 든다." 이 그림에서 보는 것처럼 몰입 지대란 도전과 능력이 적절한 조화를 이루어 자연스럽게 몰입이 형성되는 지점을 의미한다.

칙센트미하이에 따르면 몰입의 여덟 가지 특성은 다음과 같다.

언러닝

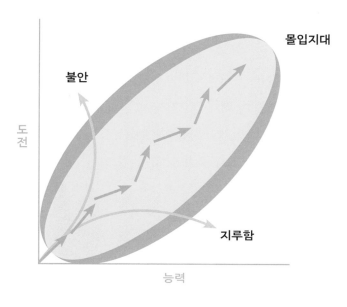

불안

몰입지대

도전

능력

지루함

☘ 그림 7.2. 몰입 지대 [8]

- 과업에 완전히 빠져든다.
- 목표나 보상이 선명하고 피드백이 즉각적이다.
- 시간이 변한다.(즉 빨라지거나 느려지는 것처럼 느껴진다.)
- 경험 자체가 보상이다.
- 노력이 들지 않고 수월하다.
- 도전과 능력 사이에 균형이 잡힌다.
- 행위와 자각이 합쳐지면서 자의식이 사라진다.
- 과업에 대한 통제력의 느낌이 생긴다.[9]

하지만 사람들은 저마다 다르다. 어떤 사용자에게는 너무 복잡하고,

어렵고, 좌절감을 주는 게임이 다른 사용자에게는 지나치게 간단하고, 쉽고, 지루할 수 있다. 결국 몰입은 깨지고 사용자들은 게임을 떠날 것이다. 게임 디자이너는 어떻게 해야 할까?

그래서 등장한 것이 캔디 크러시Candh Crush처럼 '동적 난이도 조절' 기능을 탑재한 대화식 게임이다. 이 게임은 사용자의 기술 수준에 따라 난이도를 실시간으로 조절할 수 있다. 겉으로는 상식적인 이야기처럼 들리겠지만, 디자이너가 이런 게임을 개발하기 위해서는 가장 원치 않는 일을 해야 한다. 즉 게임의 운영에 대한 통제력을 포기하고, 이 중요한 역할을 소프트웨어에 위임하는 것이다.

게임은 사람들에게 비움학습과 재학습을 거쳐 전환에 도달할 수 있는 '실패에도 안전한' 환경을 제공한다. 군대가 모의실험이나 워게임war game을 실시하는 이유, 게이머들이 같은 게임을 수없이 반복하면서 기술을 개발하고 능력을 향상시키려 노력하는 이유도 바로 이 때문이다. 미래에는 증강현실AR이나 가상현실VR 기술에 의해 이런 과정이 더욱 가속화될 것으로 보인다.

동적 난이도 조절은 리더십 환경에도 적용 가능하다. 어떤 사람들에게는 쉽게 느껴지는 행동방식이 다른 사람들에게는 어렵게 받아들여질 수 있다. 이는 앞서 살펴본 '명확성 대 역량' 모델과 관련이 깊다. 이 모델은 리더가 부여한 임무의 취지에 대한 '명확성'(의사결정에 대한 자신감)과 '역량'(구성원의 능력, 기술 수준, 과거의 의사결정 경험 등을 바탕으로 한)의 관계를 나타낸다. 이 개념의 핵심은 리더에게 끊임없이 명령과 통제를 받는 대신, 본인이 자신 있게 의사결정을 내리고 모든 일을 주도적으로 수행할 수 있는 능동적인 조직 구성원을 개발하는 데 있다.

하지만 리더가 의사결정을 위임하려면 구성원에게 자신감을 느껴야 하며, 팀원들도 그 믿음에 걸맞은 능력을 길러야 한다. 다시 말해 양측이 힘을 합해 최적의 몰입 지대를 찾아야 한다.

당신이 구성원들에게 스스로 판단해서 의사결정하도록 독려하거나 그들이 임무의 취지를 정확히 이해했는지 묻기 시작했다면, 그것은 이미 언러닝 경영과 리더십 재학습을 통해 조직적 역량과 자신감을 개발하고 이를 통해 리더십 사다리를 오르고 있다는 증거다.

당신이 구성원에게 "우리가 어떤 조치를 취해야 한다고 생각합니까?"라고 질문하는 순간, 그들은 심리적 주인의식과 책임감을 갖기 시작한다. 왜냐하면 다른 사람이 아닌 바로 그들이 의사결정의 주체가 되기 때문이다. 구성원들은 자기가 어떤 일을 시도하고 있고 그렇게 결정한 이유가 무엇인지(즉 자신의 취지가 무엇인지) 당신에게 설명하기 시작할 것이다. 리더로서 당신의 책무는 낡은 행동방식을 내려놓고 구성원들이 좋은 의사결정을 내릴 수 있는 시스템을 구축하는 데 있다. 이를 위해서는 당신이 구성원들에게 부여한 임무의 취지를 명확히 밝히고, 구성원들도 자신의 취지를 당신에게 효과적으로 설명할 수 있도록 개인적 역량을 갈고닦아야 한다.

앨런 멀럴리Alan Mulally는 보잉 상용기 부문의 CEO와 포드 자동차(그는 170억 달러의 적자에 시달리던 이 회사를 흑자로 돌려세웠다)의 CEO로 일할 때 자신이 창안한 협업 관리 시스템을 바탕으로 이 두 회사를 경영했다. 회사의 고위 관리자들은 이 시스템의 취지에 따라 매주 모여 사업계획의 진척 사항을 검토했고 문제점을 파악했다. 특정한 문제가 발견됐을 때 관리자들은 그 문제에서 업무적으로 가장 가깝고 이를 해결하기에 적절한 자리에 있는 구성원을 찾아냈다. 멀럴리는 경영진의 책무가 모든 문제를 직접 해결하는 것이 아니라, 먼저 문제가 무엇인지 파악한 다음 이를 해결하기에 가장 적합한 자격을 갖춘 구성원을 찾아내는 일이라고 굳게 믿었다.

리더들이 산업혁명 시대에 기반을 둔 명령과 통제 위주의 관리 방식을 비움학습하고, 리더십을 재학습하고, 목표와 취지 기반의 세계로 전환하기 위해서는 언러닝 사이클을 성실히 실천함으로써 모든 일을 사사건건 명령하고 의사결정을 통제하는 습관을 내려놓아야 한다. 그뿐 아니라 자신의 구성원들이 의사결정의 통제력을 넘겨받을 만한 능력이 충분하다는 자신감을 가져야 한다. 내가 리더들과 함께 일할 때마다 가장 큰 문제점을 느꼈던 대목이 바로 이 부분이다. 리더들은 자기가 모든 문제의 답을 알고 있기 때문에 리더나 관리자가 될 수 있었다고 생각한다. 그게 본인이 소유한 역량의 핵심이라는 것이다. 따라서 구성원들이 뭔가 질문했을 때 반드시 그 질문에 올바른 답을 함으로써 자신의 능력을 과시하고 명령과 통제의 권한을 유지해야 한다고 생각한다.

물론 당신 스스로 정답을 발견했을 때 두뇌에서 도파민이 샘솟는 흥분을 느낄지 모르지만, 그런 방식은 새로운 선택지의 발견을 가로막고, 다른 사람들의 생각을 불필요하게 만들고, 구성원들에게 학습된 무력감을 불러일으킴으로써 그들이 의사결정 앞에서 공포감을 느끼도록 만든다. 게다가 이는 구성원들이 회사에 기여할 기회조차 막는 행위이기도 하다.

컨설턴트로서 내 직무 중 하나는 리더가 모든 일을 직접 의사결정하는 관행에서 벗어나 구성원들 스스로가 리더의 취지에 따라 좋은 의사결정을 내릴 수 있도록 돕는 것이다. 이는 미묘하면서도 매우 강력한 변화다. 리더는 자기가 이끄는 구성원들과 함께 모든 것을 비움학습하고, 실패에도 안전한 실험을 통해 새로운 정보를 재학습함으로써 자신감과 역량을 개발해야 한다. 그래야만 더욱 효과적이고 성공적으로 전환점에 도달하고 탁월한 성과를 거둘 수 있다.

정보 기반의 의사결정 방법을 재학습하라

어떤 사람들은 리더의 자질이 원래부터 타고나는 특성이라고 생각한다. 다시 말해 애초에 리더로 태어나지 못한 사람은 절대 좋은 리더가 될 수 없으므로 아무리 노력해도 소용이 없다는 것이다. 물론 이는 말도 안 되는 이야기다. 캐럴 드웩은 이런 사고방식에 고정 마인드셋이라는 이름을 붙였다. 누구라도 훌륭한 리더(심지어 위대한 리더)를 만들 수 있는 시스템은 분명히 존재한다.

내가 리더들을 코치할 때마다 반드시 언급하고 넘어가는 전제 조건 중 하나도 바로 그것이다. 높은 성과를 올리는 개인이나 기업은 조직 내에서 정보가 가장 풍부한 사람에게 의사결정의 권한을 위임하는 시스템을 만든다. 그 구성원이 상황의 전후 관계를 가장 잘 파악하는 데다 최선의 조치를 취하는 데 필요한 역량과 기술을 지니고 있기 때문이다. 또 권한을 이양하면 당사자에게 책임감을 불러일으킬 수 있다. 리더의 사명은 개인의 행동을 일일이 통제하기보다 조직이 추구하는 성과를 구성원들에게 명확히 밝히는 것이다.

우리가 기억해야 할 점은 리더가 구성원들을 아무렇게나 신뢰하지는 않는다는 것이다. 목표 달성 가능성이 낮거나, 목표에 결함이 있거나, 목표의 수정이 필요한 조직은 리더에게 신뢰감과 신속한 피드백을 제공하는 시스템을 구축해서 상황에 대한 통제력을 행사해야 한다. 이를 위해서는 엄격한 피드백의 고리와 함께 실패에도 안전한 실험의 기회를 구성원들에게 부여함으로써 그들에게 책임감과 주인의식을 불어넣는 시스템을 구축해야 한다. 리더가 구성원들의 역량에 대한 증거를 확인하고, 구성원들도 자신이 통제력을 발휘해서 좋은 의사결정을 내릴 수 있다는 자신감을 갖는 순간, 리더는 본인에게 집중된 명령과 통제의 권한을 기꺼이 포기할 수 있다. 높은 성과를 올리는 개인이나 조직은 이런 환경 속에서 성장할 뿐 아니라 스스로 이런 환경을 만들어낸다.

그런 의미에서 아마존 웹서비스의 클라우드 아키텍처 전략 담당 부사장 아드리안 콕크로프트Adrian Cockcroft가 넷플릭스에서 근무할 때 있었던 일화를 하나 소개한다. 아드리안이 대형 은행과 소매 기업을 포함한 유명 대기업의 고위급 임원들과 회의하던 도중, 몇몇 참석자가 불평을 늘어놓았다. 자신들이 넷플릭스처럼 높은 수준의 혁신을 거두지 못한 이유는 넷플릭스만큼 훌륭한 엔지니어들을 확보하지 못했기 때문이라는 것이다. 아드리안은 테이블에 앉은 참석자들의 소속 회사를 죽 둘러본 뒤에 이렇게 말했다. "하지만 우리 엔지니어들은 모두 당신 회사 출신들입니다! 우리는 무엇을 원한다고 엔지니어들에게 말한 뒤에 옆으로 비켜서서 그들이 목표를 달성하는 모습을 지켜봤을 뿐입니다."

요컨대 내가 고객들에게 주문하는 언러닝을 통한 경영 혁신의 골자는 관리자들이 매사를 결정하는 관행을 중지하고 구성원들에게 의사결정을 넘기는 일을 의미한다고 할 수 있다. 예를 들어 토요타는 현장에서 일하는 일선 노동자들이 영혼 없는 제조 기계의 톱니바퀴 같은 존재 그 이상이며, 그들도 충분히 문제 해결사, 혁신가, 변화의 주도자가 될 수 있다고 믿었다. 조직 내의 소수 전문가 집단에게 프로세스 개선을 의존하는 미국 기업들과 달리, 토요타는 문제를 해결하거나 문제의 발생을 막는 데 필요한 기술과 도구, 허가증을 모든 구성원에게 제공했다. 다시 말해 토요타의 진정한 강점은 '평범한' 구성원들의 집단 지성을 적절히 활용하는 능력에 달려 있었다. 만일 당신이 이 회사의 임원에게 토요타가 하는 일이 무엇이냐고 묻는다면, 아마 그 사람은 토요타의 임무가 자동차를 만드는 것이 아니라, 좋은 자동차를 생산할 역량을 갖춘 좋은 구성원들을 키워내는 일이라고 대답할 것이다.

토요타가 업계에서 처음 사용한 안돈 코드Andon cords는 이 회사 공장의 조립라인 위에 설치되어 있던 줄이다. 지금은 노란색의 호출버튼이 이전과 똑같은 기능을 수행한다.[10] 조립라인에서 일하는 노동자들은 쉽고 빠르게 해결할 수 없는 심각한 문제가 발생한 경우 언제라도 이 호출버튼을 직접 누를 수 있다. 버튼이 작동함과 동시에 공장 전체의 조립라인이 정지되고 해당 작업대 위의 표지판에 불이 켜지면서 문제 발생 지점을 표시한다.

어느 노동자가 호출버튼을 눌렀을 때 관리자는 하던 일을 곧바로 멈추고 해당 작업대를 직접 방문해서 문제를 확인해야 한다. 자신의 사무실에서 작업대로 전화를 건다거나 담당자에게 이메일을 보내 조치를 요구하고 답을 기다리는 일은 없다. 다시 말해 토요타 생산 시스템과 이 회사 업무 프로세스의 핵심은 관리자들이 작업대를 물리적으로 방문해서 어느 곳에서 어떤 문제가 발생했는지 직접 확인하는 데 있다. 관리자는 해당 담당자에게 문제를 찾아주어 고맙다는 의사를 표시하고, 그에게 다섯 가지 질문을 차례로 던져 그 문제의 해결을 맡은 구성원들을 돕는다. 마이크 로서Mike Rother는《토요타 카타Toyota Kata》에서 이 질문들을 코칭 카타Coaching Kata(카타型는 '형태'를 의미하는 일본어로, 조직적 성과를 달성하는 데 필요한 패턴, 습관, 루틴 등을 뜻함—옮긴이)라고 불렀다.

1. 우리가 목표하는 상태는 무엇인가?
2. 현재 상태는 어떤가?
3. 우리가 목표 상태에 도달하지 못하도록 방해하는 방해물은 무엇이라고 생각하는가? 당신은 어떤 방해물을 제거하기 위해 노력 중인가?
4. 당신이 수행할 다음 단계의 작업(또는 실험)은 무엇인가? 당신은 그 단계에서 무엇을 기대하는가?
5. 우리는 그 단계에서 학습한 내용을 언제쯤 확인할 수 있는가?

진정한 관리자는 구성원들에게 문제를 해결하거나 수정하는 법을 알려주지 않으며 다만 구성원과 함께 업무 시스템을 개선하기 위한 실험 방법을 고안할 뿐이다.

리더의 참된 임무는 직접 문제를 해결하는 것이 아니라, 구성원들의

언러닝

업무 수행 능력을 개선하는 방법을 코치함으로써 그들이 문제를 더욱 효과적으로 해결하도록 돕는 데 있다. 구성원들은 다양한 선택지를 구상하고, 검토하고, 그 선택지들의 취지와 장단점을 설명해야 한다. 각 옵션의 혜택은 무엇인가? 잠재적 비용이나 영향에는 어떤 것들이 있는가? 리더로서 당신의 역할은 다양한 선택지의 평가 방법을 구성원들에게 지도하고, 그들이 수행해야 한다고 믿는 일에 대해 당신 자신의 입장을 정립하는 것이다.

그러므로 리더들에게 가장 중요한 질문은 '어떻게 적합한 개인에게 의사결정을 맡기고, 권한 위임에 필요한 자신감을 얻어낼 것이냐' 하는 것이다. 그 목표를 향한 여정은 작은 발걸음부터 시작되어야 한다. 다시 말해 당신이 업무 시스템 속에 녹여 넣은 피드백 고리를 통해 불확실성을 관리하고, 구성원들이 스스로 문제를 탐구하고 파악할 수 있는 자신감과 능력을 배양해야 한다.

아마존의 리더십 원칙: 자신감과 역량을 확대하라

아마존 웹서비스는 자사의 혁신적인 공공 클라우드 서비스를 전 세계에서 가장 크고 성공적인 기업들에 공급한다는 원대한 목표를 세웠다. 아마존 웹서비스는 2017년 마지막 분기에 51억 1000만 달러의 매출액을 기록하면서 44.6퍼센트의 성장을 달성했다. 덕분에 아마존 웹서비스의 연간 매출액은 174억 6000만 달러까지 치솟으면서 아마존 전체 매출의 약 10퍼센트를 차지했다.[11] 아마존 웹서비스는 마이크로소프트와 구글을 포함한 여러 경쟁자를 압도하면서 클라우드 사업 부문에서 독보적인 위치를 점하고 있다.

나는 아마존 웹서비스의 지속적인 성공 비결 중 하나가 그들의 리더십 전략이라고 생각한다. 리더십 시스템의 폭넓은 확장(리더가 구성원들에게 의사결정을 위임하는 문화)으로 특징지어지는 아마존 웹서비스의 접근방식은 아마존 리더십 원칙Amazon Leadership Principles에 그 뿌리를 두고 있다. 아마존의 조직적 취지와 이 회사가 특정한 상황에 대처하는 방식을 규정한 이 원칙들은 이곳에서 일하는 사람이라면 누구를 막론하고 반드시 따라야 한다. 말하자면 구성원들의 행동규범을 성문화한 법전인 셈이다. 이 원칙들이 단지 '리더'에게만 해당하지 않는 이유는 아마존에서 일하는 구성원들은 어떤 일을 담당하든 모두 리더로 여겨지기 때문이다. 아래에 아마존 리더십 원칙을 몇 가지만 소개한다.(amazon.jobs/principles 사이트에 접속하면 전문을 볼 수 있다.)

배우고 호기심을 발휘하라

리더는 끊임없이 학습하면서 언제나 자신을 개선할 방법을 찾아 나선다. 또 새로운 가능성 앞에서 호기심을 발휘하고 행동을 통해 가능성을 탐구한다.

크게 생각하라

작은 생각은 자기만족을 위한 소심한 예언에 불과하다. 리더는 담대한 방향을 설정하고 소통함으로써 결과를 얻는다. 또 늘 다르게 생각하고, 고객들에게 더 많은 가치를 제공할 방법을 찾기 위해 구석구석 주의를

언러닝

기울인다.

실천에 힘쓰라

비즈니스의 생명은 속도다. 대다수의 의사결정이나 조치는 언제라도 다시 되돌릴 수 있기 때문에 지나친 심사숙고는 금물이다. 우리는 계산된 모험을 높이 평가한다.

신뢰를 구축하라

리더는 주의 깊게 듣고, 솔직히 말하고, 타인을 존중한다. 또 어색함과 수치스러움을 무릅쓰고 자기 자신에 대해 냉정한 비판을 가한다. 리더는 자신과 구성원의 허물을 감추지 않고 늘 최고의 대상을 벤치마킹한다.

소신을 지켜라: 반대하고 헌신하라

리더는 동의할 수 없는 의사결정에 정중히 이의를 제기한다. 그 일이 불편하고 힘들어도 개의치 않는다. 리더는 신념과 끈기를 발휘하며 사회적 유대를 위해 자신의 소신을 포기하지 않는다. 그러나 일단 확정된 의사결정에 대해서는 완전히 전념한다.[12]

아마존 리더십 원칙은 회사가 천명한 가치와 리더십의 취지에 따라 조직 구성원들이 스스로 의사결정을 내릴 수 있는 시스템을 구축하기 위해 수립됐다. 이 원칙들 어디에서도 구성원들에게 새로운 제품이나 서비스를 출시해야 한다고(또는 하지 말라고) 강요하지 않으며, 단지 어떤 직급의 구성원에게나 이 원칙들을 바탕으로 자신의 사고방식을 수시로 되돌아볼 수 있는 역동성을 제공할 뿐이다.

당신도 조직적 시스템을 구축할 때 훌륭한 리더가 무엇인지에 대한 취지를 정의하고 모든 구성원이 그 정의에 대해 책임감을 갖도록 해야 한다. 그래야만 이 시스템을 조직 전체로 확대할 수 있기 때문이다. 아마존의 경우는 그 대상자가 56만 6000명이다.[13]

훌륭한 리더십 시스템은 스스로 리드한다

리더와 팀이 합심해서 훌륭한 리더십 시스템과 행동규범을 창조했다면 구성원들은 당연히 이를 지키려고 할 것이다. 당신의 시스템을 보호하기 위한 최선의 방안은 그 시스템의 기본 취지와 가치관이 일치하는 구성원들을 채용하고, 그렇지 못한 사람은 조직에서 내보내는 것이다. 다시 말해 시스템이 지향하는 가치를 인정하지 않는 사람은 조직에 적합한 구성원이 될 수 없다.

이 주제를 가장 잘 입증하는 사례 중 하나가 메이오클리닉Mayo Clinic에서 외과 전문의를 뽑을 때 활용하는 채용 프로세스다. 메이오클리닉은 미국을 포함한 전 세계에서 우수한 의료 인력을 끌어들이는 미국 최고의 병원 중 하나다. 이 병원에서 일하고 싶어 하는 재능 있는 후보자들은 항상 넘쳐난다. 이 병원에 따르면 훌륭한 의과의사와 그렇지 못한 의사는 기술보다 행동에 의해 판가름 난다고 한다. 따라서 그들은 의사를 채용할 때 개인보다 팀을 우선시하는 사람을 선택한다.

이 병원의 인터뷰 팀은 수많은 인재 중 메이오의 조직 문화에 적합한 사람을 고르기 위해 항상 이런 질문을 한다. "당신이 경험했던 가장 어려웠던 수술에 대해 말씀해주시겠습니까?" 그리고 그들은 후보자의 대답에 귀를 기울이며 그가 '나I'와 '우리we'라는 단어를 몇 번이나 말했는지 세심히 기록한다. 만일 '나'라는 단어가 '우리'보다 일정 비율 이상 많이 언급됐다면 그 채용 후보자는 메이오클리닉에서 일자리를 제안받기 어렵다. 외과수술이란 매우 복잡하고 어려운 과업이므로 어느 누구도 혼자서는 해낼 수 없다. 외과의사에게는 자신을 지원하는 훌륭한 팀이 필요하다. 이것이 메이오클리닉이 무엇보다 소중히 여기는 리더십 시스템의 기본 취지다. 이 시스템과 가치관이 일치하지 않는 후보자는 채용을 거부한다.

투자자 겸 기업가 레이 달리오Ray Dalio는 《원칙Principles》에서 올바른 기업문화를 정착시키고자 하는 모든 조직이 반드시 따라야 할 여섯 가지 원칙을 제시했다. 이 원칙들은 헤지펀드의 수량적 사고방식과 컴퓨터의 기계학습 처리 방식을 인적 시스템의 의사결정 프로세스에 대입해서 만들었다. 헤지펀드 역시 그들이 중요시하는 원칙을 반영한 명확성 및 역량 모델을 기반으로 자체적인 리더십 시스템을 운영한다.

- 극단적 진실과 극단적 투명성의 가치를 믿어라.
- 의미 있는 일과 의미 있는 인간관계를 배양하라.
- 실수를 저질러도 문제가 되지 않는 문화를 구축하라.
- 화합하고 조화를 이루라.
- 신뢰도 가중치believability weight가 높은 쪽으로 의사결정하라.
- 의견 차이를 극복하는 방법을 익혀라.[14]

달리오는 구성원들이 의사결정에 도달하는 과정이 극단적으로 투명하기를 원한다. 그는 이렇게 질문한다. "무조건 내가 옳다고 주장하기보다, 내가 과연 옳은지 판단할 수 있는 시스템을 만들 방법은 없을까?" 그가 이 질문에 답하기 위해 채택한 방식은 극단적 투명성, 동료들의 실시간 피드백, 알고리즘 처리 능력을 사용하여 만든 일종의 아이디어 장터를 활용하는 것이다. 그는 이런 일련의 장치를 통해 구성원들에게 적극적인 의사 표현을 독려하고, 그들로부터 진실을 이끌어내고, 구성원들의 신뢰도를 평가해서 순위를 매긴 뒤, 집단적 의사결정에 그 정보를 참조한다.

그중 하나가 회의 참석자들이 동료들의 성과에 대해 그 자리에서 실시간으로 피드백을 제공하는 시스템이다. 만일 내가 리더십에 대해 논의하는 회의에 참석했다면 참석자들에게는 이런 질문이 주어질 것이다. "현재 배리의 신뢰도를 0부터 10까지의 숫자로 표현한다면?" 그리고 회의에 참석한 모든 사람은 그 질문에 실시간으로 답한다. 지나치게 극단적인 투명성이라고 생각될지도 모르지만, 한편으로는 매우 정확한 데이터를 기반으로 한 자동화된 접근방식일 수도 있다. 사람들이 피드백을 제공할수록 점점 많은 데이터가 축적된다.

그 결과 다른 조직 구성원들이 특정 구성원의 자신감과 능력을 평가한 점수에 따라 해당 구성원에게 의사결정의 권한이 주어지는 자동화된 리더십 시스템이 구축된다. 물론 모든 사람이 이런 시스템을 사용하지는 못하겠지만, 고성과를 지향하는 인적 관리 시스템이 기술의 힘을 빌려 얼마나 발전할 수 있는지 잘 보여주는 사례라고 하겠다.

리더는 구성원들이 더 나은 의사결정을 내리게 도울수록 자기가 모든 것을 직접 결정하는 습관을 더 효과적으로 포기할 수 있다. 훌륭한 리더는 자신의 취지와 목표를 선명히 밝히고, 구성원들이 자신감과 능력을 바탕으로 스스로 의사결정할 수 있는 조직적 역량을 구축한다. 이를 위해서는 먼저 구성원들을 이끄는 방식을 과감히 언러닝함으로써 매사를 직접 결정하는 습관을 내려놓을 필요가 있다.

리더는 정보가 가장 풍부하고 현장에서 가장 가까운 구성원에게 의사결정의 권한과 책임을 위임하기 위해 노력해야 한다. 수많은 회사가 성장의 문턱을 넘지 못하고 정체되는 이유 중 하나는 구성원들에게 충분한 의사결정의 기회를 제공하지 않기 때문이다. 그런 회사에서 일하는 구성원들은 자신의 아이디어를 제시하기 위해 수없이 회의에 참석하고 수많은 명령 계통을 오르내린다. 게다가 리더의 승인(또는 거절)을 얻어내려면 두터운 관료주의와 불필요한 요식행위의 숲을 돌파해야 한다. 이런 상황에서는 어떤 의사결정이 이루어지든 프로세스가 너무 늘어질 수밖에 없다. 리더가 해야 할 일은 자신이 희망하는 결과물에 대해 구성원들과 명확히 소통하고, 그 목표를 향한 최선의 의사결정을 구성원들의 손에 맡기는 것이다.

그러기 위해서는 리더가 운전대에서 미련 없이 손을 떼는 용기를 발휘해야 한다. 당신 생각에 그런 행보가 너무 급진적이고 위험부담이 크다고 느껴진다면, 일단 크게 생각하고 작게 시작하는 전략을 통해 구성원들에게 좋은 의사결정을 내리는 방법을 먼저 가르쳐야 한다. 당신 앞에 불확실성이 높은 의사결정의 주제가 놓여 있다면, 피드백 주기를 짧게 단축하고, 수시로 정보를 수집하고, 계획을 수정하고, 다시 시도하라. 이런 방식을 통해 당신의 낡은 리더십 방식과 조건화된 습관을 언러닝하고 더 나은 행동방식을 재학습함으로써 당신 자신도 좋은 리더가 되고, 구성원들 역시 좋은 리더로 탈바꿈시킬 수 있을 것이다. 당신이 도달해야 할 전환점이란 모든 구성원이 훌륭한 리더가 되어 조직 전체로 리더십의 규모를 확장하는 순간을 의미한다.

그러나 당신 혼자서는 절대 이 목표를 이룰 수 없다. 모든 사람이 한마음으로 목표를 향해 노 저어 갈 때, 당신은 리더십을 확장하고, 더 많은 일을 해낼 역량을 기르고, 조직에 더 크게 기여하고, 성장할 수 있을 것이다.

8장 | 고객과 함께하는 언러닝

나는 듣기를 좋아한다.
그래서 남의 말을 주의 깊게 듣고 많은 것을 배웠다.
그러나 사람들 대부분은 절대 들으려 하지 않는다.
— 어니스트 헤밍웨이 Ernest Hemingway

우리가 비즈니스를 할 때 수행하는 모든 업무는 궁극적으로 고객을 위한 일이다. 안타깝게도 우리는 눈앞의 일에만 매달리다 고객들을 망각하고 그들의 욕구나 필요를 돌아보지 않는 경우가 비일비재하다. 특히 불평 한마디 없이 우리에게 조용히 돈만 보내주는 고객들은 더욱 그렇게 대한다. 우리는 고객들의 존재를 당연시하고, 어떻게 하면 그들을 기쁘게 해서 우리의 열광적인 팬이나 최고의 영업 팀으로 만들지 생각하지 않는다.

대부분의 기업은 고객과 소통하고 그들에게 피드백을 얻는 작업을 제품 개발의 맨 마지막 순서로 미뤄둔다. 새로운 제품이나 서비스, 또는 프로세스를 설계하고, 제작하고, 출시하는 데 엄청난 시간과 돈을 쏟은 뒤에야 비로소 고객의 의견을 묻는다. 이는 고객들에게 피드백을 구하기에는 최악의 시기다. 때가 너무도 늦어버렸기 때문이다.

우리는 고객들과 교류하고, 협력하고, 창조하는 방법을 비움학습하고, 고객들과 상호작용하고, 관계를 강화하고, 그들을 활용하는 방안을 재학습하고, 이를 통해 새로운 혁신과 전환점에 도달해야 한다. 이동통신 기업 T-모바일T-Mobile의 CEO 존 레저John Legere만큼 그 사실을 잘 알고 있는 리더도 없을 것이다. 레저가 이 회사의 CEO로 처음 부임한 2012년, 그는 사무실에 앉아 부하직원들이나 시장 분석가의 장황한 프레젠테이션을 들으며 시간을 낭비하지 않았다. 대신 팔을 걷어붙이고 직접 정보를 찾아 나섰다. 그는 고객들의 서비스 상담 전화를 청취할 수 있는 특별 전화선 하나를 자신의 사무실에 설치해서 하루에 세 시간씩 직접 통화 내용을 듣고, 소비자들이 T-모바일의 서비스를 사용할 때 마주치는 어려움이나 문제점이 무엇인지 파악했다. 레저는 이렇게 말한다. "나는 그 전화를 지금도 듣고 있습니다. 특히 내가 처음 이 자리에 부임했을 때 그 전화는 고객들의 고충에 대해 내게 큰 통찰을 제공했어요."[1]

그는 이런 방식으로 고객들의 직접적인 피드백을 여과 없이 수집할 수 있는 통로를 개설했고, 그렇게 얻은 피드백은 레저와 T-모바일 직원들 모두에게 고객 경험 개선과 제품 및 서비스 혁신에 필요한 언러닝과 재학습의 지침으로 활용됐다. 레저는 T-모바일의 제품 및 서비스와 함께 매일 숨 쉬고 살아가는 고객들로부터 자사 제품의 장단점에 대한 순수한 통찰을 얻은 것이다.

또 그는 개인적으로 사용하는 소셜 미디어(레저는 현재 수백만 명의 트위터 팔로워를 보유 중이다)를 통해서도 실시간에 가깝게 고객들의 피드백을 얻고 있으며, 그들에게 어떤 피드백을 받든 즉시 필요한 조치를 취한다. 레저는 어느 매체와의 인터뷰에서 이렇게 설명했다. "나는 우리 회사의 고객이든 다른 회사의 고객이든 모든 사람과 신속하고 꾸준한 접촉을 이어가고 있습니다. 그래야 현장에서 어떤 일이 벌어지는지 정확히 알 수 있습니다. 그건 대단히 훌륭한 피드백입니다." 레저에 따르면 어떤 사람이 그에게 개인적으로 메시지를 보낼 경우 항상 이에 답한다.

기업의 임원 중에 고객과 직접 대화하는 사람은 거의 없다. 사실 그런 생각만으로도 공포감을 느끼는 리더가 적지 않다. 대신 그들은 조직 내에서 권력을 휘두르기를 좋아하고, 큰 책상 뒤에 숨어 자기가 이 산업 분야에서 오랜 시간을 일했기 때문에 비즈니스를 가장 잘 안다고 큰소리친다. 그들은 투명성과 취약성이 부족하고, 회사가 수행한 전략이 어떤 결과물을 도출했는지에 대해서도 호기심을 보이지 않는다. 더 심각한 문제는 그들이 피드백을 얻는 일을 극구 피하는 대상이 애초에 회사가 제품과 서비스를 디자인할 때 염두에 두었던 바로 그 목표 고객들이라는 것이다.

우리가 기꺼이 귀를 기울일 의지만 있다면 고객들에게 배울 점은 한두 가지가 아니다. 성공을 바라는 사람은 고객의 말을 경청해야 한다. 현대의 놀라운 기술적 발전은 우리에게 고객의 조언을 신속하게 얻어내고, 과감하게 행동을 취하고, 기존의 방법론을 긍정적으로 개선할 수 있는 길을 다양하게 제시한다. 가장 효과적인 피드백은 현실에서 나오며, 고객들이 말하는 현실은 그 어떤 내부 구성원의 의견보다 훨씬 생생하다. 우리는 이 장에서 이 주제를 집중적으로 검토하고 당신의 조직에도 적용될 수 있는 교훈이 무엇인지 함께 살펴보려고 한다.

언러닝을 위한 정보는 어떻게 수집해야 할까?

우리가 세계를 바라보는 시야를 재조정하고, 본인의 무의식적 무능력을 자각하고, 자기가 사실이라고 믿는 것이 참인지 확인할 수 있는 최선의 메커니즘은 고객들에게 솔직한 피드백을 구하고 이를 적절히 활용하는 것이다. 그런데 왜 수많은 조직은 그 일을 그토록 어려워할까?

당신이 대기업의 임원이든, 바로 어제 개업한 스타트업의 설립자든, 또는 그 중간쯤 되는 기업을 운영하는 경영자든, 당신에게는 회사를 위해 특정한 비전을 창조하고 그 비전을 달성하기 위한 전략을 수립할 책임이 있다. 비전은 일종의 믿음이다. 그리고 비전을 달성하기 위해 당신이 수립하고 활용하는 전략 역시 믿음이다. 다시 말해 비전과 전략은 당신이 믿는 바가 참이라는 사실을 입증하기 위해 수립한 가설이며, 당신은 회사가 만든 제품과 서비스를 통해 그 가설을 테스트하고 현실화해야 한다. 그리고 당신이 다양한 출처에서 얻어낸 피드백은 그 과정을 성공으로 이끄는 필수적인 정보다.

우리가 이렇게 수집한 정보(특히 고객들이 우리의 제품과 서비스를 사용한 경험에 대한 정보)는 언러닝 사이클을 통해 무엇이 효과가 있고 없는지 이해하는 데 핵심적인 조언을 제공한다. 또 우리가 무엇을 비워내고 재학습해야 할지 판단하는 일에 도움을 주고, 우리가 전환점에 도달해서 탁월한 성과를 달성한 순간이 언제인지 알 수 있게 해준다.

당신 회사 제품의 성패는 고객이나 기타 이해당사자들로부터 그 제품의 가치에 대한 정보를 얼마나 효과적으로 얻어내느냐에 달려 있다. 또 이 피드백은 당신이 제품의 문제를 비움학습하고, 문제에 대한 개선책을 재학습하고, 그 통찰을 바탕으로 전환점에 도달하고, 탁월한 성과를 통해 당신의 회사를 선두로 도약시키는 데 중요한 역할을 한다.

오늘날 성공적인 리더들은 고객들과의 소통을 가로막는 마찰 요인들을 과감히 제거해서 현실적이고, 정확하고, 실시간에 가까운 최신의 데이터와 가공되지 않은 생생한 정보를 꾸준히 입수하는 일에 적극적으로 나서고 있다. 당신은 조직 외부의 진정한 고객들에게서 효과적인 방법으로 통찰을 얻고, 이를 바탕으로 더 좋은 의사결정을 내려야 한다. 고객의 피드백은 회사 내부의 구성원들이나 시장 분석가들이 여기저기서 끌어모은 자료를 바탕으로 상투적으로 작성한 보고서보다 훨씬 훌륭하고, 관점이 중립적이고, 양적으로도 풍부하다. 또 고객의 피드백은 기업의 임원들에게 기존의 신념을 비워내고, 재학습하고, 이를 통해 전환점에 도달할 수 있는 흥미로운 방법론을 제시함으로써 그들의 심리적 모델과 행동방식을 필요에 따라 바꿀 수 있도록 해준다.

당신의 고객은 누구인가?

기업이(그리고 기업을 경영하는 임원들이) 항상 염두에 두고 받들어야 할 고객은 두 종류다. 첫째, 기업 외부의 전통적인 고객, 즉 당신이 제품 및 서비스를 만들고 세상에 내놓았을 때 목표로 삼은 고객이다. 하지만 당신이 기업문화나 운영 절차를 수립할 때 고려해야 할 두 번째 고객은 회사가 설계한 업무 시스템이나 프로세스와 함께 일하며 살아가야 할 내부 구성원들이다. 그들이 당신의 고객인 이유는 회사가 일상적인 업무를 수행하기 위해 설계하고 구축한 기업문화와 운영 절차에 직접적으로 영향을 받는 당사자들이기 때문이다. 당신은 이 두 가지 형태의 고객(외부 고객 및 내부 고객)에게서 얻어낸 피드백을 통합해서 현재 비즈니스가 어떻게 진행되는지, 당신이 제공하고 있는 제품 및 서비스가 얼마나 훌륭한지, 그리고 제품을 어떻게 개선해야 할지 파악해야 한다.

언러닝을 위한 정보 수집 방식을 재학습하라

내가 특정 기업의 임원이나 리더들과 함께 일하기 시작할 때 처음 하는 일 중의 하나가 그들이 속한 조직에서 진행 중인 사업계획의 목록, 그 계획에 관해 최근까지 올라온 보고서들을 모두 보여 달라고 요청하는 것이다. 이 보고서들을 죽 훑어보면 때로 한두 가지 문제가 눈에 띄기도 하지만, 적어도 보고서의 내용만으로 판단하면 대부분의 사업계획이 순조롭게 진행되고 있는 것처럼 보인다. 나는 그 임원에게 이렇게 말한다. "장담컨대 당신이 여기서 보고 있는 것은 '수박 보고서 watermelon report'일 겁니다."[2] 즉 겉은 녹색이지만 속은 붉은 색깔의 보고서라는 뜻이다. 구성원들은 모든 일이 잘 돌아간다고 보고서를 제출해도 실상을 들여다보면 그렇지 않은 경우가 대부분이다.

만일 당신이 입수한 정보가 정작 고객들과 거리가 멀고, 관리자들을 두려워하고, 그럴듯한 정보를 위로 올려 보내는 일에만 정신이 팔린 팀이나 구성원들에 의해 가공되고, 여과되고, 조작되었다면 어떻게 할 것인가? 부실한 정보는 부실한 의사결정으로 이어질 수밖에 없다. 부실한 정보가 생산되는 이유는 구성원들이 부정적인 결과를 공유하기를 두려워하기 때문이다. 이는 그들의 심리적 안전감이 낮고 학습불안의 수준이 높다는 대표적인 신호다. 에드워드 데밍은 이렇게 말했다. "공포가 생겨날 때마다 당신은 잘못된 숫자를 손에 쥐게 될 것이다."[3]

이런 문제나 조짐을 사전에 파악하고 해결하는 일은 리더의 책무이자, 당신이 리더로서 부정적인 성과나 비판적인 피드백에 어떻게 대응하는지 보여주는 중요한 테스트라고 할 수 있다. 당신은 좋지 못한 소식을 들었을 때 이를 시스템 개선의 기회로 활용하는가, 아니면 특정한 개인에게 책임을 떠넘길 핑계로 삼는가? 당신은 웨스트럼 교수의 병리적, 관료주의적, 생산적 문화 모형 중 무엇을 선호하는가?

리더가 나쁜 정보를 바탕으로 나쁜 의사결정을 내리면 회사는 끔찍한 길로 들어서게 될 것이다.

나는 임원들에게 이런 질문을 자주 던진다. "당신은 정보를 어떻게 수집합니까? 회사 내부에서 층층시하의 관리자들 위아래로 오르내리는 보고서를 통해서만 구성원들과 소통합니까?" 내 경험에 따르면 대부분의 리더는 조직 내에 여러 계층의 관리자나 상사가 겹겹이 존재하는 시스템에 길들어 있기 때문에, 그런 조직에서는 정보의 '인수인계 지점handover point'이 생겨날 수밖에 없다. 이런 인수인계 지점의 수가 늘어날수록 의사결정이 지체되고, 협업이 어려워지고, 조직 내에서 실제로 벌어지고 있는 일에 대한 전후관계와 메시지가 실종된다.

이것은 단순한 문제가 아니다. 예전에 내가 코치했던 어느 대형 소매 기업의 최고경영진은 모두 본사 건물의 21층에서 일했다. 구성원들은 감히 그곳에 얼씬거릴 엄두도 내지 못했다. 임원들이 근무하는 층에는 경비원이 지키고 있었으며, 누구라도 승강기를 타고 그곳에 가기 위해서는 특별한 열쇠가 필요했다. 일반 구성원들은 임원에게 호출을 당했거나 초대받은 경우에만 그곳에 접근이 가능했다. 21층을 자유롭게 왕래할 수 있는 사람은 부사장 직급 이상의 고위 임원들뿐이었다. 이 임원들은 외부 고객뿐 아니라 내부 고객(즉 회사의 구성원들) 그리고 회사 내부를 오가는 진정한 정보로부터 자신들을 철저히 격리시킨 셈이다.

이것이 바로 수많은 기업의 임원들이 직면한 현실이다. 그들은 고결한 상아탑 속에 스스로를 가두고 조직 안팎에서 실제로 일어나는 일과 완전히 단절된 삶을 살아간다. 그 결과 자기 자신이 수집했거나(그들이 직접 정보를 구하는 일은 거의 없지만) 구성원들에게 보고받은 불충분하고 부정확하고 누락된 정보를 바탕으로 형편없는 의사결정을 하고, 조직 전체에 부정적인 결과를 안겨준다.

당신이 리더라면 정보를 수집하는 방법, 이 정보를 기존의 신념과 심리적 모델과 행동방식에 적용하는 방법을 언러닝해야 한다. 또한 당신은 고객들에게 제공한다고 스스로 믿는 가치와 고객들이 실제로 인식하는 가치 사이에 존재하는 간극을 줄이기 위해 끝없는 호기심을 발휘해야 한다.

당신의 고객들은 무엇을 생각할까?

기업들 대부분은 고객들이 원하는 제품이나 서비스를 충분히 제공한다고 생각하지만, 그런 개념 자체가 일종의 자기기만이다. 얼마 전 컨설팅 회사 베인앤드컴퍼니Bain&Company가 362개 기업을 대상으로 실시한 조사 결과는 가히 충격적이다. 조사 대상 기업 중에 80퍼센트가 자신들이 고객에게 '탁월한 경험'을 제공한다고 응답했지만, 정작 고객들에게 이 회사에서 탁월한 서비스를 제공받고 있는지 물었을 때 '그렇다'라고 답변한 응답자는 전체의 8퍼센트에 불과했다. 기업이 고객들에게 전달한다고 스스로 믿는 가치와 실제로 전달되는 가치 사이에는 이처럼 엄청난 격차가 존재한다. 이 간극을 좁히기 위한 최선의 방책은 고객의 피드백을 지속적으로 수집해서 제품과 서비스의 개선에 즉각적으로 반영할 수 있는 메커니즘을 구축하는 것이다.

또 하나 흥미로운 점은 이 조사에 참가한 기업의 95퍼센트가 자기 회사가 고객 중심적으로 운영된다고 응답했다는 사실이다. 그러나 베인앤드컴퍼니가 파악한 바에 따르면 그렇게 답변한 기업 중에 고객의 욕구를 제대로 반영해서 제품 및 서비스를 출시한 회사는 50퍼센트뿐이었고, 우수한 고객 경험을 제공하는 방향으로 조직 체계를 구축한 회사는 30퍼센트였으며, 고객들과의 사이에 효과적인 피드백 고리를 유지하고 있는 회사도 전체의 30퍼센트에 불과했다.[4]

고객 피드백의 막강한 위력을 누구보다 잘 알고 있는 T-모바일의 CEO 존 레저는 회사의 고객들로부터 가공되거나 여과되지 않는 정보를 직접 입수하는 길을 택했다. 회사에 CEO가 새로 부임하면 대개 수많은 사내 회의가 열리고, 모든 부하직원은 자기가 진행 중인 일을 주요 정보와 함께 새로운 CEO에게 앞다퉈 보고한다. 때로 신임 CEO가 회사의 서비스를 사용해본 적이 있는 몇몇 고객을 만나 대화를 나누는 경우도 있지만, 그들 대부분은 이 회사의 고객들이 겪고 있는 진정한 고충이나 문제에 대해 알지 못한다.

레저는 자기가 유용한 정보를 확보할 수 있는 최선의 방법이 사무실에 눌러앉아 구성원들로부터 회사의 문제점을 보고받는 것이 아니라는 사실을 금세 깨달았다. 당신이 당장에라도 행동으로 옮길 수 있는 생생한 정보를 수집하는 가장 좋은 방법은 고객들에게 직접 질문을 던지고, 고객의 입장이 되어 현장에서 무슨 일이 벌어지는지 이해하는 것이다. 그리고 당신의 제품과 서비스에 대한 세계관을 언러닝하는 데 그 정보를 활용하고, 향후 어떤 제품을 만들지 재학습해야 한다.

레저는 여기에서 그치지 않고 첨단 기술을 활용해서 고객의 피드백이 유입되는 통로를 최대한 확장하고 이를 바탕으로 더욱 신속하게 언러닝을 실천했다. 그는 〈하버드 비즈니스 리뷰〉에 기고한 글에서 이렇게 썼다.

내가 온라인에서 하는 일의 대부분은 고객들의 말에 귀를 기울이는 것이다. 정보를 여과해서 전달하지 않는 소셜 미디어는 그런 작업을 수행하기에 가장 완벽한 환경을 제공한다. 만일 어떤 사람이 T-모바일의 서비스에 불만을 제기하면, 나는 그에게 트위터 메시지로 내 이메일 주소를 보낸 뒤 우리가 그 문제를 해결하기 위해 내부적으로 조치를 취하고 있다는 사실을 분명히 알려준다.[5]

레저는 자신이 고객들에게서 얻은 통찰을 바탕으로 어떻게 T-모바일의 비즈니스 전략을 바꿨으며, 탁월한 전환점과 성과를 달성했는지 한 가지 예를 들어 설명했다. 그가 파악한 바에 따르면 고객들은 휴대전화 업계의 표준 관행인 약정기간 기반의 계약이나 추가 요금(로밍이나 추가 데이터 비용) 제도를 그리 선호하지 않았다. 소비자 입장에서는 이해하기도 어렵고 통제할 수 있는 대상도 아니었기 때문이었다.

레저는 자신이 도달한 전환점에 대해 이렇게 말했다. "이 분야에서 성공하기 위해서는 기존의 통신업체carrier들과 최대한 차별화된 전략, 심지어 정반대의 전략을 수립해야 한다는 사실이 분명해졌다. 우리가 언캐리어Un-carrier라고 부르는 전략은 그렇게 시작됐다."

T-모바일의 언캐리어 1.0(나중에 심플 초이스Simple Choice라고 명명됐다)은 고객들이 한 달에 50달러의 고정요금만으로 무제한 통화, 무제한 문자 메시지, 속도 제한이 없는 500MB의 데이터를 약정기간 없이 사용할 수 있는 서비스였다. T-모바일은 2013년 언캐리어 1.0을 선보인 이래 고객들의 피드백을 바탕으로 언캐리어 5.0(애플 아이폰 5S를 1주일간 무료로 '시험 가동'할 수 있는 서비스), 언캐리어 11.0(T-모바일 고객들에게 무료 서브웨이 샌드위치나 도미노 피자를 포함한 다양한 혜택 제공), 언캐리어 넥스트(일련의 새로운 규칙을 통해 가격 체계를 더욱 투명하게 만들고 기타 다양한 개선점 제공) 등 수많은 언캐리어 전략을 발표했다.

존 레저는 자신이 휴대전화 시장에 대해 알고 있다고 생각했던 기존의 지식을 비워낸 뒤에 이미 극도로 소비재 상품화된 이 시장에서 남들보다 앞서갈 수 있는 유일한 방법은 경쟁자들의 약점을 공략하는 것밖에 없다는 사실을 재학습했다. 또 구성원들이 리더에게서 판에 박힌 답변보다 진정성 있는 모습을 기대한다는 점도 깨닫게 됐다.

이렇듯 고객들에게 귀를 기울이는 전략은 결국 큰 전환점으로 이어져 T-모바일의 수익성에도 긍정적인 영향을 끼쳤다. 2018년 2월, 이 회사는 2017년 한 해 동안 570만 명의 신규 고객을 확보했다고 발표했다. 2017년의 전체 매출액은 전년도보다 8.3퍼센트 증가한 406억 달러를 기록했고 순수익은 45억 달러를 돌파했다.[6]

T-모바일이 시장을 선도할 수 있었던 또 다른 비결은 선불 요금제 시장을 완전히 장악한 데 있었다. 레저는 서비스 상담 전화 청취만을 통해 약정기간이나 추가 요금처럼 소비자 입장에서 이해하기 어렵고 구매절차를 복잡하게 만들 뿐인 정책이나 절차에 대해 고객들이 고충을 느끼고 있다는 사실을 발견함으로써 이런 전환점에 도달했다. 레저와 T-모바일이 탁월한 성과를 달성한 것은 이런 마찰 요인을 적절히 언러닝했기 때문이다.

언러닝의 힌트들

- 당신은 회사의 비전과 전략, 제품 및 서비스가 얼마나 훌륭한 가치를 제공하는지에 대한 정보를 어떻게 수집하는가?

- 당신이 고객과 구성원으로부터 지속적으로 피드백을 얻을 수 있는 장치는 무엇인가? 그것은 얼마나 효과적인가?

- 당신의 제품 및 서비스가 얼마나 잘 기능을 수행하는지 또는 혁신의 여지가 있는지에 대해 수집한 정보가 당신에게 새로운 통찰을 제공한

마지막 순간은 언제인가? 그 정보 수집 과정은 얼마나 의도적으로 진행되었는가?

- 당신은 그렇게 수집한 정보를 어떻게 언러닝 사이클에 반영해서 고객의 성장을 제한하는 회사의 정책, 절차, 전략 등을 비워낼 수 있는가?

진실은 회사 밖에 있다

고객이 겪는 문제 자체는 거의 변하지 않지만, 당신이 고객으로부터 정보를 수집하기 위해 사용하는 기술(직접적인 대화, 전화 통화, 소셜 미디어 그리고 아마존, 페이스북, 구글 같은 기업들이 사용 중인 데이터 분석 플랫폼 등)은 항상 눈부시게 발전하면서 리더들이 낡은 신념과 비즈니스 전략을 언러닝하고 고객과의 사이에 견고하고 신속한 피드백 고리를 구축할 수 있게 해준다. 그 결과 리더들은 새로운 행동방식을 재학습하고, 경로를 수정하고, 더 훌륭한 품질의 제품 및 서비스를 개발함으로써 혁신적인 방식과 실시간에 가까운 속도로 고객 만족도를 끌어올리는 전환점에 도달할 수 있다.

레저가 고객들의 문제를 개인적으로 파악하고, 처리하고, 해결한 방식은 매우 흥미롭다. 그는 고객이 직면한 문제점을 직접 인지한 뒤에 회사의 제품과 서비스가 지속적인 혁신과 개선의 대상이며, 언러닝 사이클에 지침을 제공하는 가장 훌륭한 정보의 원천은 바로 고객이라는 사실을 깨달았다. 또한 취약성 앞에 스스로를 과감히 노출시키고 고객의 직접적인 피드백을 열린 자세로 받아들였으며, 남다른 방식으로 그 피드백에 대응했다. 덕분에 회사의 제품과 서비스가 고객에게 제공하는 가치에 대해 가공되거나 여과되지 않은 생생한 정보를 입수했고, 그 정보를 언러닝 사이클에 투입해서 과거의 성공을 내려놓고 비범한 성과를 달성할 수 있었다.

그의 행보는 전통적인 기업의 운영 메커니즘이나 경영진의 행동방식과 매우 다르다. 이 리더들은 책상만 지키고 앉아 구성원들에게 산더미 같은 업무를 떠넘기는 식으로 일하지 않고, 스스로 결단력 있게 행동하고 직접 문제를 해결했다. 그렇게 함으로써 경쟁자들을 제치고 저 멀리 앞서갈 수 있었다.

고객과 만나기 위해 터미널로 나간 영국항공

뉴욕 JFK 공항의 제7터미널은 영국항공에서 운영한다. 1970년에 완공된 이 터미널은 1991년에 대대적인 보수작업을 거친 바 있지만, 영국항공은 점점 낙후되어가는 이곳의 시설을 21세기에 맞게 개선하기로 결정했다. 회사의 경영진은 이 터미널의 시설을 개조 및 보수하는 작업이 자신들의 사고와 행동방식을 바꿀 수 있는 언러닝 기회, 즉 고객들을 그 과정에 적극적으로 참여시켜 그들과 함께 이 공간을 새롭게 혁신하고 창조할 기회라고 생각했다.

우리는 이 회사의 임원들을 사무실에서 불러내 요즘에는 사용하지 않는 어느 비즈니스 라운지에 모이게 했다. 그리고 터미널에서 실제 고객들을 만나 자신들의 아이디어를 신속하게 테스트하도록 했다. 그들은 비즈니스 라운지에서 몇 발자국만 걸어 나가면 단 몇 초 안에 고객들의 피드백을 얻을 수 있었다. 물론 모든 임원에게는 이것이 극히 불편하고, 낯설고, 처음 경험하는 일이었겠지만, 그들이 원하는 성과를 달성하기 위해서는 언러닝을 말로만 때우고 넘어가서는 안 되며 반드시 행동으로 옮겨야 한다는 사실을 결국 인정하게 됐다. 그들이 깨달은 것은 무엇이었을까?

새로운 행동.

새로운 업무방식.

새로운 혁신의 길.

새로운 상호작용 방법. 즉 주주 및 고객들과의 효과적인 관계를 통해 원하는 결과물을 얻어내고 원치 않는 결과물을 제거하는 방법.

영국항공의 경영진은 이런 적극적인 조치를 통해 새로운 행동방식을 받아들이고 새로운 관점을 획득했으며 새롭게 의식구조를 바꿨다. 그들은 이사회 멤버들에게 100페이지짜리 파워포인트 자료를 내밀기보다 현장에서 직접 검증한 아이디어를 바탕으로 생생한 증거를 제시하는 시제품을 만들어 이사회에 제출했다. 그리고 그렇게 얻어진 새로운 통찰과 정보 덕분에 고객들에게 환영받지 못하는 제품의 생산을 중지하는 일을 포함해서 더 나은 의사결정을 내리고 더 나은 투자를 집행할 수 있었다.

또 진정한 고객들을 상대로 자신의 아이디어를 신속하게 테스트함으로써 터미널이 어떻게 운영되어야 하고 고객이 무엇을 원하는지에 대해 지금까지 지녀왔던 믿음을 버리고 고객들의 실제적인 욕구를 재학습했다.

그들은 고객들이 시제품을 사용하는 모습을 목격하고 자신도 스스로 이를 테스트하는 과정을 거치며 더욱 빠르고 큰 규모로 전환점에 도달했다. 그들은 신속하고 저렴하게 시제품을 제작해서 고객 테스트를 수행하는 '실패에도 안전한' 실험을 통해 언러닝 사이클을 반복적으로 가동했다. 그리고 기존의 사고와 행동을 과감히 바꿈으로써 공항 터미널을 개조 및 보수하는 과정에서 고객들에게 더욱 훌륭한 서비스를 제공하는 방향으로 제품과 서비스를 개선할 수 있게 됐다.

판매를 언러닝하고 서비스를 재학습하라

고객들은 제품이나 서비스를 사용하면서 항상 문제를 겪기 마련이지만, 그 제품을 만들고 제공한 회사의 CEO와 직접 이야기를 나눌 기회는 없다. 운이 좋은 고객이라면 지구 반 바퀴 떨어진 곳에서 근무하는 서비스 담당 직원과 가까스로 통화에 성공한다. 그렇지 못한 사람들은 끝없이 이 사무실에서 저 사무실로 떠넘기는 전화 시스템의 미로 속에서 헤매다 결국 음성 사서함에 메시지를 남기는 신세가 된다. 존 레저 같은 CEO는 이런 문제를 정확히 인지하고 있으며, 이 사안을 적절히 해결하는 것이 고객들에게 더 훌륭한 회사의 면모를 입증하는 길이라는 사실도 누구보다 잘 알고 있다.

이 전략이 환상적인 마케팅 기법인 이유는 그들 중 어느 누구도 당신에게 "우리 회사 제품을 사세요. 정말 좋아요"라고 말하지 않기 때문이다. 대신 당신은 개인적으로 연결한 전화 통화나 트위터 메시지의 말미에 그 회사 CEO의 생생한 육성을 접할 수 있다. "피드백을 전해주셔서 감사합니다. 우리는 그 문제를 반드시 해결할 겁니다. 그건 우리 회사의 제품 및 서비스가 제공되는 방식이 아니며, 우리의 소중한 고객이 받아야 하는 대접도 아닙니다. 여러분은 우리가 더 나은 제품을 만들 수 있도록 도와주고 계십니다. 감사합니다."

이러한 유형의 리더들은 첨단의 정보기술을 활용해서 고객들과 의미 있는 대화를 나누고, 문제에 대한 해결책을 함께 찾아내고, 자신이 새로 입수한 정보를 바탕으로 회사 전체의 정책을 단 며칠 내에 과감히 바꿔버린다. 또 회사의 제품 및 서비스가 운영되는 방식을 비움학습하고, 고객들의 협조에 힘입어 이를 적절히 개선할 방법을 재학습함으로써 고객들에게 더욱 훌륭한 제품을 제공하는 전환점에 도달한다. 말하자면 그들은 어느 고객이 특정한 문제를 제기하는 것으로 시작된 언러닝 사이클을, 리더가 그 문제를 인지한 뒤 신속한 조치를 통해 시스템을 수정하고 그 덕분에 더 나은 회사를 만드는 과정에 이르기까지, 엄청나게 빠른 속도로 가동하는 것이다.

고객의 문제는 언제 어디서나 발생하기 마련이지만, 새로운 행동방식과 첨단 기술은 우리가 그 문제에 더욱 효과적으로 대응할 수 있게 만들어준다. 도움을 요청한 고객들은 자신의 목소리가 받아들여졌고 자기가 제공한 피드백이 제품을 개선하는 데 기여했다는 사실을 알게 되면서 해당 제품과 회사의 충성스런 고객으로 바뀐다. 그들은 당신의 회사를 홍보하는 외교관이자 마케팅 팀, 가장 뛰어난 영업 조직으로 변신할 것이다. 당신이 아무리 막대한 돈을 투자한다고 해도(즉 AT&T처럼 한 해에 40억 달러의 마케팅 비용을 쏟아붓는다 해도), 당신 회사의 제품에 만족해서 가족, 친구, 동료들에게 그 제품을 열렬히 옹호하는 고객을 당할 수는 없다.

고객과 함께 언러닝할 수 있는 시스템을 구축하라

나는 고객과 더불어 언러닝을 수행하는 데 필요한 시스템을 구축하고자 하는 리더들에게 다음과 같은 질문들을 던진다.

- 나는 어떻게 의사결정하는가?
- 나는 의사결정에 필요한 정보를 어디서 얻는가?
- 내가 얻은 정보의 품질은 어떤가?
- 나는 얼마나 신속하고 빈번하게 정보를 획득하는가?
- 그 정보는 내가 만드는 제품과 회사 운영 방식의 장단점을 언러닝하는 데 어떻게 기여하는가?
- 나는 고객들에게 봉사하는 방법을 재학습하기 위해 그 정보를 어떻게 사용할 수 있는가?
- 나는 다양한 방법론을 실험하는 과정에서 그 방법이 효과가 있는지 여부를 어떻게(그리고 얼마나 빨리) 알 수 있는가?
- 내가 지닌 세계관을 지속적으로 개선함으로써 전환점에 도달하는 방법은 무엇인가?
- 내가 세계를 바라보는 방법과 세계 속에서 일하는 방법을 개선하기 위해서는 사고와 행동을 어떻게 바꿔야 하는가?

언러닝

전환점을 찾아내는 것은 당신의 의무다

낡은 의식구조와 행동방식에 젖어 좀처럼 21층 사무실을 떠나지 않는 임원들의 가장 큰 문제점은 구성원들과 대화를 나누지 않는다는 것이다. 그들은 내부 고객(즉 회사의 구성원들)은 고사하고 회사 밖의 고객들이 지금 무엇을 하고 있는지, 자기가 고객의 성공을 어떻게 도울 수 있는지 전혀 알지 못한다. 오늘날 소프트웨어와 각종 기술 플랫폼은 우리가 고객에 대한 통찰을 발견하는 방식을 급격하게 바꿔놓고 있다. 이 새롭고 흥미로운 정보는 우리의 행동방식을 개선하는 데 매우 유용한 지침이 되어줄 것이다.

세계에서 가장 성공적인 다섯 기업(아마존, 페이스북, 구글, 마이크로소프트, 애플)은 모두 고객들의 제품 및 서비스 활용 현황을 속속들이 파악할 수 있는 플랫폼을 구축했다. 그리고 이 데이터를 기반으로 기존의 사고와 행동을 언러닝했고 수많은 실험을 수행했으며 고객들에게 어떤 점이 효과가 있고 없는지 재학습했다.

다시 말해 그들이 지속적인 전환을 달성할 수 있었던 비결은 고객들이 자사의 제품과 서비스를 어떻게 사용하는지를 더 빠르고, 정확하고, 빈번하게 파악할 수 있는 플랫폼을 구축해서 무엇이 효과가 있고 무엇이 효과가 없는지, 어떤 일을 다르게 해야 할지 신속하게 판단한 데 있었다. 바로 그것이 이 회사들이 다른 〈포천〉 500 기업들에 비해 기하급수적인 성장을 거두고 있는 이유이기도 하다.

게다가 존 레저와 같은 CEO들은 이 방법을 개인적 업무 영역에 도입해서 큰 성공을 거뒀다. 그들은 다양한 기술 플랫폼을 활용해서 고객들과 직접 대화를 나눴고, 이런 상호작용을 통해 수집한 정보를 더 좋은 제품과 서비스를 만드는 데 반영해서 실시간으로 전환점에 도달했다. 고객들의 비판 앞에 자신을 노출시켜야 하는 취약성 속에 스스로를 밀어 넣고, 모든 사람을 대상으로 대화의 문을 활짝 열어 고객 충성도를 강화했다. 또한 고객들이 제기한 문제에 적절히 대응하는 과정을 통해 더 나은 제품과 서비스를 만들었고, 고객들 사이에서 더 많은 지지자를 확보했다.

새로운 종류의 CEO

21층 사무실에 버티고 앉아 세상의 모든 문제에 정확한 답을 제공하는 근엄한 CEO의 시대는 이제 급격히 종말을 고하고 있다. 요즘은 돈을 들이지 않고도 누구나 자유롭게 정보를 활용하는 시대다. 이 세계를 선도하는 경영자들은 그런 사실을 잘 알고 있다. 그들은 세상을 향해 강력한 비전을 제시하면서도 그 목표를 달성하기 위한 구체적인 방법 앞에서는 매우 겸손한 자세를 취한다. 그들이 그 구체적인 방법을 파악하는 길은 고객들에게 자신의 비전을 현실화할 방법을 알려달라고 요청하고 그들과 상호작용하는 것이다.

존 레저는 과거 리더들이 자사의 제품과 서비스가 고객들에게 어떤 가치를 제공하는지 알아내기 위해 정보를 수집하던 전통적인 방식(설문조사, 데이터, 보고서 등)을 생략하고 곧장 정보의 원천으로 뛰어들었다. 피드백 고리를 짧게 줄이고, 언러닝 사이클을 빈번하고 효과적으로 반복했다. 그의 의식구조와 행동방식은 다른 경영자들의 그것과 전혀 다르다.

기업의 리더들은 효과적인 조직 관리에 필요한 정보 수집 방법을 혁신하기 위해 오래전부터 노력했다. 1970년대에 휴렛 패커드HP는 소위 현장 경영management by walking around이라는 극히 '비非기술적'인 개념을 제창하고 관리자들로 하여금 사무실을 벗어나 구성원들이 일하는 업무 현장을 방문해서 주기적으로 대화를 나누도록 했다. 오늘날 제품 혁신의 산실이라고 할 수 있는 실리콘밸리에서 전설 같은 존재로 추앙받는 스티브 블랭크Steve Blank 역시 리더들이 사무실을 떠나 고객의 말에 귀를 기울이는 일의 중요성을 강조한다.

당신의 질문에 대한 해답은 사무실이 아니라 고객들이 당신의 제품과 서비스를 사용하고 있는 저 바깥세상에 존재한다. 그러므로 현장에서 실제로 어떤 일이 벌어지고 있는지 이해하기를 원하는 리더는 직접 정보의 원천을 찾아 고객들의 말에 귀를 기울여야 한다. 〈언더커버 보스Undercover Boss〉라는 유명 텔레비전 프로그램에 출연한 기업의 임원들은 이렇게 묻는다. "우리 회사의 고객이 된다는 것은 무엇을 의미하는가?" 그리고 그들은 특별한 경험을 통해 그 질문의 답을 직접 얻어낸다. 임원들은 신분을 감추고 자기 회사에 몰래 취직해서(가령 계산원이나 창고 노동자로) 그들의 조직에서 **진정으로** 벌어지고 있는 일에 대해 있는 그대로의 생생한 진실을 발견한다. 말하자면 그들은 회사 내부의 상황에 대한 기존의 **관념**을 언러닝하고, 실상을 재학습하는 것이다.

시장을 선도하는 리더들은 의도적으로 자신을 현장 속으로 몰아넣는다. 비록 그 상황이 불편하고 취약한 상태로 느껴지더라도 그 통찰에는 그만한 가치가 있다. 그들은 그렇게 얻어낸 정보를 활용해서 낡은 의식구조를 타파하고 업무 방식을 혁신한다.

당신이 고객이나 동료에게서 어떤 방식으로 정보를 얻어내고 그 정보에 어떻게 대응하느냐에 따라 앞으로 그들이 당신과 공유할 정보의 품질이 결정될 것이며, 더 높은 실적, 훌륭한 제품 및 서비스 그리고 비범한 결과물을 향한 전환점의 기회가 주어질 것이다.

레이 폰의 전설

레이 데이비스Ray Davis는 1999년부터 2017년까지 엄프콰 홀딩스 코퍼레이션Umpqua Holdings Corporation(오리건주 포틀랜드에 본사를 둔 엄프콰 은행의 모기업)의 사장 겸 CEO로 근무했으며, 아직도 이 회사의 이사회 멤버로 활동 중인 인물이다. 데이비스는 엄프콰에서 임기를 시작한 직후부터 이 은행을 다른 대형 은행들과 차별화시킬 방법을 모색했다.

최근 급속한 속도로 성장 중인 엄프콰 제국의 영업점(그들은 영업점을 '지점branch' 대신 '매장store'이라고 부른다)을 방문해본 사람은 매우 특별한 경험을 할 수 있다. 이 은행은 회사가 처음으로 개설한 매장의 모습을 자사의 웹사이트에 이렇게 묘사하고 있다.

그곳에는 무료 인터넷 접속이 가능한 카페도 있었습니다. … 고객 여러분은 우리가 직접 로스팅하고 블렌딩한 커피를 즐겼습니다. 우리는 이 새로운 장소를 매장(지점이 아니라)이라 부르고 우리의 공동체 구성원들이 마음껏 사용할 수 있도록 이 공간을 개방했습니다. 그러자 고객들과 공동체 구성원들은 곧 우리 매장에서 다양한 행사를 개최하기 시작했습니다. 오늘날에도 여러분 주변의 엄프콰 은행에서는 업무 회의나 독서 모임, 심지어 요가 수업이 열리는 모습을 볼 수 있을 겁니다.

하지만 엄프콰의 매장을 다른 은행이나 회사와 진정으로 차별화시킨 요소는 따로 있었다. 모든 매장에는 고객의 눈에 가장 잘 띄는 곳

△ 그림 8.1. 레이 폰

에 이 은행의 CEO와 직접 통화할 수 있는 전화기가 한 대 마련되어 있었다.(그림 8.1) 레이가 자리에 있을 때는 직접 전화를 받았다. 부재 중일 때는 전화를 건 사람이 메시지를 남기면 레이가 그날 안으로 회신했다.

비록 첨단의 장비와는 거리가 멀었지만, 이 전화기들은 층층시하로 구성된 직원과 관리자들의 개입이나 여과 장치 없이 고객들의 중요한 피드백을 회사에 생생하게 전달하는 역할을 했다. 이제 레이 데이비스는 더 이상 이 회사의 CEO로 일하지 않기 때문에 자신이 엄프콰의 매장들에 설치한 '레이 폰Ray Phone'에 예전처럼 직접 답할 수는 없지만, 그의 후임자(신임 CEO 코트 오헤이버Cort O'Haver) 역시 여전히 이 전통을 고수하며 개인적으로 고객들의 전화를 받고 있다.

9장 | 구성원과 조직의 언러닝

우리가 미래를 여는 능력은 얼마나 잘 배우는가가 아니라
배운 것을 얼마나 잘 비워내는가에 달렸다.
– 앨런 케이 Alan Kay

1986년 1월 28일, 우주왕복선 챌린저Challenger호(NASA가 제작한 다섯 대
의 우주왕복선 중 하나)는 지구 궤도를 향한 비교적 단거리의 비행을 위
해 발사대에 놓였다. 그동안 NASA의 우주왕복선 프로그램은 엄청난
성공을 거두었으며 챌린저호 역시 이전까지 도합 아홉 차례의 임무
를 완수했다. 매번 발사가 이루어질 때마다 우주선에 탑승한 일곱 명
의 승무원은 저궤도에서 각종 실험을 실시하고, 인공위성을 배치·점검
하고, 과학적 데이터를 수집했다. 챌린저호가 수행한 임무 중에는 사상
최초의 기록으로 이어진 것들이 많았다. 가령 우주왕복선 임무 수행
도중 우주인들이 최초로 우주공간을 유영했고, 샐리 라이드Sally Ride라

는 최초의 미국인 여성 우주인을 배출했으며, 야간에 발사된 첫 번째 우주왕복선으로 기록되기도 했다.

챌린저호가 열 번째 임무에 나설 무렵에는 이 우주왕복선의 발사와 지구 귀환(임무 전체가 약 1주일 정도 소요될 예정이었다) 과정이 지루한 소식으로 받아들여질 정도로 일상적인 사건이 되어 있었다. 과거 텔레비전 방송국들은 머큐리, 제미니, 아폴로 우주선의 발사와 착륙이 진행될 때마다 이 우주선들이 수많은 위험 요소에도 불구하고 인간의 능력과 지식의 한계를 더욱 확장했다고 흥분하며 정규 방송을 중단하고 그 장면을 실황 중계했다. 하지만 최초의 우주왕복선 시험비행이 실시된 1981년 이후 미국인들이 다른 곳에 정신을 팔기 시작하면서 우주선의 발사나 착륙 장면은 더 이상 생중계의 대상이 되지 못했다.(당시 개국한 지 얼마 안 된 CNN은 예외였다.)

따라서 챌린저호가 그 차가운 겨울 아침 플로리다의 케네디 우주센터에서 발사된 뒤 73초 만에 폭발해 기체가 산산조각 나면서 일곱 명의 생명을(그중 한 명이 사람들에게 많은 사랑을 받던 크리스타 매컬리프Christa McAuliffe라는 교사였다) 앗아가자, 미국인을 포함한 전 세계인들은 큰 충격을 받았다. 그리고 이 사건은 우주여행의 위험성을 상기시켜주는 잔혹한 기억으로 모든 사람의 가슴속에 남았다.

과거 NASA에서 큰 사고(가령 발사대에서 발사 시험 도중 화재가 발생해 세 명의 우주인이 사망한 아폴로 1호 사고나, 선체의 산소 탱크 폭발로 달착륙에 실패한 아폴로 13호 사고)가 발생했을 때처럼, 이번에도 사고의 원인을 규명하기 위한 위원회가 조직되어 수없는 검토와 조사, 자기 평가가 실시됐다. 여기서 제기된 문제들에 대한 답이 나오고, 각종 관행이 검토되고, 시스템이 개선될 때까지 유인 우주선 프로그램은 당분간 중지됐지만, NASA의 베테랑 전문가 대부분은 이 재난을 극히 예외적인 사고이자 절대 반복되어서는 안 될 불가항력적인 사건으로 판단했다. 그동안 지휘 계통의 저 아래쪽에 위치한 엔지니어들은 저온 환경에서 우주선을 발사하는 일의 위험성을 지속적으로 경고했으나 상부의 관리자들은 그들의 우려를 묵살하고 받아들이지 않았다. 챌린저호 폭발 사고는 미국인들과 NASA 직원들의 주의를 일깨웠고 뭔가를 반드시 바꿔야 한다는 사실을 상기시키는 역할을 했다.

전환점인가 붕괴점인가

1950년대 후반부터 1960년대 초반까지 NASA는 유인 우주선 프로그램에서 놀랄 만한 기술적 발전을 이룩했고, 결국 1969년 아폴로 11호의 우주비행사들을 인류 최초로 달 표면에 착륙시키는 성과를 거두었다. 이런 엄청난 기술적 진보는 1961년 케네디 대통령이 60년대가 가기 전에 인간을 달에 데려가고 지구로 돌아오게 만들겠다고 약속한 데 대한 직접적인 응답의 차원에서 이루어졌다. NASA는 머큐리 프로젝트(최초의 미국인 우주비행사 존 글렌John Glenn이 지구 궤도에 진입), 제미니 프로젝트(두 사람의 우주인이 조금 더 큰 우주선을 타고 지구 궤도에 진입), 아폴로 프로젝트(우주선이 세 사람의 우주비행사와 달착륙선을 싣고 달 궤도로 진입. 그들은 달착륙선을 타고 달 표면에 도착했고 이를 이용해서 달 궤도를 돌고 있는 우주선으로 귀환) 등으로 이어지는 연이은 성공을 거두었다.

하지만 복잡한 시스템과 프로그램은 성공적으로 가동되다가도 어느 날 갑자기 기능장애를 겪기 마련이다. 업무가 판에 박힌 듯 지루해지고, 주의력이 떨어지고, 무사안일한 태도가 나타나면서 갑작스런 성능 저하가 초래되는 것이다. 사람들이 주의의 수준을 각별히 높여야 하는 시기가 바로 이때다.

조직이 궁극적인 성공을 달성하기 위해서는 구성원들이 늘 자극받고 고무된 상태에서 일해야 하며 업무 시스템의 성능도 지속적으로 개선해야 한다. 표면적으로 시스템에 아무런 하자가 없는 듯이 보인다면 바로 그것이 그 시스템을 점검하고 손봐야 하는 이유다. 사고는 발생한 후가 아니라, 발생하기 전에 막아야 한다.

NASA가 유인 우주선 프로그램에서 놀라운 성공을 거둠에 따라 이 조직에는 왜곡된 지적 우월감과 침투 불가능한 정보의 장벽이라는 실패의 씨앗이 서서히 자라나기 시작했다. 이 장벽들이 극도의 부서 이기주의를 낳으면서 조직 내에서 정보의 이동과 흐름이 멈춰버렸다. 이것이 NASA가 직면했던 진정한 문제의 본질이었으며 여러 사람의 소중한 생명을 앗아간 파국적 실패의 직접적인 원인이었다.

특정한 조치가 성공하거나 긍정적인 결과를 낳을 경우 그 조치를 취한 사람은 더 큰 리스크를 감수해도 좋다는 자신감을 얻게 된다. 2003년 1월 16일 컬럼비아Columbia호가 발사됐을 때, 프로그램 관리자들은 이 우주왕복선 선체 외부의 연료 탱크 부분에서 발포고무 소재의 단열 타일이 이따금 떨어져나간다는 사실을 전부터 알고 있었지만, 아무도 이를 문제 삼지 않으면서 이 사안을 일종의 사각지대에 방치해버렸다. 그들은 그런 일쯤은 별게 아니라고 치부하며 심지어 이 현상에 '폼

이탈foam shedding'이라는 기술적 용어를 부여하기도 했다. 말하자면 우주왕복선 팀 내에서는 이 문제가 일상적인 사안으로 자리 잡으면서 컬럼비아 대학교의 다이앤 본Diane Vaughn 교수가 '일탈의 정상화normalize the deviance'라고 정의한 과정이 한층 가속화된 것이다.[1] (다이앤 본 교수의 정의에 따르면 일탈의 정상화란 명백하게 안전하지 못한 관행이 즉각적인 파국으로 이어지지 않으면서 사람들에게 정상적인 일로 받아들여지는 과정을 의미한다: "완벽하게 곡해되고, 무시되고, 손실된 초기의 경고 신호가 재난으로 이어지기 전까지의 장기적인 잠복기.")

그날 컬럼비아호가 발사된 지 82초 만에 무게 760그램 정도에 크기가 서류가방만 한 단열 타일 하나가 떨어져나가 왼쪽 날개를 강타한 뒤 선체 표면을 뚫고 들어가 내부적 손상을 일으켰다. 이로 인해 이 우주왕복선이 지구로 귀환하던 도중 선체가 산산이 부서지면서 일곱 명의 승무원 전원이 목숨을 잃는 참사가 발생했다. 사고 다음날 이 우주왕복선의 발사 장면을 동영상으로 검토하던 NASA 관계자들은 발포고무 타일이 날개에 부딪히는 모습을 육안으로 분명히 확인할 수 있었다.

어떤 종류의 조직이든 일탈의 정상화 과정을 겪다가 끔찍한 재난이 발생한 뒤에야 비로소 모든 사람이 경각심을 갖는다. NASA의 직원들이 이 일탈에 대해 지속적으로 눈을 감아왔던 이유는 그동안 이 조직이 몇몇 경미한 사고에도 불구하고 많은 임무를 성공적으로 완수했기 때문이었다. 그러다 우주의 역공을 받아 파국적 실패에 이르게 된 것이다.

우리는 이 장에서 구성원과 조직의 언러닝을 심도 있게 다룰 예정이다. 특히 NASA의 사례연구를 통해 이 조직이 일련의 비극적인 사건으로부터 교훈을 얻어 실수에 대해 투명하고 안전한 조직 문화를 수립하고, 미래를 향해 전환점에 도달한 과정을 논의해보려고 한다.

NASA, 언러닝을 배우다

에드 호프먼Ed Hoffman 박사는 30년간 NASA에서 근무한 뒤 NASA의 최고 지식 책임자Chief Knowledge Officer로 선임되어 2016년까지 6년 동안 일했다. 에드는 이 역할을 수행할 때 NASA 전체의 프로젝트 관리 정책과 연계해서 공식적이고, 통합적이고, 효과적인 지식 관리 프로그램을 수립하는 책임을 맡았다. 그는 이 프로그램을 위해 공식적으로 임명된 15명의 지식 전문가 공동체와 함께 각종 제품 및 서비스의 '지식 맵'을 구축했다. 에드는 나와 함께 학습과 언러닝에 대한 열정을 공유해온 내 멘토이자 협력자이기도 하다.

에드는 NASA에서 일하기 시작한 초기부터 이미 조직학습의 중요성에 대해 잘 알고 있었지만, 당시에는 그가 이 조직을 변화시키기가 쉽지 않았다. 그는 이렇게 말한다.

내가 이곳에서 경력을 쌓으면서 수행한 업무의 핵심은 다음 질문으로 요약된다. 구성원들이 언러닝에 편안하게 시간을 투입하고, 기존의 행동을 바꾸고, 다양한 접근방식을 시도하고, 혁신을 통해 전진하는 조직을 만들기 위해서는 어떻게 해야 하는가? 나는 조직의 구성원들이 언러닝을 편안하게 받아들이기 시작하는 진정한 출발점이 언제여야 하는가의 문제가 모든 조직이 직면한 가장 큰 도전 요소라고 믿는다. NASA는 학습에 뛰어난 조직이었지만, 우리가 언러닝을 통해서만 앞으로 나아갈 수 있다는 핵심적인 사실을 받아들이기까지 몇 차례의 큰 실패를 맛봐야 했다.

유감스럽게도 이 조직은 2003년 우주왕복선 컬럼비아호 폭발 사고라는 파국적 실패를 겪은 뒤에야 기존의 역기능적인 학습 문화를 언러닝하는 문제를 진지하게 고려하기 시작했다. 물론 아폴로 1호나 챌린저호의 사고를 포함해서 이전에 발생한 재난들 역시 NASA의 집단적 의식에 어느 정도 충격을 가하는 역할을 했고, 이곳에서 근무하는 구성원들은 향후 다른 결과물을 도출하기 위해서는 기존과 다른 조치가 필요하다는 점을 감지하고 있었다.

하지만 NASA 내부의 많은 사람은 여전히 챌린저호 사고를 절대 반복되어서는 안 될 극히 예외적인 사고로 인식할 뿐이었다. 그들은 그 무엇도 언러닝해야 할 필요성을 느끼지 않았으며 심지어 '언런unlearn'이라는 단어를 사용하는 일 자체도 금기시했다.

NASA의 핵심 멤버들은 그동안 수많은 성공을 가져다주었던 기존의 행동방식을 언러닝하지 못했다. 다시 말해 그들은 과거의 성공을 내려놓고 혁신을 통해 미래의 성공을 추구하는 데 실패했다. 게다가 NASA는 챌린저호 참사 후에도 자신들이 늘 해오던 방식을 따라 많은 임무를 별다른 실패 없이 완수했다. 그로 인해 이 조직의 구성원들은 챌린저호의 비극이 단지 예외적인 사고에 불과했고 그들에게 가장 현명하고 신중한 행동은 현 상태를 유지하고 과거에 늘 효과가 있었던 행동방식을 따르는 것이라고 더욱 철석같이 믿게 됐다.

조직의 혁신이란 개인의 혁신이 집단적 범위로 확대된 결과물로서, 일회성 이벤트가 아닌 일련의 연속적인 과정이다. 따라서 혁신은 적극적이고, 순응적이고, 지속적인 방식으로 이루어져야 한다. 우리는 개인과 조직의 발전을 저해하는 사고와 행동을 꾸준히 비워내고, 새로운 방법론을 재학습하고, 전환을 통해 탁월한 결과를 달성해야 한다. 실패가 발생한 뒤에야 비로소 무언가 조치를 취한다는 말은 곧 언러닝과 조직학습 시스템의 혁신이 실패했다는 사실을 의미한다.

조직학습의 목적은 구성원들뿐 아니라 리더와 구성원을 함께 변화시키는 데 있다. 많은 리더가 공통적으로 오해하는 대목이 바로 이 부분이다. 리더와 구성원이 함께 훈련을 받고 그들 사이에 사고와 행위의 일치가 이루어져야 조직과 시스템에 효과적인 충격과 자극을 가할 수 있다. 하지만 NASA에서는 챌린저호 사고가 발생한 뒤에도 그런 문화가 형성되지 않았다.

하지만 컬럼비아호 참사 이후에 모든 것이 변했다. 챌린저호 사고가 신의 뜻에 따라 일어난 단 한 차례의 비극이었다고 믿었던 사람들까지도 이제 NASA는 전면적이고 구조적인 문제에 봉착해 있으며 조직의 모든 사람이 이를 함께 해결해야 한다는 사실을 깨닫게 됐다. 에드 호프먼은 NASA가 우주에서 임무 수행 시에 가동하던 문제 해결 방식을 지상에 적용하기 시작했다. 그는 조직 내부의 관계자들과 함께 학습 시스템을 구축해서 올바른 의사결정을 위한 정보를 제공했고, 성공과 실패로 이어지는 행동이 각각 무엇인지 파악하기 위해 조직 전체에 걸친 연구와 구성원 대상 인터뷰를 실시했다. 또 자신의 지식 팀 구성원들에게 각자의 이야기를 서로 공유하도록 독려했다. 그동안 이 조직에서는 크고 작은 실수와 경미한 사고가 주기적으로 발생했지만 그런 문제를 터놓고 말하는 사람은 거의 없었다. 똑똑한 사람이 항상 옳은 사람이 되고 싶어 하는 이유는 그가 예전부터 옳은 사람이 되는 데 익숙해져 있기 때문이다. NASA에서는 실패를 논하는 문화적·행위적 규범 자체가 존재하지 않았다.

에드와 그의 팀은 조직의 모든 직급과 분야를 망라해서 수집한 지식을 바탕으로 새로운 학습 시스템을 구축했다. 그리고 이 시스템을 통해 조직에 필요한 역량이 무엇인지 파악했고 그 내용에 따라 구성원들을 훈련시켰으며, 그들에게 새로운 행동방식을 활용하는 데 도움이 되는 도구와 기회를 제공했다.

NASA의 리더들은 챌린저호 사고 이후에도 과거 그들에게 성공을 안겨주었던 행동방식을 언러닝하는 데 줄곧 어려움을 겪었지만, 무엇을 비워내고 재학습해야 자신들이 추구하는 전환점에 도달할 수 있을지 마침내 이해하기 시작했다. 컬럼비아호의 참사 이후 리더들에게는 적절한 훈련과 권한이 제공되었고 그들은 이 권한을 바탕으로 새로운 시스템을 전면적으로 가동했다. 자신들이 고위급 리더들에게 변화를 위한 아이디어를 제안하면, 리더들은 이렇게 답했다. "가서 당신 생각대로 시행하세요." 덕분에 구성원들이 자신들을 위해 작성한 새로운 정책과 지침이 개발되어 수많은 성과를 낳았다. 그중 가장 대표적인 성과 두 가지만 소개하면 다음과 같다.

첫 번째는 조직적 유대와 참여도의 향상이다. 과거 이 조직을 위한 정책이 최초로 수립되어 구성원들에게 배포되었을 때 그들은 회의적인 태도와 변화에 대한 거부감으로 맞섰다. "워싱턴 사람들(NASA 본부에 근무하는 사람들을 뜻함—옮긴이)이 프로젝트를 하는 것이 아니다. 그들이 내 업무에 대해 무엇을 아는가?" 하지만 풍부한 경험을 소유한 전문가 집단이 정책, 절차, 표준 등을 새롭게 정립하면서 대화의 양상이 바뀌기 시작했다. NASA는 중앙집권적으로 조직의 정책을 결정하던 관행을 언러닝하고, 다양한 현장 경험을 가진 전문가들에게 모든 정책 수립을 위임했다. 그들에게 정책의 타당성을 검증할 능력이 충분하다는 이유에서였다. 또 그렇게 만들어진 정책을 구성원들이 앞장서서 따르리라는 점을 감안했을 때 이는 구성원들의 적극적인 참여를 이끌어 낼 수 있는 방안이기도 했다. 에드를 비롯한 전문가들은 소통하고 조언을 나눌 사람들을 대거 끌어들여 참여 규모를 대폭 확장함으로써 이런 성과를 이루어냈다. 어떤 정책이든 완벽할 수는 없지만(특히 초안 작성 단계에서는 더욱 그렇지만), 이런 단계를 거치며 지식 공동체의 집단적 지혜가 정책 형성 과정에 더욱 큰 영향을 미치게 됐다.

두 번째는 구성원들의 학습 및 역량과 관련된 성과다. NASA가 전문가들에게 정책 개발을 일임한 뒤에 에드와 그의 팀은 그 전문가들을 NASA 아카데미의 강사로 영입해서 구성원들을 훈련시키고 조직에서 필요로 하는 역량에 대해 그들과 소통하도록 했다. 이 과정이 중요한 이유는 구성원들이 훌륭한 전문가들에게 지도받을 때 조직의 가치가 더욱 올라가기 때문이다. 예를 들어 NASA가 봉착했던 큰 골칫거리 중 하나가 궤도 잔해(즉 우주 쓰레기) 문제였다. 에드는 이 주제에 대해 교육 과정을 개설해줄 산업 및 학계의 전문가를 찾는 데 어려움을 겪었으나, 그는 이 세계적 전문가들과 협력해서 항공우주 전문가들을 위한 궤도 잔해 교육 과정을 새롭게 설계했다. 그리고 이 과정은 NASA가 수립한 정책의 근간이 되었다. 이런 경우는 한두 번이 아니었다. 그들은 문제에 대한 학습을 출발점으로 삼아 NASA의 사람들에게 제공할 학습 자료를 준비하고, 사람들의 피드백을 수집하고, 교육 과정 중 효과가 없는 부분을 언러닝하고, 더욱 효과가 높은 과정으로 재설계했다.

체계적인 학습 시스템을 만들기 위한 핵심 요소

조직적 혁신을 꾸준하게 달성하기는 쉬운 일이 아니지만, NASA처럼 극도로 경직된 조직도 결국에는 성공적으로 변화를 이루어냈다. 이처럼 세상의 어느 조직이든 충분히 훌륭한 혁신에 도달할 수 있다. 문제는 혁신을 위해서는 효과적인 설계가 뒤따라야 한다는 것이다. 내가 고객들과 함께 일할 때마다 학습과 언러닝의 규모를 조직 전체로 확대하기 위해 활용하는 핵심 전략은 체계적인 학습 시스템을 설계하고 구축하는 것이다. 나는 주로 다음과 같은 작은 단계들을 활용해서 이 과정을 시작한다.

- 조직 시스템을 이해하기 위해 데이터를 수집하고 모든 분야에서 일하는 모든 직급의 구성원들을 인터뷰한다.
- 성공을 위해 꼭 필요한 역량과 그렇지 못한 역량이 무엇인지 파악한다.
- 바람직한 행동방식을 도출할 수 있는 업무 시스템을 설계한 뒤 공동체 구성원들과 이에 대해 소통하고, 그들의 조언을 듣는다.

- 크게 생각하고 작게 시작한다. 전 구성원을 대상으로 모든 행동방식을 한꺼번에 바꾸려고 노력하기보다 충격이나 영향력이 가장 클 거라고 예상되는 행위부터 점차 바꿔 나간다.
- 수행하기 쉬운 행동방식을 선택하고 먼저 소규모 그룹의 구성원들에게 새로운 행위에 관련된 도구와 훈련을 제공한다.
- 구성원들이 새로운 행동방식을 의도적으로 실천할 수 있도록 사전에 적절히 설계된 기회를 제공하되, 작은 단계부터 시작한다. 가령 구성원들이 각자의 정보(좋은 정보와 나쁜 정보)를 동료들과 공유함으로써 그 정보의 정확성에 대한 증거를 서로에게 제시하고, 새로운 행동방식을 통해 신속하게 성취감을 얻고, 이를 바탕으로 학습불안을 잠재우고 심리적 안전감을 높이는 과정을 밟도록 한다.
- 시스템 설계를 수행하는 전 과정에 걸쳐 최종 사용자들(즉 고객들)을 상대로 시스템을 면밀히 테스트한다. 새로운 시스템을 설계, 실험, 배치한 뒤에는 더 많은 구성원들에게 이를 사용하도록 독려하고 결과물을 도출한다. 그리고 추후 시스템의 규모를 확장하거나 개선하는 데 그 결과물을 활용한다.
- 학습 시스템에 지속적인 자극을 가함으로써 무사안일주의나 지적 오만함이 발생하는 일을 방지한다. 구성원들에게 잘 설계된 '실패에도 안전한' 실험의 기회를 제공함으로써(예를 들어 시스템이 붕괴되는 상황에 대한 모의실험이나 훈련) 실패가 발생했을 때 어떤 일이 생길지 지속적으로 상기시킨다.(그리고 그들의 생존불안을 유도한다.)
- 이와 같은 일련의 과정을 통해 조직 전체가 새로운 시스템을 받

아들이는 시점에 도달하면서 구성원들은 무엇을 배워야 하고, 무엇을 언러닝해야 할지 인식하기 시작한다.

나는 글로벌 기업들의 조직 혁신을 도울 때마다 리더들에게 "당신의 권력을 확장하는 것은 효과가 없고, 당신이 얻은 교훈을 확장해야 한다"라고 상기시키곤 한다. 사람들은 남이 들려주는 이야기를 잘 기억하고, 타인의 경험을 통해 영감을 얻는다. 따라서 구성원들은 특정한 행동, 방법론, 사고방식을 언러닝하는 과정에서 자신이 마주쳤던 경험, 새로운 발견, 어려웠던 점 등을 동료나 팀원들과 공유할 필요가 있다. 조직의 집단적 정보와 통찰을 활용하기 위해서는 누구나 서로에게 쉽게 배울 수 있는 문화를 조성해야 한다. 그래야 시의적절한 모멘텀을 구축하고, 새로운 규범을 창조하고, 탁월한 성과를 달성할 수 있다.

구글이 수행한 아리스토텔레스 프로젝트에서는 훌륭한 팀을 만들기 위한 핵심 요건이 똑똑하거나 경험 많은 구성원을 영입하는 것이 아니라는 사실이 분명히 드러났다. 그보다는 집단 내에 얼마나 강력한 심리적 안전감이 존재하느냐가 관건이다.[2] 팀 구성원들이 개인의 실수를 스스럼없이 공유하고 자신의 취약한 모습을 동료 앞에 기꺼이 노출시키는 문화는 고성과 조직의 일차적인 특징이다. 누군가 저지른 실수가 당사자의 무능력을 입증하는 부정적 정보가 아니라 시스템 개선에 필요한 새로운 지식으로 받아들여진다면 당신의 조직과 구성원들은 강력한 경쟁 우위를 확보할 수 있다.

다시 말해 구성원들이 각자가 얻은 교훈을 서로에게 공유함으로써 동료의 학습불안을 줄여주는 문화를 구축하면 조직의 역량을 향상시키는 데 큰 도움이 된다. 심리적 안전감이 강할수록 정보의 품질이 높아지고, 의사결정의 품질이 향상되고, 더 품질 좋은 결과물이 도출되는 법이다. 이것이 바로 론 웨스트럼이 역설한 성과 중심적이고 생산적인 기업문화의 본질이다.

그렇다면 NASA의 의사결정자들은 '모든 것을 안다'라는 의식구조를 어떻게 언러닝해서 '모든 것을 배운다'라는 사고방식으로 변화시킬 수 있었을까? NASA가 첫 번째 단계로 채택한 새로운 행동방식은 조직 구성원들끼리 성공과 실패의 이야기를 서로 공유하는 것이었다. 에드 호프먼과 나는 구성원들이 실수를 했을 때 그 의미와 요점을 포착해서 동료들과 공유하는 일이 왜 훌륭한 행위인지 이해시키기 위해 '이익 및 파국 피라미드Pyramid of Advantage or Catastrophe' 모델을 활용한다. 구성원들이 실수 경험을 타인과 공유하면 실수가 사고로 확대되는 일을 막고 파국적 실패 가능성을 낮출 수 있다.

리더로서 당신의 책무는 모든 구성원의 학습불안을 줄임으로써 조직학습을 가능하도록 만드는 것이다. 조직학습의 목적은 동료들이 같은 실수가 아닌 더 나은 실수를 하도록 돕는 데 있다.

에드 호프먼은 조직의 목표를 달성하는 데 영향을 미치는 세 가지 단계의 불확실성을 각각 실수mistake, 경미한 사고mishap, 파국적 실패 catastrophic failure로 구분한다. 에드에 따르면 실수는 뭔가 사소한 일이 계획대로 진행되지 않는 상태를 말한다. 경미한 사고는 임무나 프로젝트 전체가 실패로 돌아가지는 않았지만 그중 일부에서 차질이 빚어진 상황을 의미한다. 파국적 실패란 업무 전체가 궤도를 벗어나 매우 중대하고 부정적인 결과가 빚어진 상황을 뜻한다. 각각의 단계는 저마다

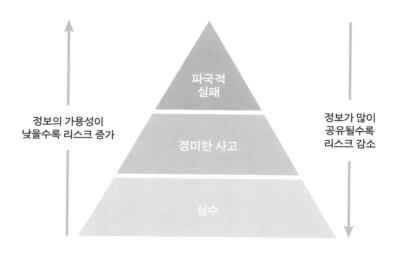

정보의 가용성이
낮을수록 리스크 증가

파국적
실패

경미한 사고

실수

정보가 많이
공유될수록
리스크 감소

🔼 그림 9.1. 이익 및 파국 피라미드의 리스크 및 정보 흐름

학습의 기회를 제공한다. NASA는 새로운 학습 시스템을 통해 어느 개인이 실수를 저지르면 이를 공론화하고 동료들과 함께 논의하는(누구에게도 비난받지 않는 안전한 공간에서) 기회를 제공함으로써 그 실수가 경미한 사고나 파국적 실패로 이어지지 않도록 구성원들을 훈련시킨다.(그림 9.1)

하버드 경영대학원의 크리스 아지리스Chris Argyris 교수는 이렇게 말한다. "똑똑한 사람들은 배우려 들지 않는다. 왜냐하면 그동안 자신이 많이 안다는 사실을 증명하고 뭔가를 모른다는 사실을 감추기 위해 너무 큰 투자를 했기 때문이다." 똑똑한 사람일수록 심리적 안전감이 존재하지 않는 상황에서는 절대 자신의 부족함을 드러내지 않으려 한다. NASA 역시 비슷한 문제에 직면했다. 이 조직은 똑똑한 사람들로 넘쳐

났지만 그들이 배우고, 실수를 공유하고, 언러닝할 수 있는 똑똑한 시스템을 구축하지는 못했다. 리더에게 가장 중요한 일은 구성원들이 서로의 실수를 공유하지 않았을 때 어떤 결과가 초래되는지 모든 사람에게 알리고, 개인의 실수를 동료들과 허심탄회하게 논의하는 일을 표준으로 정착시켜 학습의 기회와 경쟁 우위의 무기로 삼는 것이다.

'일탈의 정상화' 극복하기

앞서 이야기한 대로 NASA가(그리고 다른 수많은 조직이) 직면했던 가장 큰 도전 요소 중 하나는 '일탈의 정상화'를 극복하는 문제였다.

조직적 일탈은 대개 당신이 매우 바쁘거나 과중한 업무에 시달릴 때, 또는 시스템에 무사안일주의가 스며들었을 때 발생한다. 당신에게는 투자도 부족하고 자원도 충분치 않다. 또 모든 종류의 일탈이 조직의 성과에 어떤 영향을 미칠지 일일이 검토하기에는 너무 피곤하다. 그런 상황 속에서 일탈적 행위를 조금씩 허용하다 결국 이를 정상화하기 시작하는 것이다.

일탈의 정상화는 NASA 같은 정부 기관뿐 아니라 모든 조직에서 관찰된다. 그 종류도 다양하지만 특히 기업에 소속된 구성원들의 행동방식에 관한 일탈이 많이 발생한다. 승차공유 기업 우버Uber와 이 회사의 전 CEO 트래비스 칼라닉Travis Kalanick은 그중에서도 대표적인 사례다. 이 회사의 불량한 기업문화가 백일하에 드러나고 그가 어쩔 수 없이 사임하기 수년 전부터 이미 수많은 사람이 리더로서 칼라닉의 능력에 문제를 제기했다. 하지만 칼라닉의 일탈적인 행동은 이 회사의 눈부신 성장에 가려 사람들 눈에 잘 띄지 않았다. 어느 조직이든 리더가 "아직 실패한 게 아닙니다. 큰 문제가 터지지 않았어요"라고 말하기만 하면 모든 일은 정상적으로 받아들여지고 용인되는 경향이 있다. 그러다 결국 심각한 대형 사고가 발생하면서 조직이 치명상을 입는다.

에드는 자신이 '두 우주왕복선 이야기'라고 이름 붙인 일화를 통해 컬럼비아호의 재난 이후에 NASA의 학습조직이 얼마나 긍정적인 방향으로 개선됐는지 설명한다. 첫 번째 우주왕복선은 컬럼비아호였으며 두 번째는 디스커버리Discovery호였다. 두 우주선 모두 저마다의 문제를 겪었고 그 문제의 처리를 담당한 사람들도 대부분 동일 인물이었다. 하지만 그들이 문제에 대처한 방식은 두 경우가 완전히 달랐다. 컬럼비아호의 프로그램 관리자들은 선체에서 단열 타일이 떨어져 나가 날개에 부딪힐 가능성이 있음에도 우주선 발사를 강행하는 결정을 내렸으며, 그로 인해 파국적인 참사의 원인을 제공했다. 디스커버리호의 발사는 그로부터 6년 뒤에 이루어졌다. 에드 호프먼은 발사 장면을 지켜보기 위해 케네디 우주센터로 날아갔지만 매사가 계획대로 진행되지는 않았다. 에디의 말을 들어 보자.

내가 밤늦게 그곳에 도착했을 때 모든 일은 순조로워 보였다. 나는 다음 날 아침 일찍 잠에서 깨어 오전 6시쯤 아침 식사를 했다. 뭔가 문제가 생겼다는 말을 들은 것은 바로 그때였다. 지난번 지구로 무사히 귀환한 이 우주왕복선의 임무 수행 시에 비행 제어밸브 다섯 개 중 한 개가 작동하지 않은 '작지만 심각한' 기술적 문제가 발생했다는 것이다. 물론 다른 밸브가 네 개씩이나 있었기 때문에 그 일이 큰 문제로 확대되지는 않았고 우주왕복선은 안전하게 착륙했다. 하지만 엔지니어들은 그 밸브가 작동하지 않은 이유를 제대로 설명하지 못했다. 프로세스의 특정 부분이 잘못된 것일까? 공급업체가 납품한 부품에 문제가 생겼던 걸까? 그들은 그 어떤 설명도 할 수 없었다.

우리는 컬럼비아호 때와 똑같은 상황에 처했다. 뭔가 정상적인 궤도에서 일탈한 것이다. 언뜻 보기에 큰 문제가 될 것 같지는 않았다. 당신이라면 어떻게 하겠는가?

그날 이 우주왕복선에 관한 회의에 참석하기 위해 200명이 넘는 사람이 한 방에 모였다. NASA의 고위 관리자, 우주왕복선의 승무원, 엔지니어, 안전 담당자, 은퇴한 전문가들까지 포함해서 이 프로젝트에 관련된 모두가 자리를 함께했다. 일단 밸브와 관련된 문제가 제기된 이상 그들은 먼저 우주선의 발사 여부를 결정해야 했다. 이 우주왕복선 프로그램을 담당하고 있는 팀은 발사에 찬성하는 입장이었다. 그들은 이렇게 말했다. "그 밸브가 왜 문제를 일으켰는지 모르지만 우리는 지금까지 성공적으로 임무를 완수했습니다. 다른 밸브들도 전혀 이상 없이 가동되고 있고요." 우주왕복선을 발사하지 않고 발사대에 놓아두면 엄청난 비용이 발생한다. 게다가 이 우주선이 실어다 줄 보급품을 목이 빠지게 기다리고 있는 국제 우주정거장International Space Station의 우주인들 입장에서도 리스크가 증가할 수 있다. 하지만 엔지니어나 안전 담당자들은 디스커버리호를 발사해서는 안 된다고 주장했다. 문제의 원인을 누구도 설명하지 못하고 있으니 이를 규명하는 것이 첫 번째 우선순위라는 것이었다.

에드는 챌린저호 사고가 발생한 뒤에 NASA의 프로그램 관리자들을 위해 NASA 아카데미를 만들었다. 이 학습 프로그램에 참석한 구성원들에게는 각종 훈련과 리더십 혁신을 위한 도구가 제공되었으며 과거의 문제를 새로운 접근방식으로 해결하고 새로운 행위를 의도적으로 실천할 재학습의 기회가 주어졌다. 하지만 교육에 참석한 구성원들이 각자의 부서로 돌아갔을 때 리더들의 반응은 매우 미온적이었다. 그들은 과거에 성공을 안겨준 행동규범에 여전히 집착했고 챌린저호 참사를 극히 예외적인 사고로 인식하고 있었다.

하지만 컬럼비아호의 비극이 벌어지자 NASA는 리더와 구성원들이 함께 변화하지 않으면 조직의 발전에 필요한 새로운 행동규범을 정착시킬 수 없다는 사실을 깨달았다. 고립된 상태에서는 누구도 진보할수 없다. NASA가 문화적 혁신을 이루어내고 학습 시스템, 훈련 프로그램, 개인적·집단적 행동규범 등을 지속적으로 바꾸기 위해서는 리더와 구성원들이 함께 변해야 했다.

디스커버리호는 원래 2009년 1월에 발사가 예정되어 있었지만, 담당 팀은 제어밸브와 관련된 문제를 해결할 때까지 발사를 미루기로 결정했다. 이 팀의 리더들은 우주선 발사를 위해 수용 가능한 리스크의 범위를 평가하고 이 문제에 가장 정통한 여러 그룹의 전문가에게 조언을 구하는 한편, 정보의 가용성, 안전, 예산 한도 그리고 신규 보급품을 애타게 기다리고 있는 우주정거장의 비행사들 같은 조직적 긴장 상태를 균형 있게 조율하고 관리하는 데 집중했다.

이 문제를 해결하기 위한 실험에 과감히 투자하기로 결정한 NASA 는 결국 우주왕복선을 위험에 빠뜨리지 않고도 테스트를 실시하는 새로운 기술을 개발했다. 여기에는 많은 시간과 비용이 소요됐지만, 그들은 향후 더 저렴한 비용으로 우주왕복선의 회복력을 강화시킬 수 있는 혁신을 이루어냈다. 그들은 밸브 문제를 해결한 뒤 2009년 3월에 디스커버리호를 성공적으로 발사했다. 에드는 우주선의 발사를 연기한 의사결정에 대해 이렇게 말했다.

> 그동안 내가 이 조직에 어떤 기여를 했든 그날은 내가 NASA의 일원이라는 사실을 가장 자랑스럽게 생각한 하루였다. 왜냐하면 그날 하루 동안 이 조직 내에서 가장 완전하고 종합적인 학습이 이루어졌기 때문이다. 두 우주왕복선의 발사 임무에 관여했던 담당자들은 대부분 같은 사람들이었다. 컬럼비아호는 조직의 의사결정이 완전히 잘못된 방향으로 이루어진 경우였지만, 디스커버리호가 발사될 때는 모두가 당시의 상황에 맞춰 문제 해결을 위한 접근방식을 역동적으로 학습했다. 조직이든 프로젝트든 이런 접근방식을 따른다면 모든 업무에서 높은 성공률을 기약할 수 있을 것이다.

에드가 들려준 이야기는 NASA가 학습 시스템과 조직 행동방식을 개선하는 데 성공했다는 사실을 명백히 입증한다. 리더들은 일탈의 정상화를 바로잡고, 부서 간 협력 체계 구축, 다양한 전문적 조언 제공, 투명한 정보 공유와 같은 관행을 재학습하는 한편, 우주선 발사를 미루는 데 따르는 리스크를 수용 가능한 상태로 관리하는 데 주력했다.

NASA가 취했던 일련의 조치를 요약하면 다음과 같다.

- 우주왕복선의 밸브 문제를 투명하게 논의했다.
- 의사결정에 영향을 받는 모든 사람을 논의 과정에 참여시켰다.
- 핵심적인 사안에 초점을 맞췄다.
- 우주왕복선 임무 수행을 통해 얻어질 성과와 예산, 안전과 관련된 긴장 상태의 균형을 적절히 조율했다.
- 조직적 통찰을 활용했다.
- 의사결정을 내리는 과정에서 모든 사람이 책임감을 느끼도록 했다.

그 결과 그들은 성공적으로 임무를 완수했고, 우주왕복선 실험에서 새로운 혁신을 이루어냈으며, 제어밸브 문제도 해결했다. 이 팀은 발사를 중단하고 문제의 원인을 탐구하는 데 과감히 투자하고, 실패를 미연에 방지하는 의사결정을 내렸다. 또 발사 지연에 따르는 여러 리스크와 균형을 적절히 조절함으로써 더 강력한 학습 시스템과 조직 행동을 수립했고, 더욱 안전하고 운영비용이 낮은 우주왕복선을 만들어냈다.

조직의 혁신은 일회성 이벤트가 아니다

모든 조직에는 다음번 재난이 목전에 다가왔음에도 구성원들이 무사안일주의에 빠져 과거의 상태로 되돌아갈지도 모르는 리스크가 항상 존재한다. 이런 가능성을 사전에 차단하기 위한 한 가지 방법은 구성원들의 생존불안을 자극해서 학습 시스템을 활성화시키는 것이다. 구성원들은 실패가 언제라도 다시 찾아올 가능성이 있으며 특히 방어가 허술한 틈을 타서 자신을 공격할 수도 있다는 사실을 늘 기억해야 한다.

앞서 말한 대로 그동안 NASA가 치명적인 사고에서 자유로웠던 것은 아니다. 하지만 가장 최근에 벌어진 참사였던 2003년 컬럼비아호 사고 이후 이미 오랜 시간이 지났다. 3년에서 5년 주기로 발생하는 심각한 실패가 없다면 사람들은 시스템에 무사안일주의가 침투했을 때 어떤 결과가 발생할지 주의를 기울이지 않을 것이다. 그리고 그런 과정 속에서 또 다른 재난의 싹을 키울지도 모른다. 이런 상황을 막기 위해 리더는 항상 구성원을 훈련시키고, 함께 결과를 반성하고, 그들과 기탄없는 대화를 나눔으로써 일이 계획대로 진행되지 않았을 때 어떤 일이 생길지 늘 상기시켜야 한다. 또 왕성한 호기심을 발휘해서 기존의 일상적인 업무에 새로운 행동방식을 도입하는 노력을 멈추지 말아야 한다. 다시 말하지만 개인 및 조직의 혁신은 일회성 이벤트가 아니라 연속적인 과정이기 때문에, 우리는 시스템에 지속적인 자극을 가해서 더욱 새롭고 긍정적인 행동방식을 찾아내고 그 행위의 타당성을 입증할 책임이 있다. 바로 그것이 우리가 언러닝 사이클을 의도적으로 실천하는 이유다.

NASA는 구성원들의 기억을 환기시키는 차원에서 매년 '추모의 날 Day of Remembrance' 행사를 연다. NASA는 이 특별한 날에 일상적인 업무를 중단하고 "인류를 위한 개척과 탐구의 최전선에서 소중한 생명을 바친 동료들의 유산과 추억을 되돌아보는" 시간을 갖는다. NASA의 국장 대리 로버트 라이트푸트Robert Lightfoot는 2017년 추모의 날에 구성

언러닝

원들에게 보낸 메시지에서, 14년 전 컬럼비아호의 비극이 발생했을 때 이곳에 근무했던 사람은 현재 NASA의 구성원 중 45퍼센트에 불과하다고 지적했다.

당시 이 비극을 직접 경험했고 힘겨운 회복의 과정을 겪은 구성원들은 앞으로 우리가 탐구의 여정을 이어가는 동안 그 교훈들을 어떻게 후배들에게 전달할 수 있을까요? 내가 알고 있는 최선의 방법은 서로의 이야기를 공유하는 겁니다. 파워포인트를 통해서가 아니라 개인적으로 대화를 나누는 거죠.[3]

추모의 날 행사(1월의 마지막 목요일)에는 아폴로 1호, 챌린저호, 컬럼비아호 사고로 목숨을 잃은 우주비행사들의 가족을 초청해서 사랑하는 사람들에 대한 이야기를 함께 나눈다. 그때 근무했던 구성원들도 사고 당시에 있었던 일을 참석자들과 공유한다. 또 그 구성원들은 추모의 날 행사가 개최되는 1월 내내 여러 부서 회의에 참석해서 당시의 사고 상황에 관한 이야기를 들려준다. 로버트 라이트푸트는 이렇게 설명한다. "이런 과정을 통해 모든 구성원은 누구나 기탄없이 문제를 제기하는 문화, 의사결정 과정에서 리더들이 끝없는 호기심을 발휘하는 문화를 만들기 위해 우리가 그토록 노력했던 이유를 깨닫게 되리라고 믿습니다."[4]

오늘날 세계에서 가장 성공적인 기업 중에서도 이와 비슷한 교훈을 얻은 사례가 있다. 예를 들어 넷플릭스는 특정한 일탈적 행위가 조직 학습 시스템과 자사의 제품 및 서비스를 개선하는 데 큰 효과가 있다는 사실을 발견했다. 이 회사는 구성원들이 모르는 상태에서 어느 날 갑자기 회사의 제작 시스템 일부를 무작위로 가동을 정지시켜 제품이나 서비스 운영에 장애를 일으킨다. 이 훈련의 목적은 구성원들이 문제의 원인을 빠르게 파악하고, 충격을 완화하고, 조직의 회복력을 증진하고, 업무 체계를 개선할 수 있는 시스템을 구축하는 데 있다. 또 그들은 넷플릭스의 제작 환경을 의도적으로 마비시킴으로써 구성원들이 부서 간 유대와 협업을 강화하고 궁극적으로 고객에게 더 나은 품질의 서비스를 제공할 수 있는 역량을 개발하도록 유도한다.

넷플릭스 구성원들은 그들의 제품과 서비스가 왜 갑자기 작동하지 않는지, 이 문제가 실제 상황인지 아닌지조차 알지 못했지만, 이 훈련 덕분에 상호 간에 더 긴밀하게 협업하고 정보를 공유함으로써 문제의 원인을 밝혀내고 장애를 복구했으며 시스템의 회복력을 한층 증진시켰다. 넷플릭스의 제작 환경을 고의적으로 마비시키는 관행은 회사 내에서 일종의 조직적 습관으로 자리 잡았으며, 그들은 급기야 카오스 몽키Chaos Monkey라는 소프트웨어를 개발해서 무작위로 선정된 시스템 일부에 자동적으로 장애를 유발하고 시스템이나 조직원들이 그 문제에 어떻게 대응하는지 테스트하기에 이르렀다. 이제 카오스 몽키는 다양한 형태의 시스템 장애, 예외적인 사고, 예상치 못한 서비스 중단 등의 상황을 모의실험하고 이에 대한 대응책을 점검하기 위해 설계된 시미안 아미Simian Army라는 좀 더 포괄적인 도구의 일부로 진화했다. 이 모의실험 도구들은 고의 장애 유발이라는 일탈적 행위를 통해 시스템을 개선했을 뿐만 아니라, 넷플릭스의 구성원들이 새로운 접근방식, 아이디어, 패러다임을 도입해서 학습 시스템과 제품 및 서비스를 지속적으로 향상시키는 데 도움을 주고 있다.

언러닝은 말보다 행동으로 실천해야 한다. 우리가 행동을 언러닝하면 세상을 관찰하고, 경험하고, 바라보는 방식이 바뀐다. 세상을 경험하고 바라보는 방식이 바뀌면, 세상을 인식하는 방식이 바뀐다. 다시 말해 세상에 대한 우리의 심리적 모델을 변화시키기 위해서는 말만 앞세워서는 아무 소용이 없으며 먼저 세상을 생각하고, 바라보고, 느끼는 방식이 바뀌는 경험을 해야 한다.

우리가 새로운 행동규범 도입이라는 혁신을 이루기 위해서는 실험실 접시처럼 혁신을 키워낼 배양 장치가 필요하다. 즉 구성원들이 과거의 기술을 언러닝하고 새로운 역량을 재학습하는 작업에 돌입할 수 있도록 안전하게 보호된 공간이 주어져야 한다. 안전감은 심리적, 물리적, 경제적 측면을 망라한 다양한 차원에서 존재해야 한다. 우리에게는 어린이들의 모래 상자처럼 새로운 기술, 능력, 사고방식을 마음껏 실험하고, 검증하고, 개발할 수 있는 놀이터가 필요하다. 다시 말해 돌이킬 수 없는 피해를 초래하지 않고도 충분히 복구 가능한 실수를 저지를 수 있는 환경을 설계하고 창조해야 한다.

모래 상자는 우리가 심리적 안전지대를 편안하게 벗어나 혁신하고 성공하는 데 필요한 안전장치를 제공한다. 물리적 모래 상자는 우리가 다양한 시도와 반성의 단계를 거쳐 새로운 행동방식을 정착시킬 때까지 시간과 공간을 투입할 여건을 마련해준다. 경제적 모래 상자는 실패에도 안전한 투자를 통해 재학습하고, 새로운 기술과 역량을 획득하고, 비즈니스에 큰 피해를 입히지 않고도 불확실성에 대처할 수 있도록 해준다.

안전감의 수준을 끌어올리기 위해 노력하고 있는 리더는 팀 내에서 실패가 발생했을 때 조직 구성원들이 그 상황에 어떻게 반응하고 대처하는지 항상 점검해야 한다. 그들은 충격에 빠져 어찌할 바를 모르는가? 또는 실패를 통해 얻은 정보를 새로운 경쟁 우위 요소로 활용해서 다음번 언러닝 사이클에 피드백하는가? 생산적 조직 문화를 소유한 고성과 조직의 구성원들은 어떤 사건이 벌어지든 이를 경쟁 우위를 강화할 기회로 인식한다.

지속적인 언러닝의 위력

기업에 언러닝 사이클을 도입하려면 학습 시스템을 구상하고, 설계하고, 배치하는 작업이 일회성 이벤트라는 사고방식 자체를 언러닝해야 한다. NASA, 넷플릭스, 토요타 같은 기업 사례에서 입증된 바와 같이 지속적인 학습 시스템을 구축하고, 모의실험하고, 발전시키고(때로 넷플릭스처럼 자동화하고), 이를 문화로 정착시킨 조직은 하나같이 탁월한 성과를 거두었다.

토요타 생산 시스템TPS의 아버지로 불리는 다이치 오노大野耐一는 이런 말을 남겼다. "우리의 다양한 선입관을 매일 깨부수지 않으면 결국 실패할 수밖에 없다." 그는 토요타의 성공을 위해서는 구성원들이 언러닝을 통해 과거를 내려놓고, 변화하는 세계에 맞춰 끝없이 언러닝하며 새로운 방법론을 적용해야만 미래의 성공을 기약할 수 있다는 점을 정확히 간파했다.

BJ 포그가 '사소한 습관' 방법론을 통해 우리를 일깨웠듯이, 조직에 새로운 행동방식을 도입하는 일은 우리의 생각처럼 그렇게 복잡하지 않다. 게다가 그건 하나의 시스템이다. 언러닝은 또 다른 언러닝을 유발함으로써 결국에는 당신의 조직 전체에 걸쳐 막대한 파급효과와 네트워크 효과를 불러일으킨다.

구성원들의 동기부여에 의존해서 조직에 혁신을 도입하는 방법은 효과가 없다. 개인적 능력에 관계없이 누구나 쉽게 변화의 과정을 밟을 수 있는 환경을 만들어야 한다. 다시 말해 구성원들이 작은 단계를 시작으로 그 변화들을 기존의 일상에 통합시키고 세계를 새로운 방식으로 바라보고 경험하는 여정에 나설 수 있게 해야 한다. 우리가 선택할 수 있는 가장 작은 행동 중의 하나는 동료들에게 최근에 저지른 가장 유용한 실수가 무엇이었는지 묻는 것이다. 그 실수는 업무 개선 과정에 어떻게 기여했나? 우리는 이렇게 작은 단계를 수없이 밟아가며 강력한 모멘텀을 구축하고 구체적인 결과물을 통해 발전의 증거를 제시할 수 있을 것이다.

학습조직을 만드는 법

소프트웨어 기업 피보탈Pivotal의 기술 담당 이사 앤드루 클레이 쉐이퍼Andrew Clay Shafer는 다음과 같은 단순한 진실을 역설한 바 있다. "당신이 학습조직을 만들지 않으면 학습조직을 만든 기업에 패배하게 될 것이다." 그의 주장은 오늘날의 세계를 매우 적절하게 묘사하고 있는 듯하다. 학습조직은 우리에게 낯선 개념이 아니다. 우리가 2장에서 살퍼본 바와 같이 이 아이디어는 1990년 피터 센게의《학습하는 조직》이 출판되면서부터 유명세를 타기 시작했다.

NASA와 넷플릭스를 포함한 진정한 학습조직들이 그동안 큰 성공을 거둔 이유는 그들이 조직 내의 모든 출처로부터 정보를 수집한 뒤 이를 통합하고, 활용하고, 혁신의 밑거름으로 삼는 체계적인 접근방식을 구사했기 때문이다. 이들은 구성원들이 업무를 통한 경험, 비공식적인 학습 환경, 모의실험, 심지어 놀이 같은 다양한 방식을 통해 학습할 기회를 제공했으며 학습을 수행하기에 안전한 여건을 조성했다.

무형식 학습informal learning 또는 우발 학습incidental learning은 학습의 필요성, 동기, 기회가 존재하는 곳에서는 어디서나 이루어질 수 있다. 학습 및 리더십 전문가 빅토리아 마식Victoria Marsick과 마리 볼프Marie Volpe는 직장에서의 무형식 학습을 연구한 다수의 논문을 검토한 뒤에 무형식 학습의 특징을 다음과 같이 정리했다.

- 일상에 통합된다.
- 내부적·외부적 자극에 의해 유발된다.
- 무의식적으로 발생하는 경우가 많다.
- 무계획적이고 우연히(뭔가 학습을 촉발하는 요인에 의해) 이루어진다.
- 반성과 행위를 유도한다.
- 타인의 학습과 연계된다.[5]

그렇다면 학습조직을 구성하는 요소에는 어떤 것들이 있으며, 당신의 회사가 학습조직인지 여부를 어떻게 판단할 수 있을까? 빅토리아

요소	의미	정의
1. 지속적 학습	지속적인 학습 기회 창출	학습이 업무의 일부로 설계되어 구성원들이 업무를 수행하면서 동시에 학습한다. 구성원들에게 지속적인 교육과 성장의 기회가 제공된다.
2. 질문과 대화	질문과 대화 촉진	구성원들은 자신의 관점과 능력을 논리적으로 표현하는 생산 적인 논증의 기술과, 타인의 관점을 청취하고 탐구하는 능력 을 습득한다. 조직 문화가 구성원들의 기탄없는 질문, 피드백, 실험을 지원하는 방향으로 바뀐다.
3. 팀 학습	협업과 팀 학습 장려	여러 그룹에 속한 구성원들의 다양한 사고방식을 활용하도록 업무를 설계한다. 모든 그룹은 서로를 통해 배우고 협조해서 일한다. 협업을 가치 있게 여기고 이에 대해 보상하는 문화가 형성된다.
4. 학습 내장형 시스템	학습의 필요성을 포착하고 공유하는 시스템 구축	학습 공유를 위한 높고 낮은 기술 수준 기반의 다양한 시스템을 구축하고 업무에 통합시킨다. 모든 사람에게 시스템에 접근할 권한이 주어지고, 시스템 자체의 수명도 오래 유지된다.
5. 권한 위임	집단적 비전을 향해 구성원에게 권한 위임	구성원들이 함께 공동의 비전을 수립하고, 소유하고, 구현한 다. 구성원에게 의사결정의 권한과 책임을 제공함으로써 그들이 자신의 책임 소재하에 있는 대상에 대해 학습하도록 동기를 부여한다.
6. 시스템 연결	조직과 환경의 연결	구성원들은 자신의 업무가 기업 전체에 미치는 효과가 무엇인지 파악할 기회를 얻는다. 또 자신에게 주어진 환경을 세심히 검토하고, 그 정보를 바탕으로 업무 관행을 적절히 조율한다. 조직은 공동체와 긴밀히 연결된다.
7. 전략적 리더십	학습을 위한 전략적 리더십 제공	리더들이 학습에 모범을 보이고, 학습을 옹호하고 지원한다. 또 조직이 추구하는 비즈니스 목표를 달성하는 데 학습을 전략적으로 활용한다.

☼ 표 9.1. 학습조직의 일곱 가지 요소

마식과 카렌 왓킨스Karen Watkins는 일곱 가지 요소로 구성된 학습조직 모델을 개발했으며,(표 9.1) 이와 관련해서 각 조직의 현재 상태를 진단하는 데 도움을 주는 학습조직 요소 설문지Dimensions of the Learning Organization Questionnaire, DLOQ를 작성했다.[6]

이 모델이 특히 흥미로운 점은 현대의 가장 성공적인 기업들에서 이 학습조직의 구성 요소들이 생생하게 관찰된다는 것이다. 예를 들어 아마존은 팀의 성과를 측정할 때 구성원들이 얼마나 많은 학습을 수행했는지를 평가 기준으로 삼을 수 있도록 특별히 설계된 시스템을 구축했다. 또 우리는 이 책에서 당신이 학습한 내용을 피드백하고, 반성하고, 실험하고, 통합하는 개념에 대해 이야기했지만, 그 자체가 언러닝 사이클을 통해 전환점에 도달하는 과정을 의미한다. 그 모두가 서로 깊이 연관되어 있는 것이다.

앞서 말한 학습조직 요소 설문지는 원래 일곱 가지 요소에 걸쳐 43개의 설문 항목으로 이루어져 있었지만, 마식과 왓킨스는 이를 21개 질문으로 줄였다. 그들이 가장 최근에 발표한 학습조직 요소 설문지 중 몇 가지 항목만 여기에 소개한다.

- 질문 1. 우리 조직의 구성원들은 서로의 학습을 돕는다.
- 질문 2. 우리 조직의 구성원들은 학습에 필요한 시간을 제공받는다.
- 질문 3. 우리 조직의 구성원들은 학습에 대해 보상받는다.
- 질문 4. 우리 조직의 구성원들은 서로에게 열린 마음으로 피드백한다.
- 질문 5. 우리 조직의 구성원들은 자신의 관점을 이야기할 때마다 다른 사람들의 의견을 묻는다.[7]

독자 여러분도 이 설문지를 활용해서 자신이 속한 조직의 상태를 진단해보기를 바란다. 물론 그 출발점은 당신 자신과 당신의 팀을 냉정하게 평가하는 것이다. 당신에게 미흡한 요소가 무엇인지 파악해보라. 예를 들어 당신이 속한 조직에는 지속적인 학습이나 권한 위임의 문화가 부족할 수도 있다.

하나의 요소를 선택해서 관련자들과 논의하고, 당신의 팀이 앞으로 나아가기 위해 가장 시급하게 언러닝이 필요하다고 생각되는 대상을 골라 여기에 집중하라. 그리고 언러닝 성명서를 작성하고 '사소한 습관'을 설계해서 언러닝에 돌입하되, 정말로 작은 단계를 골라 실천에 옮겨야 한다. 당신이 1개월 내, 1주일 내, 하루 내에 할 수 있는 일이 무엇인지 생각해보라. 이전보다 더 나은 새로운 행동방식을 도입해서 당신 옆에 정착시켜라.

또 우리가 평소에 언러닝 사이클을 밟는 과정과 비슷한 방식으로 조직학습 시스템을 설계하고 구축하라. 예를 들어 NASA는 성공에 필요한 핵심 역량이 무엇인지 파악해서 구성원을 훈련시키고, 그들에게 도구를 제공하고, 새롭게 획득한 역량을 실천할 기회를 주었다.

에드 호프먼이 NASA에서 실천한 일을 본받아 당신이 속한 조직 전체로 학습 시스템의 범위를 확대하고 당신이 바람직하게 생각하는 행동방식을 표준으로 만들라.(그리고 일탈적 행위를 제거하라.) 학습 시스템을 관리자에게 보여줄 용도로 사람들의 눈앞에서만 사용할 것이 아니라, 당신 조직의 기본적 환경으로 통합시켜라.

마지막으로 학습 시스템을 자동화하고 체계화하는 일이 남아 있다. 기술 기업들은 이 작업을 매우 자연스럽게 해낸다. 그들은 전사적인 학습 플랫폼을 구축해서 다양한 데이터를 수집하고 이를 의사결정에 활용한다. 우리가 학습조직의 운영을 통해 더 이상 효과가 없는 과거의 행동을 언러닝하고 미래에 탁월한 성과를 안겨줄 새로운 행동방식으로 대체함으로써 가장 큰 혜택을 얻을 수 있는 곳은 바로 이런 조직이다.

10장 | 언러닝 인센티브

영원히 변치 않는 자연의 법칙이 하나 있다. 당신이
남에게 보상을 제공하는 만큼만 대가를 얻는다는 사실이다.

– 찰리 멍거 Charlie Munger

얼마 전 세계에서 가장 큰 은행 중 하나로 꼽히는 금융회사의 임원 전략 회의에 초대받아 그곳의 경영진과 자리를 함께했던 일이 생생하게 기억난다. 회의를 주최한 측은 내게 고성과 조직에 대한 관점을 제시해달라고 부탁했다. 특히 리더들에게 요구되는 의식구조와 행동방식이 무엇인지, 이 은행의 현재 상황은 그 점에서 어떻다고 생각하는지 비교해서 이야기해달라고 요청했다. 회의는 두 시간 정도 이어졌다. 하지만 처음 90분은 그 자리에 참석한 임원들이 돌아가며 각자 담당하는 사업이 얼마나 잘 진행되고 있으며 자신의 부서에서 얼마나 훌륭한 성과가 창출되고 있는지 앞다퉈 발언하는 데 소비됐다. 그들은 자신의 말을 입증하는 완벽한 기록과 긍정적인 성공의 지표를 증거로 제시했다.

그러나 회의 시간 30분을 남기고 참석자들이 회사 전체의 이익에 관련된 주제, 특히 이 은행이 추구하는 목표가 무엇이고, 회사가 미래에 어떤 방향을 지향해야 하며, 부서 간의 협업 방식을 개선하기 위한 방안이 무엇인지 등을 논의하면서 회의의 분위기는 싹 바뀌었다.

방안은 잠시 쥐 죽은 듯이 조용해졌다. 그러다 이 은행에서 가장 매출 비중이 큰 사업 부서를 이끄는 임원이 이렇게 입을 뗐다. "기본적으로 우리 조직은 서로가 경쟁하는 구조로 설계되어 있습니다. 그런 설계 방식의 부작용은 서로가 정보를 공유하지 않는다는 것이죠. 우리는 함께 협업해서 은행 전체의 성과를 개선하기보다 각자의 사업부 실적을 늘릴 기회만 노리고 있습니다."

그 사람의 말이 옳았다. 이 고위급 임원들이 각자의 비즈니스를 최적화하는 일에만 매달린다면 회사가 원하는 방향으로 조직을 이끌고 나가기는 불가능했다. 그들이 더 큰 성공을 거두기 위해서는 과거 임원들 개인에게만 성공을 안겨주었던 일을 중단하고 은행 전체를 성공으로 이끄는 작업에 돌입해야 했다.

어쨌든 경영진이 그런 현실을 깨닫고 인정했다는 사실 자체는 고무적이었다. 사안의 핵심은 그들의 개인적 성공을 판가름할 궁극적인 요인에 관한 문제였다. 이 금융권 임원들이 기존의 업무 방식과 행동을 새롭게 바꾸도록 동력을 제공할 인센티브는 무엇인가?

다시 말해 기업의 임원들에게 가장 큰 관심사(그리고 과제)는 그들로 하여금 모험하고, 혁신하고, 과거에 성공을 가져다주었던 요소를 언러닝하도록 동기를 부여하는 게 무엇인가 하는 것이다. 임원들의 성과는 대부분 매우 구체적인 비즈니스 산출물이나 경제적 수치에 따라 측정된다. 만약 그들이 기존 비즈니스의 효율성이나 유효성을 단 1퍼센트만 향상시키더라도 큰 액수의 성과급을 보장받을 수 있다. 그런 상황에서 굳이 불확실하고, 위험하고, 잘 알려지지 않은 길(설령 그 길을 통해 효율성이나 유효성을 25퍼센트 높일 가능성이 있다고 해도)을 선택하려 드는 임원이 있을까?

당신이라면 이런 상황에서 어떤 조치를 취할 것인가?

현대 기업의 리더 대부분은 기존의 시스템을 조금 더 쥐어짜기만 해도 큰 인센티브를 얻어낼 수 있기 때문에, 과거 자신에게 성공을 안겨주었던 행동이나 업무 방식을 언러닝하는 모험을 하지 않는다. 여기에 임원들끼리 서로 경쟁해야 하는 현실이 더해지면서 부서 간의 협업이 어려워지고, 조직의 잠재력과 실제로 도출된 성과 사이에 커다란 간극이 발생한다.

제너럴 일렉트릭GE의 전 CEO 잭 웰치Jack Welch는 이런 말을 했다. "단기간에 수익을 높이는 일은 어떤 멍청이라도 할 수 있다. 쥐어짜고, 쥐어짜고, 쥐어짜다 보면 회사는 5년쯤 뒤에 망하는 법이다."[1] 기업들이 제공하는 인센티브는 대부분 단기적 성과, 부서 단위의 실적, 측정하기 쉬운 목표에 집중되어 있다. 이는 조직의 장기적 성공을 심각하게 해치는 관행이다. 이 장에서는 언러닝 인센티브에 관해 집중적으로 논의하고, 제한된 수의 구성원이나 부서에만 혜택을 주는 개인 실적 중심의 인센티브를 회사 전체의 성과로 옮기는 방법을 탐구해본다.

인센티브와 언러닝

구성원들을 과거의 굴레에서 벗어나지 못하게 만드는 요인 중 하나는 회사가 동기부여를 목적으로 제공하는 인센티브에 있다. 인센티브는 대개 급여 인상이나 성과급 같은 금전적 형태로 지급되지만, 연구에 따르면 개인적 성과에 따라 구성원들에게 돈을 지불하는 제도가 오히려 당사자들에게 부정적인 행동을 초래하고 기존의 업무 방식을 개선하고자 하는 의욕을 꺾는다.[2]

CEO나 임원처럼 기업을 경영하는 사람들을 예로 들어보자. 임원들의 인센티브 구조는 대체로 그들이 일하는 기업의 경영 실적과 연동되어 있다. 회사의 주가가 오르거나 수익성이 좋아지면 임원들에게 큰 성과급이 돌아간다. 따라서 그들 대부분은 성과급을 챙기는 데만 정신이 팔려 훌륭한 회사나 좋은 일터를 만드는 것에 관심을 보이지 않는다.

당신이 구성원에게 "이런 일을 하면 저런 보상을 받을 것이다"라고 선언하면서 그들과 보상을 근거로 한 조건적 관계를 맺는 순간, 구성원들은 이 방정식에서 '저런 보상'이라는 항목에 자연스럽게 초점을 맞추게 된다. 만약 당신이 관리자들에게 운영비용을 절감하는 만큼 성과급을 받게 될 거라고 말한다면, 그들은 시스템의 비용을 줄이는 데 사생결단의 노력을 기울이다 급기야 조직 전체에 피해를 입히고 회사의 장기적 성장에 지장을 초래할지도 모른다. 그리고 '저런 보상'의 규모가 커질수록(즉 성과급 액수가 수만 달러나 수십만 달러 수준으로 치솟을수록) 임원들이나 구성원들은 그 목표를 달성하기 위해 수단과 방법을 가리지 않게 될 것이다.

조사에 의하면 그동안 기업들이 지출한 총 인건비에서 성과급이 차지하는 비율은 1991년 이래 꾸준히 증가했다. 1991년 기준으로 전체 인건비 중 급여 인상분의 비율은 5퍼센트였고 성과급은 3.1퍼센트였다. 2017년에는 기업의 인건비 중 급여 인상분이 2.9퍼센트에 불과했지만 성과급의 비율은 12.7퍼센트로 뛰었다.[3] 하지만 이 숫자만으로는 기업과 최고 경영진 사이에 형성된 조건적인 관계와 성과급의 진정한 문제를 파악할 수 없다. 〈포천〉에 따르면 오늘날 CEO들이 수령하는 보수의 90퍼센트가 장기적 인센티브를 포함한 성과급으로 이루어져 있는 반면 그들에게 고정적으로 지불되는 급여는 전체의 10퍼센트에 불과하다고 한다. 2014년 기준으로 CEO들이 수령한 성과급의 중위값은 전년 대비 6퍼센트 증가한 710만 달러에 달했다.[4] 2017년 100대 기업의 CEO들이 수령한 보수의 중위값은 사상 최대 금액인 1570만 달러를 돌파했다.[5]

이런 엄청난 돈이 걸려 있는 상황에서 CEO들은 어디에 초점을 맞출까? 그들의 성과급을 위태롭게 할지도 모르는 새롭고 위험한 방법일까, 아니면 그들에게 '저런 보상'을 가져다줄 것이 확실한 기존의 전략일까? 당신이라면 무엇을 선택하겠는가?

위험 부담이나 보상의 규모가 이처럼 큰 상황에서 리더들 앞에 놓인 선택지는 두 가지다. 하나는 과거에 긍정적인 성과를 안겨주었고 자신에게 익숙한 전략을 선택한 다음, 어떻게든 시스템을 쥐어짜서 성과급을 챙기는 데 필요한 1~2퍼센트의 실적 향상을 도모하는 것이다. 다른 하나는 과감하게 불확실성을 포용하고 과거를 언러닝하는 길을 선택하는 것이다. 다시 말해 자신에게 비범한 성과나 참담한 실패를 모두 안겨줄 수 있고 예전에 전혀 경험해보지 못한 일에 도전하는 것이다. 아마 100명 중 99명은 기존에 해오던 일을 고수하는 쪽을 선택할 것이다. 기업들은 임원들에게 보상을 제공하는 만큼만 대가를 얻는다.

어느 조직에서나 혁신을 가로막는 가장 큰 방해물 중 하나는 기존의 인센티브 구조다. 리더들은 자기가 회사의 혁신을 이끄는 방향으로 인센티브를 설계했다고 생각하지만, 사실 그 인센티브 탓에 애초의 목적과 정반대 효과가 유발된다. 다시 말해 그들은 개인에게 보상을 제공하는 대가로 시스템 전체 차원에서 막대한 비용을 부담하고 있다.

성과 기반의 개인적 인센티브를 언러닝하고, 진정한 동기부여, 과감한 행동방식, 모험적인 사업 계획을 적절히 통제된 상태에서 탐구할 방안을 재학습함으로써 전환점에 도달해야 한다. 이 전략의 핵심은 기존에 수행하던 모든 일을 갑자기 새로운 방식으로 바꾸는 것이 아니라, 먼저 크게 생각하고 작게 시작하라는 것이다. 당신의 사업 계획 목록에서 실패에도 안전한 실험을 한두 개 고르라. 전 재산을 걸고 도박에 나서기보다 구성원들이 회사에 기여한 공로를 효과적으로 인정해줄 수 있는 1달러짜리 배팅을 하라. 당신이 이 작은 실험들의 혜택을 확인하는 순간, 그 증거를 발판으로 더 원대한 실험을 수행하고 불확실성과 모험에 도전할 수 있을 것이다.

노력과 성과를 연결해서 전환점에 도달하라

리더들의 또 다른 문제는 구성원 개개인을 평가할 때 그들의 실적을 회사의 성과와 효과적으로 연동시키지 못한다는(즉 그들이 회사에 기여한 바를 가시화하지 못한다는) 것이다. 리더들은 조직 전체가 지향하는 성과, 목적, 사명 등을 분명히 정의한 다음, 구성원들이 그 목표의 가치를 믿고, 이해하고, 이를 성취하는 데 전념하도록 동기부여해야 한다. 그리고 구성원 각자가 조직에 기여한 바가 회사의 목표를 달성하는 데 어떻게 연관되는지 그들에게 확인할 기회를 주어야 한다.

다시 말해 회사의 목표를 명확히 밝히고, 구성원이 목표 지점을 향해 출발하도록 돕고, 그 여정을 지원하는 일은 리더의 책무다. 하지만 회사의 경영진이 사업의 목적이나 조직의 사명을 구성원에게 분명하게 전달하지 않는 경우는 너무도 흔하다. 그런 곳에서 일하는 구성원들은 자신이 그 목적이나 사명에 어떻게 기여하게 될지 알지 못한다.

넷플릭스의 임원들이 담당한 핵심 역할 중 하나는 조직의 최우선순위를 모든 구성원에게 분명히 이해시키는 일이었다. 그들은 이 작업을 마친 뒤에 회사가 지향하는 목표를 달성하는 데 가장 효과적이라고 생각하는 일을 각자가 알아서 수행하도록 모든 구성원을 독려했다.

넷플릭스의 최고 인재 책임자Chief Talent Officer로 근무했던 패티 맥코드Patty McCord는 《파워풀Powerful》에서 구성원들이 조직의 방향을 얼마나 잘 이해하는지 알아보기 위해 자신이 사용했던 실험 방법 하나를 소개한다. 맥코드는 휴게소나 엘리베이터에서 마주친 구성원들에게 직급을 가리지 않고 수시로 이렇게 물었다고 한다. "회사가 향후 6개월 동안 역점을 기울일 가장 중요한 일 다섯 가지는 무엇입니까?" 그 구성원이 질문에 즉시 답변하지 못할 경우 패티는 그것이 구성원의 잘못이 아니라 넷플릭스의 경영진이 맡은 바 직무를 제대로 수행하지 못했다는 의미로 받아들였다.

회사의 목표와 취지를 명확히 이해하지 못하는 구성원들은 한 발자국도 앞으로 나아갈 수 없다. 그리고 회사가 조직 전체의 목표를 달성하는 데 따르는 인센티브를 구성원에게 제대로 제공하지 않거나 그들이 기울인 노력을 성공이라고 평가하지 않는다면, 구성원들은 회사의 목표를 성취하는 일에 힘쓰기보다 비교적 달성하기 쉽고 측정이 수월한 각자의 인센티브 요건을 충족하는 일에만 매달리게 될 것이다.

대다수의 구성원은 회사 전체의 성과에 어느 정도 기여했느냐가 아니라 어떤 활동을 수행했느냐에 따라 평가받는다. 이런 일이 벌어지는 이유는 개인의 활동이 측정하기가 훨씬 쉽기 때문이다. 관리자들은 구성원 각자가 회사 전체의 성과에 기여한 부분을 측정하기가 너무 어렵다는 이유로 이 사안에 관해 구성원들과 전혀 소통하지 않거나, 하더라도 매우 서툴게 한다. 그런 과정에서 구성원 개인의 업무 성과와 조직의 목표를 연동하는 데 실패한다. 그 결과 구성원들의 업무 참여도는 갈수록 하락한다. 그들은 자기가 회사의 목표 달성에 어떻게 기여했는지 확인할 길이 없다. 본인이 어떤 목표를 달성하기 위해 노력 중인지가 분명치 않은 구성원은 회사와 맺은 조건적 관계의 방정식에서 '저런 보상'이라는 항목, 즉 측정하기 쉽고 자신에게 대가를 제공할 확률이 높은 결과물에만 몰두하게 된다. 그래서 리더들은 측정하기 쉬운 과업을 통해 측정하기 어려운 성과를 거두려는 사고방식을 언러닝해야 한다.

사람들은 조직이든, 공동체든, 세계든 자기가 속한 집단의 공적인 이익에 기여하기를 원한다. 기업의 구성원들 역시 개인이 수행하는 업무가 회사 전체의 성과로 이어진다는 사실을 확인할 수 있는 강력한 유대감이 존재하는 곳에서 가장 만족스럽게 일한다. 이런 유대감이 약하거나 아예 존재하지 않는 회사에서 업무 의욕과 조직적 성과는 하락할 수밖에 없다.

언러닝의 힌트들

관리자가 구성원들과 측정 대상에 대해 소통한다는 말은 회사가 구성원들의 어떤 행동을 가장 중요하게 생각하고 구성원에게 보상을 제공하기 위해 어떤 행동을 관찰하고 평가할 것인가에 대한 신호를 보낸다는 의미다. 당신이 현재 진행 중인 사업계획을 감안해서 잠시 시간을 내어 다음 질문에 답해보라.

- 당신은 어떤 측정 지표를 통해 구성원들을 관찰하는가?
- 당신이 수립한 측정 지표는 팀에게 어떤 신호를 주는가?
- 그 지표는 측정하기 쉬운가, 아니면 어려운가?
- 그것은 회사 전체의 성과에 관한 측정 기준인가, 아니면 당신이 속한 부서의 목표에 관련된 기준인가?
- 당신의 개인적 노력과 회사 전체의 성과를 어떻게 연동시킬 수 있는가?
- 당신이 측정하기 쉬운 과업을 모두 완료했다면, 이는 회사 전체의 성과를 달성하는 데 어떤 영향을 미치는가?

인센티브의 과학

전 세계 어느 곳에서나 리더들이 직면한 가장 큰 문제는 이런 질문으로 요약된다. 구성원을 어떻게 동기부여해서 리더가 원하는 일을 하도록 만들 것인가? 특히 **구성원이 그 일을 원치 않는다면** 어떻게 해야 하나? 앞서 행동 설계를 논의할 때 이야기했듯이 세상의 모든 사람은 서로 다르다. 그러므로 서로 다른 행위는 서로 다른 사람을 서로 다른 방식으로(그것도 종종 의도치 않은 방식으로) 동기부여할 수밖에 없다.

분명한 사실은 대다수의 조직에 소통 단절과 행동매칭의 문제점이 존재한다는 것이다. 2017년 갤럽이 발표한 직장인 실태조사State of the Workplace 보고서에 따르면 전 세계의 직장인 중 85퍼센트가 직장에서 업무 몰입도가 매우 낮거나(18퍼센트) 업무에 몰입하기를 어려워한다고(67퍼센트) 한다. 갤럽은 이렇게 정리했다. "업무에 몰입하는 데 어려움을 겪는 직장인이 전체 노동인력의 대다수를 차지한다. 그들이 최악의 성과자라서가 아니라 당신의 조직에 관심이 없기 때문이다. 이 인력들은 회사에 시간을 투자하면서도 최고의 노력이나 최고의 아이디어를 투자하지는 않는다. 그들 역시 뭔가 변화를 이루겠다는 생각으로 회사에 입사했을 것이다. 하지만 그들에게 각자의 강점을 발휘해서 더 나은 조직을 만들어달라고 부탁하는 사람은 아무도 없다."

이렇게 구성원의 업무 몰입도가 부족한 문제로 인해 발생하는 생산성 상실 비용은 전 세계적으로 무려 7조 달러에 달한다.[6] 물론 업무 몰입도 부족 현상만으로 구성원들의 동기부여 문제를 전부 설명할 수는 없겠지만, 그 두 가지 문제 사이에는 분명한 연관성이 존재한다.

2016년 MIT 경제학자 벵트 홀름스트룀Bengt Holmström 교수는 계약이론contract theory 연구에 공헌한 점을 인정받아 올리버 하트Oliver Hart 하버드 대학교 교수와 함께 노벨경제학상을 수상했다. 그는 이 연구에서 '주인-대리인principal-agent' 관계의 문제에 대한 해법을 제시했는데, 〈파이낸셜 타임스Financial Times〉는 이 문제를 "어느 집단(대리인)이 다른 집단(주인)을 대신해서 행동하게끔 동기부여하는 데 따르는 문제"라고 설명했다.[7] 이런 문제가 발생할 수 있는 관계는 구성원 대 관리자, CEO 대 주주, 환자 대 의사 등 매우 다양하다.(그림 10.1)

홀름스트룀은 계약이론 연구를 통해 인센티브에 대한 가장 보편적

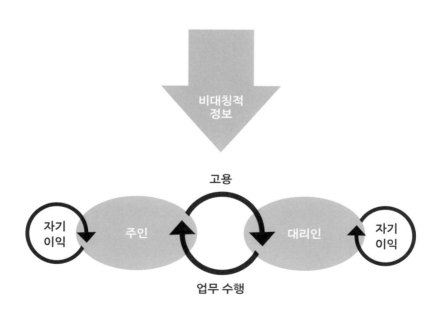

⬆ 그림 10.1. 주인과 대리인의 관계[8]

인 접근방식이라고 할 수 있는 주인—대리인 모델 당사자들의 사고방식을 연구하고, 경험하고, 관찰했다. 그가 이 연구에서 최초로 발견한 사실은 대리인의 업무 성과에 대해 주인이 지나치게 많은 추론을 행한다는 점이다. 그들은 이렇게 묻는다. "이 업무 성과는 주인이 원하는 일을 대리인이 그대로 실천했다는 증거를 얼마나 확실히 보여주는가?" 문제는 대리인이 실제 어떤 방식으로 업무를 수행했는지 주인이 정확히 파악하는 경우가 드물다는 것이다. 만일 구성원들이 업무에서 성공적인 실적을 거두었다면 관리자는 그들이 원하는 결과물을 얻어내기 위해 열심히 일했다고 생각한다. 반대로 구성원들의 성과가 만족스럽지 못할 경우, 관리자는 구성원들이 목표 달성을 위해 열심히 일하지 않았다고 믿는다. 즉 그들이 제대로 동기부여되지 않았으며, 성공에 대한 의욕도 부족했다고 판단하는 것이다. 하지만 현실에서 조직의 성과에 영향을 미치는 요소는 무수히 많다. 당신이 만든 제품을 고객들이 원치 않을 수도 있고, 예기치 못한 사고가 발생하는 경우도 있으며, 당사자가 운이 없어 때를 잘못 만날 수도 있다.

또 구성원들은 아무 생각 없이 무차별적으로 노력을 쏟지 않는다. 그들이 수행하는 업무는 다차원적인 측면으로 이루어져 있으며, 구성원들이 양적인 산출물과 질적인 산출물을 생산하는 일 중에 어느 쪽에 더 많은 시간을 투자했는지에 따라 노력의 성과가 결정된다. 그 말은 구성원들에게 어떤 형태의 인센티브가 제공되는지에 따라 그들이 어느 쪽으로 노력을 집중하는지가 판가름 난다는 뜻이다. 하지만 사람들은 인센티브와 관련성이 부족한 성과 측정 기준에 대해 종종 혼란을 겪으며, 측정하기 힘든 과업의 성취도를 평가하는 일도 어려워한다.

홀름스트룀은 과업이 복잡할수록 이를 대상으로 단일 인센티브를 제공하는 것은 금물이라고 경고한다. 만일 복잡한 과업에 대해 획일적인 인센티브를 부여할 경우 구성원들은 측정하기 어려운 과업은 외면하고 측정이 쉬운 업무에만 매달린다는 것이다. 하지만 조직의 목표는 대개 측정하기 어려운 과업을 통해 성취된다. 따라서 우리는 측정하기 수월한 과업이 아니라 회사 전체의 성과 달성으로 이어질 측정하기 어려운 과업을 대상으로 구성원에게 인센티브를 제공해야 한다.

하지만 대다수의 조직은 여전히 산업혁명 시기부터 존재해온 이런 관행을 지배적인 접근방식으로 활용하고 있다. 당시 관리자들은 산출물 측정을 위해 공장을 돌아다니면서 노동자들이 어떻게 일하는지 관찰한 뒤 그 결과를 점검표에 일일이 체크했다. 오늘날에도 수많은 리더가 이런 산업화 시대에 만들어진 사고방식에 매달려 있다. 이는 반드시 언러닝해야 할 대상이다.

2016년 웰스 파고Wells Fargo 은행의 직원들이 무려 350만 개의 가짜 고객 계좌를 만들어 그 대가로 회사에서 보상을 얻어낸 충격적인 사건이 발생했다.[9] 웰스 파고가 구성원들에게 목표로 내세웠던 회사 전체 차원의 성과는 고객 만족도를 높이고 자사 제품 및 서비스 활용도를 향상시키는 것이었다. 이 목표를 달성하기 위한 유일한 측정 기준은 무엇이었을까? 바로 신규로 개설된 고객 계좌의 수였다. 웰스 파고의 임원들은 고객 계좌가 더 많이 개설될수록 고객 만족도가 더 높아진다고 믿었다.

처음에는 이 프로그램도 나름 성공적으로 가동됐다. 하지만 웰스 파고의 구성원들은 새로 계좌를 개설할 고객의 밑천이 다 떨어지자 결국 가짜 계좌를 만들어 회사로부터 보상을 받는 길을 택했다. 물론 그들이 그런 꼼수를 쓸 수 있었던 것은 그 문제가 백일하에 드러나기 전까지의 일이었다.

리더들이 부서의 실적을 개선하는 데만 정신을 팔고, 성과에 따른 보상 기반의 인센티브를 제공하기 바쁘고, 측정하기 쉬운 행동을 평가하는 데만 집중하면 조직의 초점은 회사 전체 차원의 성과가 아니라 구성원 개인의 활동에 맞춰질 수밖에 없다. 그로 인해 의도치 않은 결과와 일탈적 행위가 초래될 가능성이 크다. 웰스 파고는 측정하기 쉬운 목표와 획일적인 보상을 연결시켜 생산성 증대와 산출물 향상을 꾀했다. 이로 인해 구성원들은 오로지 회사로부터 보상을 얻어내는 데만 급급하다 결국 치명적인 리스크, 브랜드 이미지 훼손, 1억 8500만 달러에 달하는 벌금과 같은 의도치 않은 결과를 빚어냈다.[10]

홀름스트룀은 주인—대리인 모델을 기반으로 한 인센티브를 언러닝하고, 다음 두 가지 질문을 참조해서 새로운 시스템을 재학습하라고 권한다.

"인센티브를 완전히 없애면 어떨까?" 구성원들이 조직의 목표를 명확히 인식하고, 자신의 노력이 그 목표를 달성하는 데 어떻게 기여하는지 알고 있다면, 회사는 구성원들이 쏟은 노력에 감사의 뜻을 표시하는 것만으로도 그들에게서 원하는 행동을 충분히 이끌어낼 수 있다.

"인센티브가 꼭 필요한 경우에는 어떻게 해야 할까?" 구성원에게 더 열심히 일하도록 동기를 부여해야 하는 상황이거나, 그들이 덜 만족스럽고 달갑지 않는 과업을 수행하도록 독려하는 데 인센티브가 꼭 필요한 경우라면, 소액의 성과급 같은 적당한 금전적 인센티브로도 큰 효과를 거둘 수 있다. 하지만 모든 인센티브가 금전적인 형태로 주어져서는 안 되며, 대신 개인 발전의 기회, 유망한 진로 제시, 가족과 관련된 혜택을 포함한 비금전적 형태의 보상도 다양하게 고려되어야 한다.

홀름스트룀이 제창하는 이론의 핵심은 성과 기반의 보상으로는 인센티브의 문제를 해결할 수 없을 뿐 아니라 그 방법 자체가 곧 문제라는 것이다. 이 문제를 해결하기 위한 첫 단계는 측정하기 쉬운 과업과 측정하기 어려운 과업을 적절히 배합하는 데 있다.

구성원이 진정으로 원하는 바를 파악해서 재학습하라

남에게 인정받고자 하는 욕구는 어느 사람이나 똑같다. 그렇기 때문에 대부분의 기업은 직무 설계를 포함해서 구성원들의 공로를 인정하고 그들을 동기부여하기 위한 다양한 장치를 이미 가동하고 있다. 예를 들어 3M은 기술직 직원들을 대상으로 개인적인 아이디어를 창출하는 데 근무시간의 15퍼센트를 사용하라고 장려하는 것으로 유명하다. 포스트잇 메모지를 포함한 3M의 수많은 혁신적 제품이 탄생하게 된 배경에는 1947년부터 시작된 이 놀랍도록 진취적인 프로그램이 큰 역할을 했다. 회사는 구성원들에게 재택근무를 허용하거나, 잠시 업무를 떠나 머리를 식히고 휴식할 기회를 제공하는 등 다양한 방법으로 그들의 경력을 발전시킬 기회를 모색해야 한다.

인센티브 제도가 제대로 가동되면 구성원들은 자신의 능력을 인정받았다고 느끼고 더욱 업무에 몰두한다. 반대로 인센티브의 방향이 어굿날 경우 구성원들은 최소한의 노력으로 최대한의 보상을 얻어내는 일에만 매달린다. 이는 노동자와 사용자 모두에게 좋지 않은 결과를 초래할 뿐 아니라 인센티브 시스템 자체에도 부정적인 영향을 미친다.

몇 년 전 구성원 몰입도 조사 업체 타이니펄스TINYpulse는 500여 개 조직에서 근무하는 구성원 20만 명을 대상으로 설문조사를 실시했다. 설문 항목에는 이런 질문이 포함됐다. "당신의 조직에서 당신이 더욱 열심히 일하도록 동기를 부여하는 요인은 무엇입니까?" 그리고 열 개 의 선다형 답안이 제시됐다. 응답자들이 선택한 답안의 순위는 다음과 같다.[11]

- 동지애 또는 동료들로 인한 동기부여(20퍼센트)
- 업무를 훌륭하게 수행하기 원하는 내재적 욕구(17퍼센트)
- 독려받고 인정받는 느낌(13퍼센트)
- 영향력 발휘의 기회(10퍼센트)
- 전문가로서의 성장(8퍼센트)
- 고객의 욕구 충족(8퍼센트)
- 금전 및 각종 혜택(7퍼센트)
- 긍정적인 상사나 고위 관리자(4퍼센트)
- 회사와 제품의 가치에 대한 믿음(4퍼센트)
- 기타(9퍼센트)

이 결과에서 보는 바와 같이 금전 및 각종 혜택은 동료들로 인한 동 기부여, 독려받고 인정받는 느낌, 영향력 발휘의 기회, 전문가로서의 성장 같은 요인에 비해 중요도가 높지 않았다.

캐피털원의 인재 혁신과 인센티브 개혁

온라인 교육업체 클라우드 구루Cloud Guru에서 수석 파트너로 재직 중
인 드류 퍼멘트Drew Firment는 얼마 전까지 미국의 금융회사 캐피털원
의 클라우드 엔지니어링 담당 기술 이사로 일했다. 드류는 캐피털원에
서 근무할 때 여러 비즈니스 그룹(카드, 소매 금융, 상업은행 등)에서 차출
된 임원들과 함께 이 회사의 클라우드 전략 도입과 인재 혁신 업무를
이끌었다. 이 작업 과정에서 인센티브의 위력을 피부로 체감한 그는
구성원들이 업무에 쏟은 노력의 성과를 적절히 인정함으로써 그들에
게서 최선의 능력을 이끌어낼 수 있는 시스템을 구축했다.

캐피털원은 신속한 서비스 제공, 운영비용 절감, 제품 혁신 등 회사
전체 차원의 다양한 목표를 추구했다. 그리고 그 목표를 가장 효과적
으로 달성할 수 있는 방법 중의 하나가 클라우드 시스템 도입이라는
결론에 도달했다. 게다가 이 작업은 이 회사의 설립자 겸 CEO 리처드
페어뱅크Richard Fairbank의 전략적 우선순위이기도 했다. 페어뱅크는 이
렇게 말한 바 있다. "우리는 클라우드 컴퓨팅과 이에 관련된 조직적 역
량, 예를 들어 더 빠르고 효과적으로 제품을 개발할 수 있는 능력을 구
축하는 데 집중하고 있습니다."

캐피털원이 클라우드 시스템 도입을 위해 채택한 전략의 핵심은 회
사가 자체적인 데이터 센터를 통해 운영 중인 시스템들을 빠른 시일

내에 더 효과적이고, 안전하고, 비용 효율적인 공공 클라우드 환경으로 이전하는 데 있었다.

그러기 위해서는 조직 전체의 전략을 부문별 목표와 연동시키고, 이를 다시 각 부서의 사업계획과 일치시키고, 마지막으로 모든 구성원을 대상으로 이 목표와 관련된 적절한 조치와 행동에 돌입하도록 독려하는 과정이 필요했다. 다시 말해 그들에게 가장 중요한 숙제는 "이 일이 왜 중요할까?" 또는 "이 일이 내게 어떤 기회를 만들어줄까?"라는 구성원들의 질문에 보편적인 답변을 제공하는 일이었다.

당신이 조직적 전환을 달성하려면 먼저 회사 전체 차원의 목표를 정의하고, 그 목표를 모든 구성원에게 명확히 이해시키고, 이에 대한 적절한 측정 기준을(아무리 측정이 어렵다고 해도) 마련해야 한다. 여기서 가장 중요한 대목은 구성원 각자가 업무에 쏟은 노력과 조직 전체의 목표를 긴밀히 연결시키고 구성원들이 목표 달성 과정에 어떻게 기여하고 있는지 보여주어야 한다는 것이다. 이는 특정한 조직적 행동방식을 새롭게 도입할 때도 마찬가지다.

드류에 따르면 캐피털원에는 야심 찬 A형 성격(참을성이 없고, 성취에 대한 욕망이 크고, 완벽주의적인 성격 유형―옮긴이)의 소유자들이 많았으며 이 회사의 조직 문화 역시 고성과나 성공을 지향하는 분위기로 충만했다고 한다. 하지만 다른 대형 조직들과 마찬가지로 캐피털원의 더 큰 발전을 가로막는 주요 요인 중 하나는 이 회사의 성과 관리 시스템이었다. 한 해 한 차례씩 실시되는 인사고과의 결과가 금전적 보상으로 직결되는 시스템하에서, 구성원들은 오직 단기적인 목표에 대해서만 인센티브를 수령했다. 드류는 이렇게 말한다.

우리에게 필요했던 것은 장기적이고, 측정하기 어려운 회사 전체 차원의 목표 달성이었지만, 각 팀은 1년에 한 번 실시되는 인사고과 주기 내에서 각자가 거둔 실적을 바탕으로 인센티브를 제공받았다. 당신의 보상이 단기적 목표에 연동되어 있다면 당신은 오직 단기적 목표만 달성할 수 있을 뿐이다.

드류는 캐피털원이 단기적이고 측정하기 쉬운 행위에만 집중할 경우 CEO가 수립한 장기적이고 보편적인 목표, 즉 자사의 제품을 고객에게 신속하고 효과적으로 제공한다는 목표를 달성할 수 없다는 사실을 잘 알고 있었다. 그 목표를 성취하기 위해서는 캐피털원의 시스템을 클라우드 환경으로 효과적으로 이전하고, 이전 과정의 속도, 품질, 비용을 개선하고, 조직의 혁신에 박차를 가할 인재들을 혁신하는 데 집중해야 했다.

성공의 정의를 재학습하라

드류는 임원들과 회의를 진행하던 도중 앞으로 필요한 조치에 대해 감을 얻었다. 회사가 사용 중인 추상적인 성숙도 모델maturity model(소프트웨어 개발 업체들의 업무능력과 조직의 성숙도를 평가하기 위해 개발된 모형—옮긴이)로는 조직의 성과와 구성원들의 클라우드 수용 현황을 측정하기에 적합하지 않았다. 대신 리더들은 캐피털원의 최고 정보 책임자Chief Information Officer가 설정한 세 가지 핵심 목표를 바탕으로 성공의 의미를 구체적으로 정의하고, 클라우드 시스템이 제공하는 감사 추적 기능을 통해 개인의 목표 달성 현황을 측정하기로 했다. 물론 측정 작업이 쉽지는 않겠지만, 구성원의 개인적 성과를 조직 전체 차원의 성공과 연동시키는 작업은 꼭 필요했다. 비록 그 과정이 완벽하지 않더라도 이를 통해 조직의 목표가 무엇이고 모든 구성원 및 조직이 회사의 사명을 달성하는 데 어떤 진전을 이루고 있는지에 대한 이해를 서로 공유할 수 있을 것이기 때문이었다. 드류는 다음과 같이 말한다.

> 최고의 시스템이란 조직 구성원들에게 명확한 목표를 제시하고, 최신 데이터를 기반으로 목표 달성의 진척도를 실시간으로 알려주고, 나아가 앞날의 방향을 설정하는 데 도움을 주는 시스템을 의미한다. 당신은 구성원과 각 조직이 순조롭게 목표를 달성하고 있는지, 아니면 그들에게 뭔가 도움이나 조치가 필요한지 진단할 수 있는 계기판을 구축해서 조직의 상황에 대한 가시적 정보를 제공해야 한다. 그래야만 개인적 노력과 조직적 성과를 서로 연동시킬 수 있다.

드류는 회사가 성공을 측정하는 틀을 재구성해야만 캐피털원이 필요로 하는 전환점에 도달할 수 있다는 사실을 잘 알고 있었다. 추상적인 성숙도 모델을 통해 조직의 성과를 측정하는 행동방식을 언러닝해야 했으며, 대신 구체적이고 측정하기 어려운 조직 전체 차원의 목표에 집중할 방법을 재학습함으로써 회사가 지향하는 탁월한 성과를 달성해야 했다. 드류는 어느 개발자와 함께 클라우도미터Cloudometer라는 평가 시스템(그림 10.2)을 구축해서, 이를 통해 클라우드 이전 작업의 속도, 품질, 비용 등을 포함한 중요한 지표들의 달성 현황과 인재 혁신 상황을 측정했다.

하지만 이보다 더욱 어려운 작업은 어떤 사람에게 어떤 **목표**를 달성한 대가로 **왜** 인센티브를 제공할 것인지를 결정하는 일이었다.

이런 탐구와 고민의 과정에서 그들이 채택한 일부 접근방식은 큰 효과를 발휘했지만, 다른 일부는 그렇지 못했다.

먼저 효과가 있었던 접근방식을 살펴보자. 드류는 회사의 전략적 목

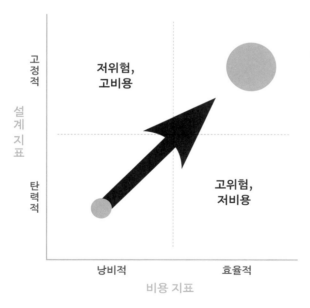

☝ 그림 10.2. 클라우도미터

표를 달성하기 위해서는 무엇보다 구성원들의 클라우드 컴퓨팅 활용 기술을 대대적으로 혁신하는 작업이 필요하다는 사실을 깨달았다. 따라서 그는 모든 구성원에게 업계에서 공식적으로 인정받는 클라우드 자격증을 획득해서 전문가로 성장할 기회를 주고, 동시에 부서의 목표를 달성하는 데 필요한 기술과 능력을 갖추도록 했다. BJ 포그가 설파한 새로운 행동방식 창조를 위한 전략을 기억하는가? 구성원에게 적절한 훈련, 도구, 자원을 제공하고, 새로운 행동을 실천에 옮기기 쉬운 환경을 만들어주는 것이다. 그리고 구성원이 새롭게 채택한 행동방식에 대해 빠른 시간 내에 성취감을 느끼도록 해줘야 한다.

드류는 클라우드 자격증을 획득한 구성원 명단을 모두가 볼 수 있도록 공개하고, 그 명단을 '클라우드 명예의 전당'이라고 불렀다. 여기에 이름을 올린 구성원들은 마치 명예로운 훈장을 받은 듯한 자부심을 느꼈으며(자신이 조직에 기여한 바가 남들에게 인정받았다는 사실을 알게 됐으므로), 조직 구성원들은 마치 게임을 하는 것처럼 개인적 개발을 위해 노력하고 부서 간의 건전한 경쟁에 참여했다. 그뿐 아니라 드류는 구성원이 자격증을 획득할 때마다 그의 관리자, 관리자의 관리자, 또 그 위의 관리자 등 세 단계의 상사들에게 이를 축하하는 이메일 메시지를 보냈다. 구성원이 클라우드 컴퓨팅 기술을 배우기 위해 노력하는 일을 가치 있게 여기는 사내 분위기가 강화될수록 다른 구성원들도 이 대열에 동참해서 조직에 기여해야 한다는 건전한 사회적 압력을 느끼게 됐다.

자격증을 획득한 구성원의 수를 사업 부문별로 집계한 데이터는 본질적으로 허영 지표vanity metric(특정 집단의 활동성을 나타내지만 실제 성과와는 관련이 없는 지표—옮긴이)이자 '측정하기 쉬운' 기준에 해당하지만, 이는 조직적 역량의 수준을 명확하게 드러내주는 가시적 정보이면서 직원들이 회사 차원의 목표를 달성하는 데 필요한 기술을 연마하는 과정에서 교육과 훈련을 얼마나 잘 활용하고 있는지 보여주는 선행 지표의 역할을 했다. 그들은 구성원들의 역량 수준 향상이라는 측정하기 쉬운 지표와 회사 전체 차원의 핵심 성과 지표 KPI 개선과 같은 측정하기 어려운 대상을 적절히 연동하고 배합함으로써, 회사가 구성원들의 개인적 개발 과정을 지원하는 전략의 가치를 한층 강화했다. 자격증을 취득한 구성원은 자신이 개인적으로 이룩한 성과가 조직의 성공에 중요한 역할을 한다는 사실을 가시적으로 확인할 수 있었다. 또 그들은 회사 전체 차원의 원대한 목표를 향해 전진하는 과정에서 매번 작은 업적(또는 사소한 단계)을 달성할 때마다 큰 성취감과 남에게 인정받는다는 자부심을 느꼈다.

반면 혁신의 효과가 그리 좋지 않은 분야도 있었다. 전통적인 성숙도 모델을 지지하던 몇몇 부서는 외부적인 충격에 의해 영향을 받기에 조직 문화가 너무도 견고했다. 특히 예전처럼 개인 및 부서 중심의 성과 측정 방식을 고수하던 관리자들은 이런 혁신의 분위기 앞에서도 꿈쩍하지 않았다. 이 냉담한 중간 관리자층은 현 상황을 위협하는 파괴적 전략으로부터 자신의 구성원들을 보호하는 강력한 장벽의 역할을 자청했다. 하지만 구성원들은 관리자가 보상을 제공하는 만큼만 움직이게 되어 있다. 만일 어떤 관리자가 구성원이 생산한 산출물에 대해 보상을 제공한다면, 그 관리자가 얻을 수 있는 것은 오직 산출물뿐이다. 반면 그 관리자가 회사 전체 차원의 목표 달성에 기여하는 행위에 대해 보상을 제공하면 구성원은 당연히 그 행위에 집중할 것이다. 기억하라. 당신이 팀원들에게 부여한 KPI(즉 당신이 구성원들에게 바라는 바를 가시적으로 제시한 신호)는 꼭 그만큼의 행동으로 이어질 것이다.

물론 이런 부서에서 일하는 구성원들도 클라우드 컴퓨팅 환경으로 이전했을 때 얻을 수 있는 혜택이나 기회를 잘 인식하고 있었다. 그럼에도 불구하고 그들은 회사 전체의 성공보다는 자신의 연말 인사고과 점수와 금전적 인센티브를 좌지우지하는 관리자들이 가치 있게 여기고 보상을 제공하는 행동에 더 높은 우선순위를 부여할 수밖에 없었다.

심리적 안전감과 투명성

드류는 회사가 구성원에게 지급하는 인센티브와 캐피털원이 설정한 조직 전체 차원의 목표를 연동시키는 일의 필요성을 절감하고 내부의 관계자들과 이 작업에 돌입했다. 매우 '측정 지향적인' 조직이었던 캐피털원은 구성원에게 부여한 핵심 성과지표를 통해 그들이 팀 수준에서 수행하는 활동과 회사 전체의 성과 달성에 필요한 행위 사이에 발생하는 불일치를 관리하고 있었다. 하지만 조직의 궁극적인 성공은 결국 모든 부서가 합심해서 측정하기 쉬운 지표를 측정의 난이도가 적절히 조합된 지표로(즉 허영 지표를 실행 가능한 지표로, 공상과학을 현실로) 변경함으로써 달성될 수밖에 없다. 그러나 조직의 투명성이란 마치 양날의 칼과 같은 개념이다. 드류는 이렇게 말한다.

내 경험에 따르면 회사가 혁신을 서서히 수용하기 시작하는 초기 단계에서는 내부 마케팅이나 조직 구성원들의 희망적인 편견에 가려 변화의 본질이 잘 드러나지 않는 경우가 많다. 대기업에서 애자일Agile(짧은 주기의 반복적 실행을 통해 변화에 적극적으로 대응하는 소프트웨어 개발 방법론으로, 경영 전략의 영역으로도 확장되었음—옮긴이)을 도입할 때 초기에 벌어지는 상황은 그 대표적인 예라고 할 수 있다. 수많은 팀이 의미 없는 행사와 헛된 성명서들을 애자일 방법론으로 착각한다. 그들이 진정한 혁신을 달성하기 위해서는 무의미한 허영 지표(가령 애자일에서 업무의 기본 단위인 스토리 포인트story point나 완료된 과업의 수)를 포기하고 성과 기반의 지표(가령 고객 만족도 증가율이나 제품이 시장에 출시되기까지 절약된 시간)에 집중해야 한다.

캐피털원의 클라우드 혁신 프로젝트도 초기에는 대기업들의 애자일 도입 과정처럼 진행 속도가 느렸고 개척자들이 울려대는 열정의 메아리 속에서 사안의 본질이 가려진 측면도 있었다. 하지만 이 회사는 클라우드미터를 통해 조직 전체 차원의 명확한 KPI를 제시함으로써 구성원의 클라우드 수용 현황을 가시적으로 공개하는 길을 택했다. 이런 성과 기반의 측정 기준은 구성원의 인센티브와 조직의 목표를 효과적으로 연동시키는 데 중요한 요인으로 작용했다. 회사가 이런 측정 지표를 모두에게 공개함에 따라 본인의 부족한 기술력과 실행력을 동료들에게 노출시켜야 하는 구성원은 큰 불편함을 느낄 수밖에 없었다. 게다가 통상적인 분포 곡선에 따라 일부 구성원이나 조직에만 인센티브가 주어지는 조직 문화에서는, 이런 종류의 정보가 정치적·개인적 목적 달성을 위해(특히 연말 목표 조정 기간의 개인 및 팀 성과 비교 과정에서) 잘못 사용될 소지도 없지 않았다.

　부정적인 정보를 남들과 공유해서 시스템 개선에 활용하기에 안전하지 않은 환경에서는, 조직 구성원들이 자신의 정보를 굳이 남에게 공개하는 모험을 감수하지 않는다. 그들은 오직 긍정적인 정보(즉 자신들을 곤경에 빠뜨리지 않을 정보)만을 제공하거나, 이를 통해 보상을 얻기 위한 게임에 몰두할 것이다. 이렇게 품질이 낮은 정보를 기반으로 조직의 개선 작업이 이루어지면 시스템이 효과적으로 개선될 가능성은 점점 희박해진다. 말하자면 보여주기 식의 극장과 같은 상황이 연출되는 것이다. 다행히 드류와 함께 일했던 리더들은 적절한 보호 장치와 심리적 안전감을 통해 정확한 정보를 공유했으며, 자신들의 문제가 무엇인지 솔직히 공개함으로써 이를 해결할 능력을 구축할 수 있었다. 이 '부정적 정보의 긍정적 효과'는 캐피털원의 성공에 중요한 요인으로 작용했다.

전환을 통해 빚어진 긍정적 결과

구성원들의 행위를 회사 전체 차원의 성과와 연동한 캐피털원의 조치는 결국 학습 공동체라는 새로운 행동방식을 탄생시켰다. 구성원들은 동료들과 삼삼오오 그룹을 이루어 클라우드 컴퓨팅을 학습하기 시작했으며, 이 공동체를 이끄는 리더들은 개인적 혁신의 경험을 바탕으로 학습 모임을 주관하고 동료를 돕는 봉사의 기회를 얻었다.

　유효기간이 훨씬 길었던 과거의 기술들과 달리, 클라우드 컴퓨팅은 아마존 웹서비스가 신규 기능을 지속적으로 추가함에 따라 급속도로 진화를 거듭했다. 따라서 강사가 교육을 주도하는 기존의 훈련 방식으로는 기술 변화의 속도나 규모를 따라잡기에 한계가 있었다. 캐피털원은 종래의 학습 방식을 언러닝해서 자율적이고 자립적인 학습 공동체(에드 호프먼이 NASA에서 구축했던 것처럼) 기반의 학습 패러다임을 만들어냈다.

캐피털원은 아마존 웹서비스 자격증 취득을 시작으로 구성원들이 다양한 방식으로 클라우드 컴퓨팅 관련 지식을 쌓도록 독려했다. 그리고 "이제 자격증을 땄으니 할 일은 끝났습니다." 같은 고정 마인드셋이 아닌 "훌륭한 성과를 축하합니다. 이제 그 성과를 어떻게 활용해서 남을 도울 수 있을까요?"라는 성장 마인드셋을 확산시켰다. 또 구성원들이 개인적인 개선에 힘쓸 뿐만 아니라 동료들의 개선 과정을 도울 것을 장려했으며, 특정 활동을 완료했거나 자격증을 취득한 데 대해서가 아니라 동료들을 지원하는 행위에 대해 보상을 제공했다.

캐피털원이 클라우드 도입 과정에서 깨달은 가장 핵심적인 교훈은 기술 시스템을 혁신하기 위해서는 먼저 인재를 혁신해야 한다는 것이었다. "우리는 하나의 회사로서 조직 구성원들의 기술 역량을 획기적으로 혁신해야 한다는 전략적 사명을 띠고 있습니다. 이는 단순한 IT 조직이나 IT 기반의 판매회사가 아닌, 진정으로 기술에 의해 선도되는 기업으로 이행하는 과정을 뜻합니다. 이 이행의 여정에서 가장 어려운 대목이 바로 인재 혁신입니다." 캐피털원의 최고 정보 책임자 롭 알렉산더Rob Alexander의 말이다.

당신이 속한 조직의 인센티브를 언러닝하라

구성원들을 위해 인센티브를 설계하고자 하는 리더들은 이 장의 서두에서 소개한 버크셔 해서웨이 부회장 찰리 멍거의 조언을 기억할 필요가 있다. "당신은 남에게 보상을 제공하는 만큼만 대가를 얻을 것이다." 당신은 먼저 회사가 원하는 목표를 설정하고, 구성원에게 기대하는 행동이 무엇인지 명확히 밝혀야 한다. KPI가 바뀌면 행동도 달라진다. 금전적 인센티브도 효과가 있을 수 있지만, 비금전적 인센티브 역시 다양한 모습으로 효과를 발휘할 것이다. 만일 당신이 구성원에게 금전적 인센티브를 제공하기로 결심했다면 작은 성과급만으로도 큰 효과를 거둘 수 있다는 사실을 알아야 한다.

이 장을 시작할 때 소개한 대형 은행의 사례에서도 이야기했지만, 그동안 내가 목격한 개인적 인센티브의 문제점은 그로 인해 조직 내에서 구성원들 사이에 부정적 경쟁이 벌어지고 서로를 곤경에 빠뜨리는 일이 비일비재하게 발생한다는 것이다.

이 은행의 임원들은 언러닝의 필요성을 깨달은 뒤에 회사가 정의하는 성공의 의미를 재학습하고 구성원의 업무 활동을 회사 전체 차원의 목표와 연동시켰다. 또 구성원이 쏟은 노력과 조직적 성과가 명확히 일치되도록 측정의 난이도가 적절히 배합된 KPI를 만들어냈다. 그리고 이를 통해 회사의 목표에 대한 선명성을 확보했고, 부서 간 협업을 증진했으며, 탁월한 조직적 성과를 이끌어냈다.

회사가 조직 전체 차원의 목표를 달성하기 위해서는 먼저 구성원에게 심리적 안전감을 안겨주는 환경을 창조해야 한다. 정보가 처리되는 과정을 투명하게 공개하는 일은 그런 안전한 환경을 통해 조직의 궁극적인 성공에 도달하는 데 있어 가장 핵심적인 절차다.

캐피털원의 클라우드 혁신 센터Cloud Center of Excellence, CCoE는 회사의 클라우드 역량 강화를 위해 대규모의 인재 혁신 프로그램을 설계하고 운영했다. 기술 부문에서 일하는 직원 중 15퍼센트가 아마존 웹서비스 자격증을 취득해서 이 회사가 클라우드라는 새로운 운영 모델을 지속가능한 방식으로 수용하는 데 필요한 임계점을 넘어섰다. 캐피털원이 성공을 측정하기 위해 도입한 핵심 전략은 아마존 웹서비스 자격증 취득자 수를 추적하고, 클라우드미터 관리 도구를 활용해서 그

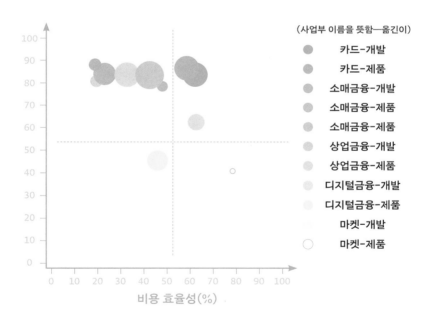

☑ 그림 10.3. 클라우드미터로 본 회사 차원의 목표 달성 현황

수치가 클라우드 이전 과정에 미치는 영향력과의 상관관계를 파악한 뒤, CEO가 정의한 조직 전체 차원의 성과를 달성하는 데 구성원을 위한 기술 훈련이 얼마나 기여했는지 시각화하고, 측정하고, 입증하는 것이었다.(그림 10.3)

오늘날 미국에서 열 번째로 큰 은행 캐피털원은 이 나라의 어느 대형 은행에 비해서도 훨씬 높은 비율의 가상화 기반시설을 소유하고 있으며, 그 모두를 클라우드 환경에서 운영 중이다. 드류는 이 놀라운 변혁과 이행의 과정에서 전략, 엔지니어링, 교육 같은 혁신적 접근방법을 통해 대규모의 인재 혁신을 이끌었다.

11장 | 언러닝을 통한 비즈니스와 제품의 혁신

> 나는 사람들이 왜 새로운 아이디어를 두려워하는지 이해할 수 없다. 내가 두려워하는 것은 낡은 아이디어다.
> − 존 케이지 John Cage

언러닝을 통해 비즈니스와 제품을 혁신할 때도 우리에게는 과거와 다르게 생각하고 행동하는 자세가 필요하다. 영국의 NHS 국가 IT 프로그램NPfIT은 소프트웨어 개발 프로젝트 역사상 가장 값비싼 실패작이라고 할 만하다. 2011년 이 프로젝트가 공식적으로 폐지될 때까지 여기에 들어간 돈은 무려 124억 파운드(원래의 예상 비용은 23억 파운드)에 달했다. 영국 의회의 의원들은 NPfIT를 두고 "역사상 가장 값비싸고 형편없는 외주 계약의 대실패작"이라고 비난했다.(일부 관료는 2002년에 시작된 이 프로젝트에 투입된 최종 비용이 200억 파운드를 넘을 거라고 주장하기도 했다.)

NPfIT 프로젝트는 환자 기록을 디지털화하고, 3만 명의 의사를 300여 개의 병원과 연결시키고, 공인된 의료 전문가들에게 이 의료기록에 대한 안전한 접근을 제공하는 등 영국의 보건 서비스를 새롭게 혁신할 목적에서 시작됐다. 이 프로그램은 출범 초기부터 수많은 문제에 휩싸였다. NPfIT는 비전도 거창했고 예산도 어마어마했다. 하지만 너무 크게 생각하다 보니 실패하기에는 프로젝트의 규모가 너무 거대해져버렸다. 액센츄어Accenture, 후지쯔Fujitsu, 브리티시 텔레콤British Telecom, 컴퓨터 사이언스CSC를 포함한 여러 공급업체는 담당 분야별로 프로그램을 개발해서 납품하기로 정부와 계약을 맺었지만, 프로젝트에서 문제가 발생하자 모두가 협업해서 이를 해결할 방법을 찾기보다 서로에게 손가락질하며 책임을 떠넘기기 바빴다. 일부 업체는 프로젝트에서 철수하는 데 따르는 막대한 재무적 불이익을 감수하고 아예 계약을 파기하는 길을 택했으나, 정작 그들에게 위약금이 부과된 사례는 극히 적었다.

이처럼 부정적인 결과가 잇따라 발생하는 상황 속에서 30여 명으로 구성된 작은 프로젝트 그룹 하나가 조직의 시간과 돈을 획기적으로 절약할 수 있는 대안적인 접근방법을 모색하기 시작했다. 그들은 기존의 행동방식을 언러닝했고, 탁월한 성과와 비범한 결과물을 안겨줄 사고방식을 채택했다. 크게 생각하고 작게 시작하는 것으로 특징지어지는 그들의 개발 방법론은 향후 영국 정부의 IT 프로젝트 수행 방식에 전면적이고 지속적인 영향을 미쳤다.

하지만 그들이 이런 성과를 거두기까지의 과정은 결코 순조롭지 않았다. 이 팀은 기존에 지배적이었던 행동방식, 정부의 업무 절차, 프로젝트 방법론(리스크를 줄여주고 성공적인 프로젝트를 보증한다고 여겨졌던 방법론) 등을 언러닝해야 했을 뿐 아니라, 영국 정부와 그곳에서 일하는 공무원들이 낡아빠진 정보와 구태의연한 행동방식을 비워내고 혁신을 향한 새롭고 반反직관적인 접근방식을 재학습하는 과정을 도와야 했다. 하지만 그들은 이 어려운 과업을 성공적으로 완수했다. 그들은 정부기관이라는 가장 관료적이고 통제된 환경에서도 크고 작은 전환점에 도달함으로써 탁월한 성과를 도출했다.

물론 그 과정이 순탄하지는 않았지만, 앤드루 마이어Andrew Meyer가 이끄는 소규모의 팀은 최악의 여건에서도 언러닝 사이클을 효과적으로 가동할 수 있다는 사실을 성공적으로 입증해냈다.

내셔널 스파인 재구축 프로젝트

NHS 전산 시스템에서 가장 중심적인 위치를 차지하고 있는 내셔널 스파인National Spine 시스템은 말썽 많은 NPfIT 프로젝트의 일환으로 개발된 IT 기반시설 서비스로서, 영국 전역의 NHS 조직들에 다양한 혜택을 공급할 목적으로 운영되고 있다. 이 서비스는 2만 500개의 의료 조직이 각자 운영 중인 2만 3000여 개의 IT 시스템을 통합해서[1] 의사, 사무직원, 기록 담당자, 연구자, 환자 등에게 광범위한 상호 연결성을 제공한다는 취지로 개발됐다. 이 시스템은 다음과 같은 세 가지 주요 요소로 구성된다.

- **개인 인구통계학적 서비스**Personal Demographic Service, PDS 환자가 태어나서 죽을 때까지 삶 전체에 걸친 상세한 의료 정보를 제공하는 서비스.
- **진료기록 요약**Summary Care Record, SCR 환자의 약물 치료, 알레르기, 부작용 등에 관한 기록이 담긴 데이터베이스.
- **2차 이용 서비스**Secondary Uses Service, SUS 영국 내에서 이루어지는 300억 파운드의 진료비 지불 과정을 지원하는 공용 데이터베이스. 진료 목적 이외에도 NHS의 사업 계획 및 각종 연구를 지원하는 역할을 수행한다. 또 사용자들이 비즈니스 보고서나 연구조사를 위한 통계자료 작성, 의료 정책 수립 등을 위해 필요할 경우 이 시스템에 접속하면 익명의 환자들에 관한 진료 기록 데이터에 접근이 가능하다.

내셔널 스파인 시스템은 이 세 가지 요소 이외에도 사용하는 모든 조직과 개인 사이에 소통을 가능케 하는 메시징 기능과 신분 확인을 통한 접근 관리 서비스를 제공한다. 사용자가 PC나 노트북에 스마트카드를 삽입하고 PIN 번호를 입력하면 시스템에서 규정된 사용자의 역할에 따라 스파인의 정보에 접근할 수 있다.

브리티시 텔레콤은 문제 많기로 소문난 내셔널 스파인 시스템이 처음 출시될 때부터 10년에 걸쳐 이 서비스를 줄곧 운영했지만 곧 계약 만료를 앞두고 있었다. NHS의 NPfIT 프로젝트와 더불어 생사고락을 함께해온 앤드루 마이어와 그의 팀은 스파인 시스템을 업그레이드하고 개선할 수 있는 더 나은 방법이 분명히 있을 거라고 확신했다. 마침 시기도 적절했다. NPfIT 프로젝트의 실패와 수십억 파운드의 예산

초과로 인해 큰 곤경에 빠진 영국 정부는 스파인 시스템을 재개발하는 데 10억 파운드라는 거금을 투자하겠다는 의지를 밝혔으며, 그 대신 민간 대기업에 통제력을 넘기지 않는 개발 방안을 모색했다. 또 정부가 새롭게 수립한 정보기술ICT 전략에 따르면 앞으로 사업 규모가 1억 파운드가 넘는 공공 IT 프로젝트를 민간 기업에게 용역을 주는 일이 금지되었고, 대신 오픈소스 기반의 애자일 개발 기법을 사용해서 조직 내부적으로 직접 프로그램을 개발하는 방식이 장려되었다.

이에 따라 앤드루 마이어는 과거의 실수를 언러닝해서, 스파인 시스템의 재개발 업무를 민간 기업에 외주를 주기보다 조직 내부에서 직접 해결하기로 결정했다. 이렇듯 정부가 조직 내에서 직접 제품을 혁신하는 새로운 접근방법을 통해 탄생한 시스템이 바로 스파인2Spine2다. 앤드루에 따르면 이 결정은 조직적 전략 및 행동방식의 거대한 피벗pivot(조직의 전략적 중심축을 이동하는 중대한 사업적 방향 전환—옮긴이)이었으며 그동안 정부가 걸어온 길과 완전히 다른 엄청난 변혁이었다. 그의 말을 들어보자.

> 과거 우리 조직의 존재 이유와 목적은 오로지 확인과 보증이었다. 우리가 하는 일이라고는 현장을 돌아다니며 외주 업체들이 우리가 생각한 대로 일을 잘 하고 있는지 클립보드에 체크하는 것뿐이었다. 그러다 어디선가 문제가 발생하면 전화기를 집어 들고 이렇게 말했다. "뭔가 잘못 돌아가고 있습니다. 일이 계약서대로 진행되고 있지 않아요. 당신이 해결해야 합니다."

앤드루의 팀이 언러닝 사이클을 통해 기존의 행동과 사고방식을 언러닝하고 업무의 수행방식을 바꿔야 할 측면은 크게 세 가지였다.

첫 번째는 외부 용역 업체들에 맡겼던 개발 업무를 조직 내부로 되찾아오는 작업이었다. 이 전략의 문제점은, 그동안 외주 업체들이 NPfIT 프로젝트에서 제대로 성과를 내지 못한 것은 분명했으나 그렇다고 정부의 IT 팀이 그들보다 더 나은 실적을 거두리라는 보장도 없었다는 점이었다.

두 번째는 오라클Oracle을 포함한 IT 분야의 대기업들이 제공한 폐쇄형 소프트웨어 도구들에서 벗어나는 문제였다. 하지만 이는 그동안 제한적이나마 성공적으로 유지되어왔던 스파인 플랫폼의 안정성을 포기하고 스파인2 앞에 더욱 큰 잠재적 실패의 가능성을 열어주는 접근방식이 될 수도 있었다.

세 번째 변화는 프로젝트가 시작될 때부터 정부기관 전체에 걸쳐 설계 및 출시 계획을 포함한 단계별 개발 계획을 거창하게 수립하던 방법론 대신, 상황에 따라 수시로 변경 가능한 반복적 개발 방법을 도입하는 일이었다. 그러나 이 방법론이 NPfIT 프로젝트에 비해 상대적으로 더 나은 성과를 보장하기는 했지만, 앤드루의 IT 그룹과 정부기관의 조직 문화를 전면적으로 혁신해야 한다는 숙제를 남겨주었다.

정부 조직에서 근무하는 사람들은 한 번도 경험해보지 않은 미지의 전략 앞에 극도로 불안감을 느꼈고, 앤드루는 과거를 언러닝하지 않으면 이 프로젝트에서 성공할 수 없다는 사실을 정부 관계자들에게 설득시키기 위해 매우 힘거운 시간을 보냈다. 앤드루와 그의 팀은 거대한 불확실성 앞에서 이 모든 어려움을 극복하기 위해 큰 용기를 발휘해야 했다. 그 결과 이 조직은 과거에 비해 훨씬 안정적인 기능을 제공하면서도 수많은 이해당사자 그룹의 욕구에 더욱 효과적으로 대응하게 해주는 스파인2 시스템 개발이라는 탁월한 성과를 달성했다. 그 과정에서 혁신에 참여한 개인과 조직들은 수많은 비움학습, 재학습, 전환의 언러닝 사이클을 밟아야 했다.

크게 생각하고, 작게 시작하고, 안전하게 혁신하라

30여 명으로 구성된 앤드루의 '교차 기능' 팀은 언러닝 사이클에 돌입하는 과정에서 예전과 전혀 다른 접근방식을 취할 수밖에 없었다. 예를 들어 과거에는 그들이 대규모의 예산을 필요로 하는 IT 사업 계약을 내부적으로 결재받기 위해 길고 장황한 사업제안서를 작성해야 했으며, 자금 집행을 최종적으로 승인받기까지 최소 18개월에서 24개월이라는 긴 시간이 소요됐다. 게다가 승인 절차가 마무리되기 무섭게 정해진 시간(경우에 따라서는 승인이 끝난 시점에서 프로젝트 완료 시기가 몇 개월밖에 남아 있지 않은 경우도 있었다), 정해진 예산, 정해진 범위 내에서 개발 업무를 완료하라는 압박이 밀려들기 일쑤였다.

앤드루의 팀은 이런 방해물을 피하기 위해 대형 프로젝트 관리에 사용되던 낡고 관료주의적인 시스템을 버리고, 보다 빠르고, 안전하고, 작은 업무 단계를 통해 팀의 목표를 달성할 수 있는 새로운 접근방법을 재학습했다. 앤드루는 이렇게 말한다.

나는 개발 업무를 작은 단위들로 나누어 사업제안서를 작성하고, 상부에 요청하는 자금의 액수도 대폭 줄이는 길을 택했다. 덕분에 스파인2 서비스 재개발 프로젝트에 관련된 개발 및 탐구 작업에 오롯이 전념할 수 있게 됐다. 프로젝트의 규모가 클수록 큰 액수의 예산과 거창한 사업제안서가 필요하며 제안서를 검토하고 승인하는 데 오랜 시간이 소요된다. 우리는 기존 시스템의 갖가지 제약조건을 고려했을 때 오히려 크게 생각하고 작게 시작하는 방법이 훨씬 효과적이라는 사실을 알게 됐다.

앤드루의 팀은 엄청나게 덩치가 큰 단일 사업 계획을 세우고 이에 대해 통째로 승인을 요청하는 과거의 방식을 언러닝했다. 사업을 작은 단위로 나누어 수행하면 업무를 이해하기 쉽고, 프로젝트를 끝까지 완료할 수 있으며, 시스템의 실제 사용자들에게 더욱 신속하게 피드백을 얻을 수 있었다. 그들은 프로젝트를 잘게 쪼갬으로써 감당하지 못할 정도로 일이 커지는 상황을 방지하고, 실패에도 안전한 업무 환경을 창조할 수 있었다. 소규모 프로젝트는 업무 범위를 설정하기 쉽고 자금 조달 과정이 신속했으며, 더 적은 비용으로도 어떤 일의 효과를 측정할 수 있었다. 하나의 프로젝트가 완료될 때마다 새롭게 얻어진 정보는 다음 단계의 프로젝트를 수행하는 데 지침으로 작용했고, 팀원들의 행보에 가속도를 불어넣었다. 덕분에 그들은 빠른 시간 내에 성취감을 얻을 수 있었다.

또 사업제안서를 소규모 업무 단위로 분리하는 방법은 앤드루에게 남들의 눈에 크게 띄지 않고 어느 정도 자유롭게 업무를 수행할 수 있

언러닝

는 여건을 마련해주었다. 다시 말해 프로젝트들의 규모가 작다 보니 고위 공무원들이나 행정 관료들의 관심도 그만큼 덜 쏠리게 된 것이다. 하지만 앤드루의 혁신적 접근방식이 공무원들의 레이더에 포착되는 데는 그리 오랜 시간이 걸리지 않았다. 어느 고위 공직자는 대체 무슨 짓을 하는 거냐며 앤드루를 심하게 질책했다. 앤드루는 그 사람에게 이렇게 맞받아쳤다. "제가 그 방식을 택한 이유는 프로젝트를 성공적으로 수행하는 데 꼭 필요하다고 생각했기 때문입니다." 아닌 게 아니라 그의 접근방식은 큰 성과를 거두고 있었다. 그 공무원도 그 점을 부인하지는 못했다.

앤드루는 그 정부 관리에게 자신이 진행 중인 업무를 중단하기를 원하느냐고 물었다. 그는 이렇게 대답했다. "아니오. 바보 같은 소리하지 마세요. 당신이 일을 중단하기를 원치는 않습니다. 하지만 앞으로 같은 행동을 반복해서는 안 됩니다." 말하자면 전형적인 산업혁명 시대 관리자들의 의식구조였다. 당신은 내게 복종하지 않았다. 그러므로 다시는 그런 행위를 되풀이하지 말라.(하지만 당신이 거둔 성과는 내가 취할 것이다.)

NHS처럼 관료주의적인 조직문화에 사로잡힌 정부기관에서 오랫동안 근무한 관리가 이런 반응을 보였다는 것은 전혀 놀랄 일이 아니다. 기존 시스템에 문제가 있고 이 팀이 새롭게 채택한 접근방식이 효과를 거두고 있다는 명백한 증거가 존재함에도 그가 처음으로 보인 반응은 앤드루가 기존의 방식을 따르지 않았다고 질책하는 것이었다. 이 관료는 "놀라운 성과가 나오고 있군요. 도대체 어떤 방법을 쓴 건가요?" 또는 "다른 사람들도 당신이 고안한 방법을 사용하게 하려면 어떻게 해야 할까요?"라고 묻기보다 "다시는 그러지 마세요"라고 말했을 뿐이다.

전환은 편안함보다 용기를 필요로 한다

당신이 불확실성의 늪에 빠졌을 때 가장 쉽게 택할 수 있는 길은 과거의 편안한 행동방식으로 되돌아가는 것이다. 어떤 사람이 당신 앞에서 책상을 내려치며 이렇게 압력을 가한다고 상상해보라. "왜 이전과 다른 방식으로 일합니까?" 당신이 용기를 발휘해서 언러닝을 향한 첫걸음을 내디딜 시기는 바로 그때다. 브레네 브라운은 이렇게 말했다. "어떤 일이든 중간 지점이 가장 혼란스러운 법이다. 하지만 마법이 탄생하는 장소도 바로 그곳이다." 당신이 언러닝 사이클의 한복판에서 혼란에 싸여 있다면(즉 새로운 행동방식과 방법론을 재학습하고 기존의 패러다임에 도전장을 던지는 과정에서 이 모든 일이 너무 어려울 것 같다고 느끼기 시작했다면), 그때야말로 당신이 용기를 내고 혼신의 힘을 다해서 전환점을 향해 박차를 가해야 할 시기다.

앤드루는(그리고 예전과 다른 길을 선택한 용기 있는 내부 구성원들은) 정부기관의 조직문화를 근본적으로 언러닝해야 하는 현실과 마주쳤다. 관리자들 대다수는 성공을 장담할 수 없는 새로운 접근방식을 지지하거나 이에 대해 자금을 제공하는 일을 본능적으로 두려워한다. 그것이 자기에게 어떤 이익이 될지 알 수 없기 때문이다. 만일 자신이 승인한 사업계획이 실패로 돌아간다면 그동안 공들여 쌓아온 경력이나 보상이 모두 날아갈지도 모른다. 말하자면 잠재적 위험부담이 너무 큰 것

274

이다. 작게 시작하고, 실패에도 안전한 실험을 하고, 새로운 행동방식이 성공에 얼마나 효과적일지 확인한 뒤에 사업을 확장해야 하는 이유가 바로 여기에 있다. 당신이 채택한 작은 단계들은 관리자들이 당신을 지원하는 데 필요한 자신감의 증거로 작용할 것이다.

재미있는 사실은 앤드루의 팀이 제품 개발 모델을 변경해서 조직 내부적으로 시스템을 개발하기로 결정하자, 다른 조직들의 눈에는 이 팀이 갑자기 외부 용역업체 같은 조직으로 비춰지기 시작했다는 것이다. 나머지 조직들은 과거 외주업체를 상대할 때처럼 그들이 제대로 일하고 있는지 수시로 확인하고 싶어 했다. 앤드루는 다른 조직들도 이 팀이 정확하게 업무를 완료했는지 감독만 하려 들지 말고 모두가 솔루션의 일부분이 되어 프로젝트에 함께 참여하자고 호소했다. 그는 정부기관의 담당자들이 외주 업체들과의 계약 협상에만 매달리기보다 다양한 부서 간의 협업을 증진하는 방법으로 공공 프로젝트 관리 방식을 언러닝하도록 독려했다.

앤드루는 젊었을 때 사람들 앞에서 "이것만이 우리가 걸어야 할 길입니다"라고 선언하며 성급하게 결론을 내리는 버릇이 있었다고 한다. 《브레인 게임에서 승리하라Winning the Brain Game》의 저자 매튜 메이Matthew May는 사람들이 문제의 본질을 파악하거나 윤곽을 잡으려 노력하지 않고 곧바로 결론을 도출해버리는 인지적 행동 패턴을 '해결책으로 뛰어들기leaping to solution'라고 부른다. 관리자들은 본능적이고 반사적으로 이렇게 말한다. "이것이 내가 항상 해왔던 업무 방식입니다. 나는 그로 인해 성공을 거두었으므로 앞으로도 같은 일을 반복하며 계속 성공할 것입니다." 하지만 이는 매우 근시안적인 생각이다.

모든 조직의 리더들은 먼저 다음과 같은 행위를 비움학습한 뒤에 재학습과 전환의 과정을 밟아야 한다.

- 기존의 프로세스가 제대로 기능을 발휘하지 않고, 원래의 취지를 만족시키지 못하고, 조직이 추구하는 성과를 창출하는 데 실패함에도 구성원과 팀에 무조건 현 상황을 따르라고 강요하는 행위.
- 특정한 문제를 책임지고 해결하려는 구성원을 징계하는 행위.
- 구성원이 시스템을 바꾸는 과정에서 관리자의 지원을 받지 못하고 소외된 상태에서 업무를 수행하는 상황을 초래하는 행위.

조직 내부에서 부정적인 결과물이 산출되는 이유는 리더들이 설계하고, 구축하고, 운영하는 업무 시스템이 제대로 기능을 발휘하지 못하기 때문이다. 리더들은 구성원과 함께 모두를 위한 시스템을 공동으로 창조하는 방법을 재학습해야 한다. 그래야만 기하급수적이고 무한한 성과 개선의 전환점에 도달할 수 있다.

작게 시작해서 고객과 함께 재학습하라

NHS에서 근무하는 구성원(즉 이 시스템을 사용할 고객)의 수는 120만 명이 넘고 그들의 업무적 요건이나 필요사항과 욕구도 제각각이다. 앤드루의 팀이 스파인2를 개발할 때 처음부터 120만 명 모두의 욕구를 완벽하게 충족하기는 불가능했다. 따라서 그들은 개발 업무의 초점을 먼저 1만 명 정도의 목표 사용자와 그들의 핵심 욕구에 맞추기로 했다.(원래 이 팀이 충족해야 하는 사용자 요건은 1000개가 넘었다.)

프로젝트를 진행하면서 이 개발 업무가 원래의 일정대로 완료되지 못할 거라는 사실이 점점 분명해졌다. 따라서 그들은 시스템 오픈 첫날부터 당장 사용해야 하는 가장 중요한 기능이 무엇인지 파악한 뒤에 먼저 그 기능들을 개발하는 데 주력했다. 다른 기능들도 시간을 두고 점차 개발할 예정이었다.

그들이 처음으로 비움학습한 것은 애초에 고객들이 개발을 원한다는 의사를 표시했던 기능들의 대다수가 사실상 그들에게 별로 필요가 없었다는 사실이었다. 앤드루의 팀은 고객들과 협력해서 그들에게 실제로 필요한 기능이 무엇인지 파악하고 그것들을 고객과 함께 개발할 수 있는 방법을 재학습했다. 다시 말해 먼저 소수의 욕구를 충족시키는 기능들을 신속하게 개발하고, 이를 목표 사용자들에게 반복적으로 제공하는 길을 택한 것이다. 사용자들이 다음번에 필요한 기능이 무엇인지 피드백하면, 개발 팀은 이에 대응해서 즉각 조치를 취했다. 그들은 작고, 빠르고, 빈번하게 다음 단계의 기능들을 개발해서 사용자들에게 제공했으며, 이런 과정을 계속 반복했다.

앤드루의 팀은 최초의 사업제안서에 포함됐던 기능들을 오늘 현재까지도 전부 개발하지 않고 있다. 사용자들이 처음 요청했던 기능들 대부분이 사실상 별로 필요치 않다는 사실이 밝혀졌기 때문이다. 소프트웨어 제품이나 서비스가 소규모 단위로 개발되어 신속하고 반복적으로 제공될 수 있다는 사실을 사용자들이 재학습하면서 그들의 행동 방식도 바뀌었다. 사용자들은 자기가 필요로 했던 기능들이 속속 개발되고 있으며, 그들이 스파인2 개발 팀에 제공했던 피드백이 시스템을 개선시킨다는 증거를 확인할 수 있었다.

기업들은 고객과 상호작용하는 방식을 언러닝할 필요가 있다. 그들은 제품이나 서비스를 개발할 때 그 작업의 맨 마지막에 고객과 협업할 것이 아니라 처음부터 빈번하게, 제품 및 서비스의 수명 주기 전반에 걸쳐 이들과 상호작용해야 한다. 개발 프로젝트가 완료되는 시점이란 소프트웨어가 처음 출시됐을 때가 아니라 시스템이 수명을 다하거나 폐기됐을 때를 의미한다. 이런 행동방식과 의식구조를 받아들인 개발자들은 고객들에게 매우 가치 있는 피드백을 얻을 수 있으며 그들이 진정으로 필요로 하는 기능을 개발하는 데 몰두할 수 있다. 존 레저가 고객들로부터 생생한 피드백을 얻었듯이, 당신도 진정한 고객 피드백을 바탕으로 반복적으로 제품을 개발하고 지속적으로 개선해야 할 것이다.

방해물을 기회로 바꿔라

사람들은 '올바른' 제품 개발의 사례로 꼽히는 구글, 아마존, 넷플릭스 같은 세계적인 혁신 기업들이 자기 회사와는 달리 '특수한 조건'이나 차이점을 지닌 조직이라고 주장한다. 그동안 나는 리더들에게서 "우리는 그들과 달라요" 또는 "그런 방식은 여기서 통하지 않을 겁니다" 같은 말을 귀에 못이 박히도록 들었다. 물론 그 말이 맞을지도 모른다. 하지만 사람들은 자신의 탁월한 성과를 가로막는 방해물을 종종 엉뚱한

곳에서 찾는 경향이 있다. 그들은 산업의 규모, 정부의 규제, 복잡성, 전통적 기술, 그밖에 자신이 활동하는 영역에 특화된 요인들이 혁신을 저해하는 가장 큰 장벽이라고 생각한다. 이런 방해물도 중요한 도전 요소일 수 있지만, 당신에게 가장 심각한 문제는 조직 내에 존재하는 문화, 리더십, 전략이다.

그동안 협업하며 일하는 데 익숙해진 사람들에게 관료주의적인 환경은 많은 문제를 불러일으킨다. 하지만 이 규제기관의 담당자들과도 처음부터 긴밀하고 빈번하게 협업한다면, 그들에게 단순한 관리감독 업무보다는 훌륭한 프로젝트 관리가 훨씬 큰 가치를 발휘한다는 증거를 보여줄 수 있을 것이다. 이처럼 특정한 문제를 해결하는 데 집중하는 소규모의 전담 그룹도 작은 규모의 투자만으로 훌륭한 성과를 거둘 수 있다.

과거에는 소프트웨어 개발 업무가 시작되고 1년이 지나서야 사용자들이 그 제품의 내용을 확인할 수 있었지만, 앤드루와 그의 팀은 스파인2 개발에 돌입하기도 전에 이미 이 시스템에서 제공할 기능을 사용자들에게 모두 공개했다. 게다가 사용자들은 제품 디자인 과정에서 각자 의견을 제시할 수 있었다. 앤드루는 자신의 사업 계획에 수십억 파운드의 자금을 지원해달라고 정부에 요청하는 대신 한 프로젝트에 10만 파운드가 넘지 않는 규모로 사업 계획들을 잘게 나누어 자금 조달 주기를 짧게 줄였다.

앤드루의 팀이 채택한 전략의 핵심은 크게 생각하고 작게 시작한 뒤 사용자들에게서 반복적으로 피드백을 얻어내는 일을 포함해서, 기존의 루틴에 새로운 행동방식을 도입하는 데 있었다. 고객들이 준 정보는 앤드루의 팀이 두터운 지식 기반을 쌓고 업무의 우선순위를 조율하는 데 기여했다. 덕분에 이 팀은 "우리가 그 기능을 개발할 수 있을까?"라는 질문을 "우리가 그 기능을 개발하는 게 과연 옳은 일일까?"로 바꿀 수 있었다. 아이러니한 점은 이 팀이 사용자들에게 제공한 소프트웨어의 규모가 원래의 계획에 비해 많이 축소됐음에도 제품을 만드는 데 도움을 준 고객들의 시스템 활용률은 더욱 늘어났다는 사실이다.

스파인의 진화와 언러닝은 계속된다

앤드루의 팀이 스파인2 시스템을 한창 개발 중일 때, 상사가 그에게 이렇게 제안했다. "이 방법으로 다른 프로젝트를 진행해보는 것이 어떨까요?" 그래서 그들이 새롭게 맡게 된 프로젝트가 환자들의 2차 진료 환경에서 의료비 지불이나 수수료 관련 업무를 지원하는 2차 이용 서비스sus였다.

스파인2 시스템은 2014년 8월 처음 사용자들에게 공개됐다. 그 뒤 신분 확인 및 접근 관리 서비스와 SUS가 사용 가능하게 된 것은 2015년 2월의 일이었다. 이 과정에서 특별한 문제나 시스템 중단 사태가 초래된 적은 한 번도 없었다. 스파인에서 스파인2로 이전하는 과정이 너무도 순조롭다 보니, 일부 사용자는 이 시스템이 출시된 지 2주가 지나도록 자기가 이미 새로운 서비스를 사용하고 있다는 사실조차 모를 정도였다. 그들은 이렇게 물었다. "스파인2 출시가 너무 늦어지는 것 같네요. 언제나 가능할까요?" 덕분에 NHS는 엄청난 비용을 절감할 수 있었다. 앤드루는 이렇게 말한다.

> 우리는 스파인2 시스템의 다양한 서비스를 통해 연 2600만 파운드 이상을 절약하고 있다. 브리티시 텔레콤의 웹사이트에 따르면 그들이 스파인을 개발하는 데 1년에 1만 5000명분의 인력이 소요됐다고 한다. 하지만 스파인2에 투입된 인력은 연간 100명분에 불과했다. 우리는 사용자들에게 핵심적인 기능들을 제공한다는 사명에 전념하는 소수의 인력을 활용해서 그런 성과를 이루어냈다.

그들이 거둔 놀라운 성과는 그뿐만이 아니었다. 스파인을 가동하는 데는 1년에 5000만 파운드 이상의 운영비가 들어갔다. 이 시스템은 도시의 대형 병원부터 시골 지역의 조그만 병원까지 수천 개의 의료 기관 사이에 주고받는 메시지를 하루에 2200만 건 정도 처리했다. 시스템이 불안정하거나 서비스가 중단될 경우 사용자들은 좌절을 겪을 수밖에 없었다.

반면 스파인2는 하루에 4500만 개의 메시지를 처리하고 20억 개 이상의 기록에 대한 접근을 제공했다. 그럼에도 이 버전이 출시되기까지 소요된 비용은 이전의 0.1퍼센트에 불과했으며, 이 시스템이 공개된 이후 가동률은 99.999퍼센트에 달했다. 게다가 이를 운영하는 팀도 30명이 전부였다. 스파인2는 시스템 응답 시간도 대폭 단축해서 NHS가 환자들을 지원하는 데 소요되는 업무 시간을 매일 750시간 이상 절약할 수 있게 해주었다.[2]

앤드루는 여러 부서에서 차출된 소규모의 전담 조직도 고객의 요구

사항을 명확히 인지하고, 업무를 작은 규모로 나누어 수행하고, 유연하고 반복적인 방식으로 제품을 개발하면 충분히 놀라운 성과를 거둘 수 있다는 사실을 입증했다. 그는 기존에 실패한 시스템을 언러닝하는 방법을 통해 자신의 팀이 원하는 목표를 향해 움직이도록 동력을 제공하는 다양한 방법을 찾아냈다. 앤드루에 따르면 그는 프로젝트의 마감시간을 지정한 뒤에 관계자들에게 이렇게 말했다고 한다. "우리가 특단의 조치를 취하지 않는 한 이 날짜가 지나면 세상에서 스파인 서비스는 사라집니다." 그의 단호한 선언으로 인해 NHS 조직과 그의 업무 방식에 반대하는 사람들은 정해진 시간 내에 업무 목표를 달성해야 한다는 위기감을 갖게 됐다.

당신이 조직 구성원들에게서 실존적 위기감과 생존 불안을 이끌어내고자 할 때, 이처럼 목표를 달성하기까지 남은 시간이 얼마나 되는지 강조하는 것도 한 가지 방법일 수 있다. 이는 드류 퍼멘트가 캐피털원에서 조직적 시스템에 변화를 추진하기 위해 사용했던 방법, 그리고 앤디 그로브가 인텔에서 감지했던 전략적 변곡점과 맥을 같이 하는 개념이다. 하지만 지속적인 실험, 성장, 영향력 강화를 위한 가장 핵심적인 전략은 무엇보다 조직원들의 학습불안을 줄여주는 것이다.

심리적 안전감은 언러닝 사이클의 규모를 키운다

앤드루는 관리자로서 자신의 가장 중요한 책무 중 하나가 더 큰 조직으로부터 팀원들을 지켜주는 것이라고 믿었다. 그는 제품 개발에 필요한 모든 것은 자기가 책임질 테니 팀원들은 업무에만 전념하라고 확실한 지침을 내렸다. 어떤 리더에게나 가장 중요한 업무는 자신의 팀을 보호하는 것이다. 특히 과거의 기억에서 벗어나지 못하는 조직 상부의 사람들이 기존의 방식에 더 이상 효과가 없음에도 다른 일을 시도하는 데 두려움을 느낀다면, 그들로부터 구성원을 지켜야 할 필요성은 더욱 커진다. 앤드루 역시 자신의 상사였으며 현재 보건복지정보센터Health and Social Care Information Centre에서 부책임자로 일하고 있는 롭 쇼Rob Shaw의 보호에 많이 의지했다.

당신이 혁신적 사업계획을 수행하기 어렵게 만드는 조직적 요인들을 언러닝하기를 원한다면, 그 혁신 업무를 담당한 사람들에게 누가 그들의 성공을 가장 많이 돕고 있는지 물어보라. 그리고 그 사람들을 지원하라. 언러닝 사이클에서 관련자들의 엄호가 필수적인 요소는 아니지만, 그들이 언러닝 사이클의 규모를 확장하는 데 필요한 심리적 안전감을 제공할 수 있다.

때로 업무 시한이 당신의 제약조건이 될 수 있다. 아니면 예산이 당신의 발목을 잡는 경우도 있다. 또 경쟁자들이 새로운 제품을 출시해서 당신의 사업을 위기에 빠뜨릴지도 모른다. 이런 제약조건이나 압박들은 종종 언러닝의 기폭제로 작용한다. 물론 이런 상황들도 언러닝을 요하는 중대한 순간이기는 하지만, 가장 이상적인 상태는 당신이 실존적 위기나 위협에 처하기 전에 평소부터 언러닝을 주기적이고 습관적으로 실천하는 것이다.

우리 모두는 더 이상 다른 대안이나 선택지가 없을 때뿐만 아니라 평소에도 지속적이고 체계적인 실천을 통해 언러닝을 본능적으로 추진하고 의도적으로 활용해야 한다. 다시 말해 우리가 어떤 문제든 해결해내고 어떤 기회라도 포착할 수 있는 능력을 개발하기 위해서는 우리의 발전을 가로막는 요소들을 비움학습하고 문제 해결에 필요한 새로운 행동방식을 재학습함으로써 전환점에 도달하고 도약을 이루어야 한다. 이런 언러닝 사이클 역량을 축적한 리더들은 그들 자신, 팀, 조직 차원에서 새롭고 탁월한 성과를 달성할 수 있을 것이다.

나가며

당신은 처음으로 되돌아가서 시작을 바꿀 수 없다.
당신이 할 수 있는 일은 현재 위치한 곳에서 출발해
마지막을 바꾸는 것이다.
– C. S. 루이스 C. S. Lewis

나는 세리나 윌리엄스가 코트 안에서든 바깥에서든 자신의 삶에 언러 닝 사이클을 적용해서 살아가는 모습에 큰 기쁨을 느낀다. 내가 보기 에 그는 자신의 목표를 추구하는 데 필요한 시스템을 순조롭게 가동하 고 있는 듯하다. 그 목표는 마거릿 코트Margaret Court가 보유한 그랜드 슬램 단식 우승 24회의 기록을 깨는 일일 수도 있고, 새로운 비즈니스 를 시작하는 것일 수도 있으며, 아니면 또 다른 종류의 도전이 될 수도 있다.

또 나는 디즈니의 소규모 팀이 월트디즈니월드의 외진 장소에 모 여 혁신적인 매직밴드를 개발할 수 있도록 동력을 제공한 언러닝 사이클이 이 회사의 테마파크 및 리조트 사업 조직의 다른 분야로도 확산되었다고 믿는다. 이 팀의 구성원들은 조직의 다른 곳으로 옮겨가면서 언러닝 사이클 기법을 동료들에게 널리 전파했을 것이다. 디즈니의 밥 아이거 회장은 매직밴드 프로젝트를 개인적으로 승인했고 이 프로젝트를 이끄는 리더들이 비범한 성과를 얻어내는 데 필요한 모든 것을 언러닝할 수 있는 허가증을 발부했다. 아이거는 이 팀이 채택한 작은 단계들과 새로운 업무 방식의 혜택을 분명히 확인했고, 이를 적극 지원했으며, 덕분에 테마파크 및 리조트 사업 부문 전체적으로 파급효과가 발생했다. 나는 그들의 영향이 언젠가 디즈니 조직 전체에 미침으로써 미래에 더욱 큰 성공을 견인하리라 믿는다.

IAG의 경우, 나는 캐터펄트 팀에 소속됐던 여섯 명의 리더가 각자 소속된 회사로 돌아가 언러닝 사이클을 통한 새로운 업무 방식을 열렬히 지지하고 동료들에게 코칭을 제공함으로써 회사가 탁월한 실적을 달성하는 데 영향을 미치고 조직에 기여했다는 사실을 잘 알고 있다.

그동안 이그젝캠프에 참여한 수많은 임원 및 리더가 IAG의 성공 사례에서 영감을 얻어 기존의 모델을 깨부수고 그들 자신과 비즈니스를 재창조했다. 공항, 통신, 은행, 의료 등 각종 산업 영역에서 활동하는 리더들은 미래를 두려워하기보다 미래를 창조하는 작업에 뛰어들었다. 불편하고 불확실한 미지의 세계 앞에서 이런 진취적인 리더들과 함께 일하는 것은 매우 고무적인 경험이다.

우리가 언러닝 사이클의 도입을 통해 추구하는 결과물은 세계를 생각하고, 인식하고, 경험하는 방식을 바꾸는 데 있다. 즉 과거의 성공이 더 이상 우리의 발목을 잡지 않도록 새로운 정보를 새로운 방식으로 획득하고, 이 정보를 활용해서 우리의 의사결정과 행동방식을 개선하는 것이다. 우리는 언러닝을 통해 효율성의 시스템을 재학습해야 한다. 다시 말해 언러닝의 목표는 우리가 소유한 고정관념에 도전장을 던짐으로써(엘리너 루스벨트의 조언대로 우리는 지식과 지혜를 혼동하지 말아야 한다) 새롭게 취득한 지식으로부터 가치 있는 교훈을 얻어내는 것이다.

앞에서 예를 든 통신 기업의 임원들은 200달러짜리 선불카드를 들고 직접 자기 회사의 고객이 되어본 경험 덕분에 자사의 모바일 서비스 전략을 언러닝할 수 있었다. IAG의 임원들은 고객들의 피드백에 귀를 기울임으로써 고객과 함께 탁월한 제품을 공동으로 창조하는 법을 언러닝했다. 그리고 앞서 언급한 대형 은행의 리더들도 그들의 인센티브 구조를 언러닝해서 그로 인해 예기치 못한 결과가 발생하는 상황을 방지하고, 조직 전체 차원의 목표를 달성할 수 있었다.

당신에게 가장 중요한 문제는 지금 당신의 역량을 제한하는 행동방식이나 의식구조가 무엇인가 하는 것이다. 당신은 그것들을 과감히 언러닝함으로써 새로운 행동방식을 재학습하고 비범한 성과로 이어지는 전환점에 도달할 의도가 있는가?

언러닝은 우리가 집중적으로 시간을 투입하고 노력을 들여야 숙달이 가능한 하나의 시스템이다. 하지만 그 노력에는 그만한 가치가 있다. 무엇보다 중요한 사실은 당신이 기존의 안전지대를 벗어나야만 비로소 새로운 사고, 행동, 업무방식을 경험할 수 있다는 것이다.

당신은 의도적인 실천과 반성, 반복을 통해 성과를 개선하고, 새로운 삶의 유형을 이해하고, 언러닝 기술을 마스터하게 될 것이다. 또 그렇게 얻어낸 교훈을 마음속에 확고하게 받아들이고, 코치와 멘토 같은 주위 사람들을 여정의 동반자로 삼아야 한다. 그런 과정을 거치며 효과적인 업무 시스템을 설계함으로써 고객, 동료 그리고 자기 자신에게 지대한 영향을 미칠 선순환의 언러닝 사이클을 창조할 수 있다.

언러닝 사이클의 가장 강력한 장점은 우리 주위에 비움학습하고, 재학습하고, 전환해야 할 대상들이 늘 차고 넘친다는 것이다. 우리가 살아가는 세계에서는 속도와 복잡성, 혁신이 기하급수적으로 증가하고 있으므로, 세상의 모든 조직과 리더들은 생존과 번영을 위해 이런 시대의 흐름을 놓치지 말아야 한다.

고대 중국의 철학가 노자는 이렇게 말했다. "지식을 얻으려면 매일 무언가를 보태야 하지만, 지혜를 쌓으려면 매일 무언가를 버려야 한다." 그의 격언은 오늘날에도 변함없는 진리다.

변화를 주도하려면 먼저 자기 자신을 바꿔라

반대론자들은 도전의 크기, 사람들이 결코 바뀌지 않을 거라는 믿음, 우리의 앞길을 가로막는 방해물 등을 언급하며 언러닝이 절대 불가능하다고 말할 것이다. 그들은 언러닝이 효과가 없는 이유를 끝없이 제시하거나, 예전에도 언러닝을 이미 시도해봤다고 주장한다. 우리는 이런 방해물들을 기회로 바꿔야 한다. 그 모두를 언러닝 사이클의 대상으로 삼아 전환을 이루라.

새로운 행동방식을 창조하기 위해서는 먼저 생각을 바꿔야 한다고 믿는 사람이 많다. 구성원들에게 다르게 생각하라고 말하면 그들이 다르게 행동하리라는 것이다. 이것만큼 잘못된 믿음은 없다.

언러닝은 말이 아니라 **행동**부터 시작해야 한다. 그 말은 크게 생각하되 작은 발걸음을 통해 우리가 추구하는 목표를 향해 꾸준히 나아가야 한다는 뜻이다. 또 우리가 솔선수범해서 스스로를 언러닝하고, 다른 조직 구성원들도 우리의 변화된 행동방식을 따르도록 모범을 보여야 한다는 의미이기도 하다. 변화를 거부하는 사람들의 반발도 문제지만, 언러닝을 가로막는 가장 심각한 장벽은 조직의 낡은 문화, 리더십, 전략이다. 이를 해결하기 위해서는 타인의 행동을 고치려고 시도하기 전에 먼저 자기 자신을 바꾸려는 노력이 필요하다. 리더가 구성원에게 바라는 행동방식을 스스로 모범을 보이면, 조만간 구성원들도 따르게 될 것이다.

우리가 기존의 행위를 언러닝함으로써 새롭게 구축한 행동방식은 세계를 관찰하고, 경험하고, 바라보는 방식을 바꾼다. 우리가 새로운 관점으로 세계를 바라보고 경험하면, 세계를 인식하는 방식이 달라진다. 말만으로는 바꿀 수 없다. 우리는 변화를 직접 경험하고, 믿고, 느껴야 한다.

기억하라. 언러닝이란 과거에 효과가 있었지만 현재는 우리의 성공을 가로막는 의식구조와 행동방식을 내려놓는 작업을 의미한다. 이는 그동안 축적한 지식이나 경험을 영영 잊어버리고, 삭제하고, 폐기하는 것이 아니라, 유효기간이 지난 정보를 포기하고 대신 효과적인 의사결정 및 행동에 지침을 제공할 새로운 정보를 의식적으로 받아들이는 행위다.

사람들은 왜 평범한 상태에 머무르려 할까

사람들 대부분은 불편한 상황 속으로 자신을 몰아넣는 일을 거부하고, 불확실하거나 잘 알려지지 않은 세계를 포용하려 들지 않는다. 평범함을 유지하고자 하는 본능이 너무 강하기 때문이다. 그런 사람들이 탁월한 업무 성과를 달성하기는 매우 어렵다. 우리는 개인적 성장과 영향력 강화에 모든 시간과 노력을 쏟아야 한다.

우리가 추구해야 할 가장 중요한 목표는 기하급수적인 학습과 개인적 혁신이다. 당신이 항상 성공만을 좇을 경우 성공은 당신을 피해 계속 달아나게 되어 있다. 반면 당신이 개인적 성장, 영향력 강화, 패러다임 변환의 경험에 우선순위를 둔다면 성공은 마치 자석에 이끌리듯 당신을 찾아올 것이다.

평범하지 않은 길을 선택하라. 회사, 가정, 공동체, 세계를 통틀어 멋지고 위대한 삶을 꿈꾸라. 크게 생각하고 작게 시작하라. 목표를 향해 작은 발걸음부터 한 발자국씩 전진한다면 당신이 원하는 모든 일, 심지어 당신의 상상을 뛰어넘는 성과를 이룰 수 있을 것이다.

당신의 행동방식이나 의식구조가 효과가 없거나 스스로의 기대를 충족하지 못할 때, 또는 당신에게 개선이 필요한 때가 언제인지 잘 생각하라. 성공을 장담하지는 못하더라도 예전과 다른 접근방식을 시도해 보라. 그러기 위해서는 매우 특별한 마음가짐, 즉 자기 자신을 실패의 가능성 앞에 기꺼이 취약한 상태로 몰아넣고자 하는 **자발성과 용기**가 있어야 한다. 그 두 가지가 교차하는 지점에서 위대함은 진정으로 빛을 발한다.

언러닝 사이클을 시작하기 전에 당장 해야 할 일

어느덧 이 책의 마지막에 이르렀다. 이 대목에서 독자 여러분에게 다시 한 번 상기시키고 싶은 교훈은 언러닝 사이클은 바로 당신부터 시작해야 한다는 사실이다. 내가 무엇을 언러닝하기를 바라고 어떤 일부터 언러닝을 시작해야 할지 생각하라. 언러닝 사이클에 돌입하기에 가장 이상적인 상황, 시간, 조건 따위는 없으며, 그렇다고 당신에게 실존적인 위협이나 위기가 닥치기를 기다리는 것도 현명한 일이 아니다. 대신 당신은 평소에 숨을 쉬며 삶을 살아가듯 언러닝의 관행을 의도적이고 습관적으로 실천에 옮겨야 한다.

목표와 결과물을 정의하는 데 너무 오랜 시간을 보내지 말라. 내일이라도, 더욱 바람직하게는 지금 당장이라도 언러닝을 시작하라. 그건 너무 쉬운 일이다!

자신이 추구하는 목표와 결과물을 글로 옮긴 다음 이를 수량화하고 여기에 알맞은 제약조건을 첨부하라. 그리고 팀원이나 동료, 또는 친구에게 이렇게 물어보라. "내가 _____(당신이 달성하고자 하는 목표나 결과물)_____ 에 대해 어떤 성과를 내고 있는지 1부터 10까지의 수치로 평가한다면?"

내게 이 기법을 전수한 사람은 경영자 코치 사브리나 브래햄Sabrina Braham이었다.[1] 그에 따르면 인간의 두뇌는 "형편없다", "그저 그렇다", "좋다", "훌륭하다" 같은 정성적 피드백을 해석하거나 측정하는 능력이 부족하다고 한다. 다시 말해 그런 단어들은 우리에게 정확한 의미를 전달하지 못한다. 반면 어떤 사람이 우리에게 퍼센트, 비율, 속도 같은 정량적인 피드백을 제공한다면 두뇌가 이를 즉각적으로 이해하기 때문에 우리는 앞으로 어느 곳에 노력을 집중해야 할지 금방 알 수 있다. 가령 "당신은 10점 만점에 6점입니다"라는 말은 내가 목표 지점에 60퍼센트 정도 도달했다는 뜻이다.

당신과 협업하는 사람, 당신과 함께 뭔가를 창조하는 사람, 당신의 고객이 하는 말에 귀를 기울여라. 그리고 어떤 행동방식이 당신을 목표지점에 데려다주고, 무엇이 당신의 발목을 잡는지 그들에게 질문하라. 당신이 지금보다 조금 더 나은 사람이 되는 길이 무엇인지 물어보라. 스스로를 개선하고, 더 나은 결과를 얻고, 언러닝할 수 있는 가장 작은 단계는 무엇인가?

당신이 습관으로 삼을 첫 번째 단계를 구상하고 다음번에도 그 행위를 계속 반복함으로써 이를 일상으로 정착시켜라. 당신이 추구하는 전환이 달성되었는지 여부를 그들에게 확인하라. 단지 그들에게 물을 뿐만 아니라 자기가 세계를 인식하는 방식이 달라졌는지 스스로 복기해보라. 그리고 이 과정을 매번 반복하고 언러닝 사이클을 완료할 때마다 효율성을 증진시키고 더욱 훌륭한 성과를 안겨주는 선순환의 고리를 창조하라.

이런 접근방식을 택하는 사람은 누구나 비범한 성과를 달성할 수 있을 것이다.

감사의 말

그 어떤 위대한 일도 혼자만의 능력으로는 이루어질 수 없다. 과거에 나는 빨리 가기 위해서는 혼자 가야 한다고 생각했다. 하지만 빨리 간 다는 말은 모두가 함께 간다는 말과 동의어일 뿐이다. 그동안 수많은 사람이 다양한 방식으로 이 여정에 동참해서 더 나은 방향으로 나를 이끌어주고 채찍질해주었다. 이 책은 나를 향한 그분들의 믿음이 결실을 맺은 결과물이다.

나의 아내이자 최고의 지원자인 추 이에게 감사의 말을 전한다. 자신을 돌보지 않는 그의 헌신적인 태도는 늘 내게 놀라움을 선사했고 그의 친절함은 내가 더 나은 사람으로 성장할 수 있도록 영감을 주었다. 새로 태어난 우리의 아들 오스카는 내게서 뺏어간 수면 시간 그 이상의 에너지를 내게 되돌려주었으며, 내가 시간에 맞춰 원고를 완성하는 데 도움을 주었다. 또 스스로를 희생해가며 내게 많은 것을 주신 우리 부모님께도 깊은 감사의 말씀을 올리고 싶다. 부모님의 모습을 내가 절반만이라도 닮았으면 좋겠다. 그리고 사는 곳과 시간대에 상관없이 내 생각에 동조해준 나의 형제, 자매, 조카들에게도 고마움을 전하고 싶다. 특히 이 책을 제때 마무리하는 데 도움을 준 스웬지를 포함해 모두에게 감사드린다.

또 애런 게트, 아드리안 콕크로프트, 앤드루 마이어, 앤디 클레이 쉐프터, 애쉬 팔, 벤 케플러, 벤 윌리엄스, 빌 히긴스, BJ 포그, 브랜든 베네슈트, 브리짓 샘버그, 캐서린 둔간, 시바스 남비아르, 크리스 리흐티, 데이비드 블랜드, 데이비드 마르케, 딘 보쉬, 데렉 오브라이언, 드류 퍼멘트, 에드 호프먼, 에릭 리스, 핀 굴딩, 게빈 하몬, 글렌 모건, 헤더 아네트, 홀리 헤스터 라일리, 제이크 냅, JB 브라운, 제프 고텔프, 제프 리프, 제프 라일, 제프리 라이커, 젠 베네트, 제롬 보놈, 조안 몰레스키, 조디 멀키, 조엘 골드버그, 존 마칸트, 조니 슈나이더, 조라 질, 조쉬 사이든, 카렌 마틴, 카트리 하라 살로넨, 크리스 해리슨, 리 히크먼, 리 디티앙킨, 로레타 브로닝, 마신 키아트코스키, 마틴 에릭슨, 메리 포펜디크, 매튜 메이, 맥스 그리프스, 멜리사 페리, 마이크 로서, 나일 오라일리, 닉 윌렛츠, 닐스 스탬, 노엘 에더, 레쉬마 샤이크, 리처드 레녹스, 롭 네일, 론 개럿, 사브리나 브래햄, 사라 바틀렛, 스코트 턴퀘스트, 숀 머피, 스테판 카스리엘, 스테파니 웰디, 스티븐 오번, 스티븐 스콧, 스튜어트 윌슨, 테레사 토레스, 테렌 피터슨, 타니아 키리파트, 톰 포펜디크, 옌

언러닝

창이 내게 제공해준 모든 헌신과 검토 그리고 피드백에 사의를 표한다. 그들이 전해준 모든 영감과 통찰은 이 책을 내가 상상했던 것보다 훨씬 더 나은 모습으로 만드는 데 큰 도움이 됐다. 그들이 보여준 안내와 아낌없이 쏟아준 시간에 깊이 감사드린다. 이 책은 내것일 뿐만 아니라 그들의 것이기도 하다. 나는 그들 모두와 함께 미래를 만들가고 싶다.

맥그로힐 출판사 팀원들, 특히 이 책의 가치를 인정해주고 이 책을 현실화하는 데 큰 열정을 보여준 케이시 에브로에게도 감사드린다.

또 나를 출판의 세계로 안내해준 에스몬드 함스워스에게도 고마움의 뜻을 전한다.

마지막으로 나의 글쓰기 동료이자 친구인 피터 이코노미를 언급하지 않을 수 없다. 그가 아니었다면 이 책은 태어나지 못했을 것이다. 그는 이 프로젝트를 위해 내가 필요했던 그 이상의 가르침, 유머 그리고 열정을 안겨주었다. 나는 그를 통해 많은 것을 비워내고 재학습했으며 수많은 전환점에 도달할 수 있었다. 그에게 깊은 감사의 말을 올린다. 미래에 그와 함께 또 다른 글쓰기의 모험에 도전할 날이 기다려진다.

주

들어가며

1 http://www.nytimes.com/2012/05/30/sports/tennis/2012−french−open−serena−williams−ousted−in−first−round.html

1장. 왜 언러닝인가?

1 http://www.cnbc.com/2017/01/28/professional−tennis−is−older−than−its−ever−been.html

2 http://www.newsweek.com/2016/07/01/patrick−mouratoglou−serena−williams−coach−471758.html

3 https://www.telegraph.co.uk/sport/tennis/wimbledon/2316311/Serena−shows−strength−to−win.html

4 https://www.usatoday.com/story/sports/tennis/2013/09/02/us−open−2013−serena−williams−patrick−mouratoglou−partnership/2755659/

5 http://www.newsweek.com/2016/07/01/patrick−mouratoglou−serena−williams−coach−471758.html

6 http://www.newsweek.com/2016/07/01/patrick−mouratoglou−serena−williams−coach−471758.html

7 https://www.tennisconsult.com/interview−patrick−mouratoglou/ and https://www.mouratoglou.com/site/uploaded/ckeditor/files/Tennis_School_EN_2018.pdf

8 http://www.espn.com/espnw/news−commentary/article/13616431/us−open−how−serena−williams−found−new−level−success−coach−patrick−mouratoglou

9 http://www.espn.com/tennis/story/_/id/18445144/serena−williams−coach−makes−clear−2017−all−grand−slams

10 http://www.espn.com/espnw/news−commentary/article/13142903/how−serena−williams−mastered−art−comeback

11 http://www.mathistopheles.co.uk/maths/how−much−is−a−set−worth/

12 https://ftw.usatoday.com/2018/05/serena−williams−french−open−stats

13 https://www.instagram.com/p/BiW668QlUpA/?taken−by=serenawilliams

14 http://www.newsweek.com/serena−williams−pregnancy−2017−australian−open−586582

15 Baron de Montesquieu, Considerations on the Causes of the Greatness of the Romans and Their Decline (1734) http://www.constitution.org/cm/cgrd_l.htm

16 Peter Senge, *The Fifth Discipline: The Art & Practice of the Learning Organization*, Doubleday (1990) pp. 57 - 67

17 Hedberg, B. How organizations learn and unlearn. In P. C. Nystrom & W. H. Starbuck (Eds), Handbook of organizational design, Vol. 1. Oxford: Oxford University Press, 1981, pp. 3 - 27

2장. 어떻게 언러닝할 것인가

1 https://hbr.org/2016/10/why−leadership−training−fails−and−what−to−do−about−it

2 Edmondson, A.; Lei, Z. (2014). "Psychological Safety: The History, Renaissance, and Future of an Interpersonal Construct." Annual Review of Organizational Psychology and Organizational Behavior, 1: 23 - 43. doi:10.1146/annurev−orgpsych−031413−091305

3 http://www.iagpress.com/phoenix.zhtml?c=240949&p=aboutoverview

4 http://www.iairgroup.com/phoenix.zhtml?c=240949&p=irol−newsArticle &ID=2234865

5 https://onemileatatime.boardingarea.com/2017/03/19/Level−airline−tickets/

3장. 언러닝의 방해물을 언러닝하라

1 https://www.theguardian.com/commentisfree/2016/apr/04/uncertainty−stressful−research−neuroscience

2 https://www.forbes.com/sites/brucerogers/2016/01/07/why−84−of−companies−fail−at−digital−transformation/#f7f5a61397bd

3 https://www.ted.com/talks/ken_robinson_says_schools_kill_creativity/transcript

4 https://www.ncbi.nlm.nih.gov/pmc/articles/PMC1765804/pdf/v013p0ii22.pdf

5 https://www.ncbi.nlm.nih.gov/pmc/articles/PMC1765804/pdf/v013p0ii22.pdf

6 http://www.bizjournals.com/orlando/news/2016/11/10/the−walt−disney−co−reports−record−revenue−theme.html

7 https://www.wired.com/2015/03/disney−magicband/

8 https://en.wikiquote.org/wiki/Walt_Disney

4장. 언러닝 사이클 1단계 : 비움학습

1 Paul Reps and Nyogen Senzaki, *Zen Flesh Zen Bones: A Collection of Zen and Pre-Zen Writings*, Tuttle Publishing (1998) p. 23.

2 Brené Brown, *Rising Strong: How the Ability to Reset Transforms the Way We Live, Love, Parent, and Lead*, Spiegel & Grau (2015) p. 5.

5장. 언러닝 사이클 2단계 : 재학습

1 https://www.themuse.com/advice/how−much−time−do−we−spend−in−meetings−hint−its−scary

2 https://hbr.org/2002/03/the−anxiety−of−learning

3 http://womensrunning.competitor.com/2017/02/training−tips/training−plans/go−couch−marathon−training−plan_71868

4 https://health.usnews.com/health−news/blogs/eat−run/articles/2015−12−29/why−80−percent−of−new−years−resolutions−fail

6장. 언러닝 사이클 3단계 : 전환

1 https://www.usatoday.com/story/sports/nfl/2014/07/30/metrics−sensor−shoulder−pads−zebra−speed−tracking/13382443/

2 https://mindsetonline.com/whatisit/about/

3 https://hbr.org/2002/03/the−anxiety−of−learning

4 https://hbr.org/2002/03/the−anxiety−of−learning

5 https://www.smithsonianmag.com/innovation/thomas−edisons−house−wizardy−180952108/

6 http://www.openculture.com/2014/12/leonardo−da−vincis−to−do−list−

circa－1490－is－much－cooler－than－yours.html

7 https://www.fastcompany.com/3063846/why－these－tech－companies－
   keep－running－thousands－of－failed

8 https://www.fastcompany.com/3067455/why－amazon－is－the－worlds－
   most－innovative－company－of－2017

9 https://www.youtube.com/watch?time_continue=610&v=dxk8b9rSKOo

7장. 언러닝 경영

1 http://processcoaching.com/fourstages.html

2 Gary Hamel, The Future of Management, Harvard Business Review Press
   (2007) p. 255.

3 Peter Drucker, *Managing for Results*, Collins (1993) p. 222.

4 Peter Drucker, *Managing for Results*, Collins (1993) p. 222.

5 http://awealthofcommonsense.com/2016/04/napoleons－corporal/

6 Marquet uses the world "boss" and "worker" to denote hierarchy.

7 http://davidmarquet－com.3dcartstores.com/Ladder－of－Leadership－
   Wallet－Cards－Starter－Pack－bundle－of－25_p_50.html

8 https://www.flickr.com/photos/benarent/2195470990

9 https://positivepsychologyprogram.com/mihaly－csikszentmihalyi－father－
   of－flow/

10 http://www.autonews.com/article/20140805/OEM01/140809892/
   toyota－cutting－the－fabled－andon－cord－symbol－of－toyota－way

11 https://www.cnbc.com/2018/02/01/aws－earnings－q4－2017.html

12 https://www.amazon.jobs/principles

13 http://phx.corporate－ir.net/phoenix.zhtml?c=97664&p=irol－news

Article&ID=2329885

14 Ray Dalio, *Principles: Life and Work*, Simon and Schuster (2017).

8장. 고객과 함께하는 언러닝

1 John Legere, "T−Mobile's CEO on Winning Market Share by Trash−Talking Rivals," *Harvard Business Review* (January−February 2017).

2 https://barryoreilly.com/2014/08/06/why−we−carry−watermelons/

3 http://quotes.deming.org/authors/W._Edwards_Deming/quote/10201

4 http://www.bain.com/bainweb/pdfs/cms/hotTopics/closingdeliverygap.pdf

5 John Legere, "T−Mobile's CEO on Winning Market Share by Trash−Talking Rivals," *Harvard Business Review* (January−February 2017).

6 https://newsroom.t−mobile.com/news−and−blogs/tmus−q4−2017−earnings.htm

9장. 구성원과 조직의 언러닝

1 Diane Vaughan (4 January 2016). *The Challenger Launch Decision: Risky Technology, Culture, and Deviance at NASA*, Enlarged Edition. University of Chicago Press. pp.30 - 1. ISBN 978−0−226−34696−0.

2 https://www.nytimes.com/2016/02/28/magazine/what−google−learned−from−its−quest−to−build−the−perfect−team.html?smid=pl−share

3 https://www.nasa.gov/specials/dor2017/

4 https://www.nasa.gov/specials/dor2017/

5 https://www.researchgate.net/publication/249631357_The_Nature_and_Need_for_Informal_Learning

6 http://www.richardswanson.com/textbookresources/wp−content/
uploads/2013/08/TBAD−r9b−Watkins.−DLOQ−Demonstrating−Value.
pdf

7 https://www.ncbi.nlm.nih.gov/pmc/articles/PMC4326496/table/Tab2/

10장. 언러닝 인센티브

1 https://www.cnbc.com/id/29740717

2 https://hbr.org/2013/10/doubts−about−pay−for−performance−in−
health−care

3 https://www.nytimes.com/2018/02/10/business/economy/bonus−pay.html

4 http://fortune.com/2015/09/02/ceo−pay−flatter−salaries−but−bigger−
bonuses/

5 https://www.washingtonpost.com/news/on−leadership/wp/2018/04/11/
median−ceo−pay−for−the−100−largest−companies−reached−a−
record−15−7−million−in−2017/

6 http://news.gallup.com/opinion/gallup/224012/dismal−employee−
engagement−sign−global−mismanagement.aspx

7 http://lexicon.ft.com/term?term=principal/agent−problem

8 https://en.wikipedia.org/wiki/Principal%E2%80%93agent_problem

9 http://money.cnn.com/2017/08/31/investing/wells−fargo−fake−accounts/
index.html

10 https://www.nytimes.com/2016/09/09/business/dealbook/wells−fargo−
fined−for−years−of−harm−to−customers.html

11 https://www.forbes.com/sites/victorlipman/2014/11/04/what−motivates−
employees−to−go−the−extra−mile−study−offers−surprising−
answer/#1ef5937ca055

11장. 언러닝을 통한 비즈니스와 제품의 혁신

1 https://digital.nhs.uk/spine

2 https://www.yorkshireeveningpost.co.uk/news/leeds−based−spine−digital−system−is−backbone−of−nhs−1−8073182

나가며

1 https://www.womensleadershipsuccess.com/feedback−for−results/

옮긴이 | **박영준**

대학에서 영문학을 전공하고 대학원에서 경영학을 공부한 후 외국계 기업과 국내기업에서 일
했다. 현재 바른번역 소속 전문번역가로 활동 중이며 경제경영, 자기개발, 첨단기술, 국제정치
등 다양한 분야의 책을 번역하고 있다. 옮긴 책으로는 《컨버전스 2030》, 《세상 모든 창업가가
묻고 싶은 질문들》, 《포춘으로 읽는 워런 버핏의 투자 철학》, 《훌륭한 관리자의 평범한 습관
들》, 《CEO의 일》 등이 있다.

언러닝

초판 1쇄 발행 2023년 2월 15일
초판 2쇄 발행 2023년 3월 13일

지은이 배리 오라일리
옮긴이 박영준
펴낸이 이승현

출판2 본부장 박태근
W&G 팀장 류혜정
편집 임지선
디자인 신나은

펴낸곳 ㈜위즈덤하우스   **출판등록** 2000년 5월 23일 제13-1071호
주소 서울특별시 마포구 양화로 19 합정오피스빌딩 17층
전화 02) 2179-5600   **홈페이지** www.wisdomhouse.co.kr

ISBN 979-11-6812-574-2 (03320)